珍藏本
纪念版

汉译世界学术名著丛书

兵　法

〔意〕尼科洛·马基雅维利 著

袁坚 译

商务印书馆
SINCE1897
The Commercial Press

2017年·北京

Niccolò Machiavelli

THE ART OF WAR

本书参考莫斯科思想出版社 1996 年俄译本及
美国 Bobbs-Merrill 公司 1965 年英译本译出

尼科洛·马基雅维利

THE ART OF WAR

NICCOLÒ MACHIAVELLI

A Revised Edition of the Ellis Farneworth Translation

With an Introduction by

NEAL WOOD、

Associate Professor of Political Science

University of California ,Los Angeles

The Library of Liberal Arts

published by

THE BOBBS-MERRILL COMPANY, INC.

A Subsidiary of Howard W. Sams & Co. , Inc.

Publishers • Indianapolis • New York • Kansas City

1815 年在美国纽约州首府奥尔巴尼初版，1965 年重印的修订版本的扉页

НИККОЛО
МАКИАВЕЛЛИ

ГОСУДАРЬ

•

РАССУЖДЕНИЯ
О ЛЕРВОЙ ДЕКАДЕ
ТИТА ЛИВИЯ

•

О ВОЕННОМ
ИСКУССТВЕ

1996 年俄文版内封页

汉译世界学术名著丛书
（120年纪念版·珍藏本）
出版说明

2017年2月11日，商务印书馆迎来120岁的生日。120年前，商务印书馆前贤怀揣文化救国的理想，抱持“昌明教育，开启民智”的使命，立足本土，放眼寰宇，以出版为津梁，沟通中西，为中国、为世界提供最富智慧的思想文化成果。无论世事白云苍狗，潮流左右激荡，甚至战火硝烟弥漫，始终践行学术报国之志，无改初心。

迻译世界各国学术名著，即其一端。早在20世纪初年便出版《原富》《天演论》等影响至今的代表性著作，1950年代后更致力于外国哲学和社会科学经典的译介，及至1980年代，辑为“汉译世界学术名著丛书”，汇涓为流，蔚为大观。丛书自1981年开始出版，历时三十余年，迄今已推出七百种，是我国现代出版史上规模最大、最为重要的学术翻译工程。

丛书所选之书，立场观点不囿于一派，学科领域不限于一门，皆为文明开启以来，各时代、各国家、各民族的思想与文化精粹，代表着人类已经到达过的精神境界。丛书系统译介世界学术经典，引领时代思想，为本土原创学术的发展提供丰富的文化滋养，为推动中国现代学术和现代化进程做出了突出的贡献。

为纪念商务印书馆成立120周年，我们整体推出"汉译世界学术名著丛书"120年纪念版的珍藏本，寄望既利于文化积累，又便于研读查考，同时向长期支持丛书出版的译者、编者和读者致以敬意。

两甲子后的今天，商务印书馆又站在了一个新的历史时间节点上。我们不仅要铭记先辈的身影和足迹，更须让我们的步伐充满新的时代精神。这是商务人代代相传的事业，更是与国家和民族的命运始终紧密相连的事业。我们责无旁贷，必须做好我们这代人的传承与创造，让我们的努力和成果不仅凝聚成民族文化的记忆，还能成为后来人可以接续的事业。唯此，才能不负前贤，无愧来者。

商务印书馆编辑部

2017年10月

中译本序

在世界军事科学理论著述的宏大宝库中，西方军事学术思想论著占有重要的地位。在西方军事学术思想体系形成发展的漫长过程中，做出过奠基贡献的，有总结古希腊、古罗马战争实践和军队建设经验的塞·尤·弗龙蒂努斯(约35—约103)的《谋略》和弗·韦格蒂乌斯(活动时期大致在公元四世纪下半叶或者四世纪末五世纪初)的《兵法概述》(一译《论军事》)；而后来将这种发展推向峰巅的则有剖析古、近代上百个战例并着重探寻拿破仑带兵用兵奥秘的卡尔·冯·克劳塞维茨的《战争论》和亨利·若米尼的《战争艺术概论》。上述这四本已为全球许多读者熟知的军事名著，在西方军事学术发展史上代表了两个重要时期——古希腊、古罗马时期和近代。可是，在它们这两者之间，欧洲文艺复兴时期，军事学术研究领域，思想前卫、论点犀利、具有真知灼见、值得一读的好作品，也曾是有过一些的。只是长期以来，这方面的中译本却一直阙如。

这里要向大家推荐的，正是这一时期西方军事学术思想经典读物中最具代表性的一本——《兵法》(一译《战争艺术》)。作者尼科洛·马基雅维利(1469—1527)，是欧洲文艺复兴时期意大利的一位政治思想家、历史学家、军事理论家，生于佛罗伦萨，曾任佛罗伦萨共和国“十人委员会”负责外交和军政事务的秘书，并一度担任国民军军令局局长。他一生著述颇丰，除《兵法》外，同为世人瞩目的还有《君主论》、《李维史论》和《佛罗伦萨史》等。《兵法》最早以意大利文本问世，后来英、德、法、拉丁、俄等译本相继出版，在西方国家广为流传。

《兵法》，作为一本军事学术论著，像欧洲文艺复兴时期涌现的大量其他学术和艺术作品一样，带有浓厚的欧洲复古痕迹，他们创作的冲动往往在于弘扬古希腊人和古罗马人勇于开拓进取和革故鼎新的顽强拼搏精神。这无疑是一种催人奋进的向上力量。这也正是摆在读者面前这部西方历史上著名的军事学术著作吸引众人的魅力所在。

《兵法》一书共七卷，作者以对话的体裁依次纵论了国家的兵役制度、军队的训练、布阵、开战、行军、宿营、攻城、围困以及部队管理等涉及战争和军队建设各个方面的许多重大问题，提出了不少在当时历史条件下具有明显进步意义的思想观点。当然，这些观点同他在《君主论》一书中提出的理论主张是完全一致的。

军事是君主的唯一“专业”，立国兴邦的重要支柱　君主要巩固自己的权势，必须专心致力于战争，切实掌握军事力量，君主的唯一“专业”就是军事，除了战争、兵役制度和训练之外，不应有其他目标和其他考虑。统治者建立新的秩序，如果没有自己的武装做后盾，就难免遭到毁灭。军队和法律是立国的两大支柱，没有良好的军队，就不可能有良好的法律，而有了良好的军队，就一定有良好的法律。

必须由本国国民组成常备国民军，雇佣军制度应当废除　军队关系到国家的兴衰存亡，佛罗伦萨多年来之所以难御外侮、长期

分裂，原因在于没有自身统一的武装力量。仰仗外国雇佣军或外国援军，是一切灾难的根源。这些外国军队尽管领取巨额军饷，却不能做到真心实意为君主效命。相反，他们往往作战不力，甚至叛变。因此一国君主必须建立由本国国民组成的常备军，以保卫国家的疆土和独立。

必须建立编制合理、装备精良、训练严格、纪律严明的军队　军队的组织编制必须合理，以适应实战的需要；武器装备应力求精良，以有效地对付强敌。而训练和纪律对于提高部队战斗力具有重要意义。很少有人生性勇敢，良好的秩序和经验能够锻造出勇士。军队中，秩序和纪律比勇气更可靠。士兵必须按军事要领行动，无条件执行长官命令，以形成统一意志。

应当积极主动寻找战机，与敌实施有利决战　外国雇佣军惯于采用的回避战场直接交锋的落后战法必须摒弃。积极主动寻找战机，与敌实施有利决战方是用兵良策。作战中，军队应分成若干群，呈梯次配置，以便随时机动和增强突击力。预备队对夺取胜利具有重要意义。应当注重初战，做到只有在确有把握的情况下才对敌开战；为此，战前必须严格保守军事机密，并做好充分的物质储备。统帅作为作战行动的谋划组织者，必须具备坚决果断、精于指挥、善于激励部属以及通晓历史和地理知识等基本素质。

《兵法》一书之所以特别让我垂青，还有一个重要原因，这就是作者对战争和军队以及与之有关的诸种事物的运动规律都有比较清醒的认识，而且还曾做出了高度概括。他在书的卷七中把这些“一般的规则”列为 24 条，称之为“战争的原理”。读者只要稍加翻阅就会发现，这其中确有不少闪耀着军事辩证法思想火花的有用东西。如：第 1 条中的“于敌有害者，于己应有益；于己有利者，于敌必有害”，第 3 条中“兵不血刃而以饥馑屈人之兵为上”，以及第 4 条中的谋划实施前务使敌方一无所知方为上策，等等，均是。

马基雅维利在《兵法》一书中所阐述的对战争和军队等社会历史现象的科学认识，是欧洲文艺复兴时期社会进步思想在军事上的反映，体现了当时军事变革中的创新精神，受到后世理论界的普遍重视，对欧洲近代军事思想的形成和发展具有重要影响。马基雅维利被恩格斯誉为第一位值得一提的近代军事著作家。当然，由于时代的局限，他在书中的不少议论也是不足为训的。例如，他对火器的作用估计不足，在兵种作用的评价上，重步兵轻骑兵等等，所有这些学术判断上的偏颇，相信读者自会鉴别。

我是一个喜欢广为涉猎西方军事学术名著的人，对《兵法》一书早有所闻。后来，应《中国军事百科全书》的约稿，我找来该书英译本认真进行研读，竟至爱不释手，深感大有向中国广大军界朋友推荐之必要。这次，我这位几十年如一日醉心于译介外国军事名著的老战友袁坚，在他古稀之年，又一次勇挑重担，迎着困难上，积数年之劳，终于脱稿成书。我在先睹为快之余，不能不为中国读者庆幸。我深信，该书中译本的出版，对中外军事学术思想的交流无疑是一种有力的推动，对我国军事界西方古代理论著作的阅读橱窗也是一种有意义的充实和丰富。这样一来，译者辛勤劳作所富含的巨大价值和意义当然也就不言自明了。

是为序！

鲍世修

2006 年 7 月 2 日

译者的话

一

马基雅维利是意大利文艺复兴时期著名的政治思想家，也是一位经典的军事著作家。公元1469年5月3日，他出生在意大利半岛上的佛罗伦萨共和国。从族谱上看，马氏家族原本拥有古老的托斯卡纳侯爵的封号。早在公元九世纪时，先祖们就已掌控着迪格雷夫和迪比萨的大片领地，那里是托斯卡纳境内主要河流阿尔诺河的许多支流流经的风景如画的谷地。马基雅维利在有关纪事中曾写到过，在不同时期，他家祖上先后总共有30人次当选为担任共和国最高职务，负责领导政府的正义旗手(Gonfalonieri)；另有53人次当过修道院院长和协理市政公务的高官。从母系的族谱看，也堪称悠远望族，其声望和知名度，与其说由来于显赫的身世，倒不如说是他们(五名修道院长和一名最高行政长官)在为佛罗伦萨效力的岗位忠于职守和秉公执法的操行所造就。不过，随着世事变迁，家道中落了，家境日趋贫困。马氏祖先仅在佛罗伦萨郊外蒙泰斯佩尔索利附近剩下小片地产和一处不起眼的住宅。

马基雅维利的父亲贝尔纳多是一名律师，喜好研究古典著作；

母亲冬娜·巴尔托罗米阿以端庄贤淑闻名。在教育子女方面，二老并不禁囿于过分严厉的制约（马基雅维利有两个姐姐：马尔佳丽塔和普里玛薇拉，还有一个弟弟托托）。从母亲一方，孩子们承续了她那诗人的气质和对音乐的爱好；而父亲留给他们的则是博览群书的秉性。不过，在尼科洛（父母用祖父的名字给他取名也叫尼科洛）身上真正起作用的，却是文艺复兴后期的那种氛围。洛伦佐主政时期艺术的遄飞深深地感染着年轻的马基雅维利，对其才能之发展、世界观之激就乃至性格之形成均具深刻的影响。

尼科洛七岁开始学习拉丁文，十一岁开始学算术；又过一年，他在巴奥洛·庞奇利澳涅学校已经能够用拉丁文书写作文了。有人说，马基雅维利曾受过“十分良好、相当完美的教育”。其实，他家里并不宽裕的经济条件是无力支付他攻读大学所必备的费用的。后来，他之所以能够成为一个“在思维能力、热情和性格方面，在多才多艺和学识渊博方面的巨人”，能够跻身于欧洲伟大的文艺复兴时代他的同胞：但丁、薄伽丘、彼得拉克、米开朗琪罗这些巨人们的行列之中，除去在他短暂的一生中所成就的事业之外，不能不说，那是他执著地坚持刻苦自学所取得的惊人成果。事实上，古代希腊、罗马的柏拉图和亚里士多德、色诺芬和波利比乌斯、西塞罗和普利尼、普卢塔克和提图斯·李维等一大批声名卓著的经典作家自始至终都是他一生的贤明恩师。在成长期间他曾认认真真地读过西塞罗的演说辞、李维的《罗马史》；他精通拉丁文，熟悉意大利的古典文学、史学，尤其熟悉古罗马的政治体制和社会哲学。这为他投身政治活动、从事外交工作打下了基础，对他日后对罗马共和制的向往，以及支配他毕生的深厚的爱国思想，影响甚大。

二

马氏步入政坛在 1498 年，当时他还未及而立之年（才 29 岁）。事情是这样的：遵照亲族的嘱托，尼科洛于 1496 年去罗马协助解决一桩有关遗产的诉讼。父亲的身份和职业是律师，而他又是个极其聪明的孩子，自幼耳濡目染也懂得了一些法学和商科方面的原理。他那老到的实践能力和敏慧的头脑，帮助他顺利地赢得了迈进老王宫——韦基奥宫担任国家公职人员的应聘资格。大国会 1498 年的一纸公文正式任命这位年轻人出任第二国务办公厅秘书一职。就管理机构的体制而言，他的上司便是以共和国首席大臣为首的长老议会，其所管辖的范围延及国家的所有内部事务，同时兼理外交联络工作。他走马上任不多时日，便令周围同仁深信，尼科洛真正是生就的从政干才。不过一个月之后（同年 7 月 14 日）又任命他兼任十人委员会（自由与和平委员会）的秘书。

不久，皮耶罗·索代里尼枢机主教当选为终生正义旗手（共和国最高行政长官），马氏受到索代里尼赏识，成为他的得力助手。1505 年，他写了《论佛罗伦萨臣民军队组织化》的文章；同年年底，受命由他负责招募志愿参军的人员。1506 年 2 月组成了一支约 400 人的新军。半年间他的这支国民警卫军发展到了 5000 人。1506 年和 1507 年的大部分时间他都在从事这支队伍的组建工作。在组建了相当规模的国民军步兵（最终扩展到近 2 万人）之后，他又于 1510 年底创建了国民军的骑兵部队。

马基雅维利所创建的民军坚持了大约七个年头。这支队伍被用来使比萨重新归属佛罗伦萨。为此，曾中断了向比萨输送粮食，且每年两次去毁坏属于这座城市郊外直到城墙跟前的大片土地上的庄稼。至1509年5月，比萨城由于粮绝遣使求和，并于月底投降。马基雅维利率军入城，就此结束了长达十四五年的一场纷争。佛罗伦萨举国欢庆，公认马基雅维利是胜利的真正组织者。这是共和国和马基雅维利政治生涯中最辉煌的一刻。

十四个年头外加五个月，并未记下他何等显赫的功名利禄，只是“秘书和市民”这一出力效劳的岗位让他献出了自己的全部知识和力量。他前前后后总共书写了4000多份公务信函和报告，起草了数十上百份法规文本、政府号令、作战命令和军事文书。经常在恶劣的气候条件下，冒着生命危险，没有休息，深更半夜，在时间短、任务紧的情况下以“委员会”代表的身份去境外公干，前前后后达23次之多；这还不算在国内来来回回无计其数的公务出差。他还不断地受领到几乎是无法完成的外交使命，出入法国国王、德国皇帝、意大利各公爵，乃至教皇的宫廷府邸。当时的一些著名的文化和政治中心，诸如皮翁比诺和锡耶纳、佩鲁贾和比萨、曼图亚和皮斯托亚，都成了他长途行程中的驿站。而一些名人志士，像诡诈的瓦伦蒂诺公爵、颇具威力的弗利城堡的女主人、深奥莫测的教皇皮伊三世，以及哲学家、教育家弗朗切斯科·奎恰迪尼都成了他的相当投合的访谈对象。

佛罗伦萨这位积极上进的政治实践家、政府要员细心地审视着周围的是是非非。在他的视听里包尽了佛罗伦萨无休无止的骚乱和威尼斯“光荣的孤立”，那不勒斯和米兰男爵们的刚愎执拗，以及麇集在国王周围的法国显贵们的言行，自由德意志城邦的有条不紊、节约俭朴的生存方式和“装备精良”的瑞士人热爱自由的秉性。在这种五彩缤纷之中同时也包孕着一大堆的问题:一些国家欣欣向荣,另一些国家委靡不振,其原因何在?历史的政治厄运究竟有无规律可循?事业有成乃君主的英勇豪迈所建树,还是施诡计、要手段,为命运所作弄而促就?为什么文明昌盛的希腊会屈从于马其顿国王腓力的淫威,而拜占庭却会受到土耳其人的桎梏?意大利应该怎样做才能避免类似的遭际?马基雅维利在各国逗留期间,仔细地研究了这些国家不同形态的社会政治组织,揭示了它们的本质特征,对其潜力作出了客观的对比。在分析极其丰富的事实素材的基础之上,提出了政治、政权、国家、法、管理、军事等各个方面的重大的理论问题。

此时,马氏觉察到佛罗伦萨已处于法国同西班牙、教廷等国结成的神圣同盟的尖锐对立之中,于是竭力加强防务。他曾巧妙地动员了1.2万名国民军实施防卫。但这支军队在1512年8月普拉托之战中被同盟军击败。亲西班牙的贵族政治势力和封建势力得到加强,先前被赶下台出走海外的美第奇家族以一万金币贿赂同盟军,在西班牙军队的威胁下,佛罗伦萨投降。同年9月,正义旗手索代里尼宣告辞职后出走。共和国就此瓦解。美第奇家族的首领朱利奥和小洛伦佐重返佛罗伦萨,恢复了1494年在这个家族统治下的机构和制度。马基雅维利一手创建的国民军被解散。11月新政府免除了他的一切职务,将其驱逐出佛罗伦萨,流放期一年,禁止离开国境,并勒令提供巨额保证金。随后,又于次年(1513年)2月以莫须有的罪名,所谓涉嫌参与反美第奇家族的阴谋将其逮捕入狱。后经多方营救,于3月出狱。获释后,全家迁居到城外祖遗的那片小小的地产上，过着清贫的生活。他曾设法向美第奇家族疏通，以求谋得职位，但并无结果。直到1520年才受领到编写佛罗伦萨史的差使。接着，1527年5月佛罗伦萨再次爆发反僭主政治的起事，美第奇家族再遭放逐，国家重建共和。马基雅维利返回佛罗伦萨，指望以他当年的劳绩再度出山。但遭到人们的拒绝。在极度失望之余，这位著名的佛罗伦萨公民、秘书于1527年6月22日病死于家中。

马基雅维利一共活了58年。在其后半生的29年中，有14年是在职的。那时他踌躇满志，频频出入各国和意大利诸城邦的王室宫廷；他的雇佣军乃万恶之源的观点，以及必须将其彻底废除，实施变革，组建由本国的臣民组成的自己的国民警卫军的主张得到支持并付诸实施。这14年的从政经历，特别是外交实践和军事活动为他后来15年的学术创作拓展了广阔的思路，提供了丰富的历史例证。可以说，"马基雅维利政治上失意之日，正是他学术上成功之始。"

三

马氏《兵法》一书撰写于1519—1520年。我在本文一开始就提到，他是一位政治思想家，也是著名的军事著作家。军事问题在马基雅维利的政治剖析中往往数得上是关键性部分，而作者通过军事问题来证实他的理论剖析。在与他同时代的政论作家中，甚至更晚的代表人物中，都很少有人会像他那样把军队问题作为一般政治思想方面的主要命题加以研究。《兵法》一书便是他的这种精神的具体写照。这是唯一一部在他生前出版的可称得上是名著的著作,也可以说是近代史上的第一部兵书。作者遵照习俗取拉丁文《*De re Militari*》(《论军事》)为书名,但是在1521年8月16日初面世之后即改名为《Arte della guera》(《兵法》,直译《战争艺术》——译者)。

为了实现自己的构想,著作家有意识地采用了能够精确地反映实质内容的问答式对白,这种西塞罗式的文学创作形式在文艺复兴时期相当多见。这场对白的舞台设在"鲁切拉伊家的花园"里。所谓"鲁切拉伊家的花园",不仅仅是佛罗伦萨青年人常常聚会,举行哲学和文学问题恳谈的中心(Orti Oricellari),同时还是一个政治组织。作者再造这样一个环境,不禁使人想起1516年9月法布里乔·科洛纳来此访问的情景。法布里乔是著名的罗马军事首领,曾为皇帝效过劳,那几年一直在指挥雇佣军士兵作战。对白在以这位军事首领为一方,同著名的科学和文学事业的资助人科西莫·鲁切拉伊和他的几位年轻朋友扎诺比·布翁德尔蒙蒂、巴蒂斯塔·德拉·帕拉、路易吉·阿拉曼尼为另一方之间展开;由科西莫等人发问,法布里乔作答。唱主角的是法布里乔·科洛纳。可是,要说本书所阐述的那些思想都是源自同法布里乔的那次谈话,那就未免失当了。这些想法其实在作者头脑里是早已定了型的,同军事首领的会见和谈话,不过是将这些想法见诸文字的一种形式,实际上也就是马基雅维利借用法布里乔之口系统地阐述他自己对军事问题的各种见解和观点而已。

马基雅维利在书中阐释了军事和政治两个方面不可分割的关系,强调一国之君必须把军事列为头等大事来抓;他指出,一个国家必须建立一支由有强烈爱国精神的士兵组成的军队，要是没有本国民众组成的军队，势必要去雇佣异国人，由异国人编成的军队对于社会的福祉而言，较之本国人组成的军队，害莫大焉；他痛恨雇佣军，将其视为罗马共和制覆灭的根本原因；强调必须强化对国民警卫军的训练，恢复古罗马时期的军纪，国民军必须有统一的指挥。他认为保卫意大利不能靠城堡化，而必须依靠爱国的训练有素的国民军抗击来犯之敌，决胜于战场。他的这些想法和论述无疑都是正确的。

实施战争的武器有了很大的改进，这是中世纪向新时代过渡的特征之一。中世纪军队中使用冷兵器的为数不多的步兵被淘汰，取而代之的是强大的骑兵；射击武器的技术装备日新月异。而马基雅维利的这项研究的出发点正是适应武器的变化和新兵种的出现，改进抗拒外国侵略的战术，扭转意大利的挨打状态。恩格斯指出，由于 15 世纪末 16 世纪初法国人改进了火炮，可以用许多匹马把它们拉拽上战场，并且在战斗时变换阵地；比之意大利人用犍牛驮运笨重的旧火炮远为方便，这种火炮和新兵种给意大利步兵的长纵队造成了极大的损伤。恩格斯分析说，马基雅维利写他的《兵法》一书的主要目的是为了想出一种队形，巧妙地配置步兵和骑兵，以制止这种火炮和新兵种的杀伤力。因此，《兵法》是捍卫意大利国家的独立与自由的战术论，反映出炽热的爱国主义指导着作者的一切活动。恩格斯曾经称赞马基雅维利是"第一个值得一提的近代的军事著作家"。这不是偶然的。

"马基雅维利的爱国主义精神、他那逻辑严谨的聪明才智、他的文学创作能力，以及对于周围世界之实际现象的清晰理解同时感悟着他、激励着他奋勇向前。在他的思想深处总是涌动着两个意愿：要创建一种经过缜密思考的军事理论体系；要组建一支佛罗伦萨的国民警卫军，在这支军队中复兴古时罗马人的理念。”德国著名的军事历史学家汉斯·德尔布吕克（1848—1929）充分肯定马基雅维利的这两个意愿的正面意义，但同时也指出了它们的不足。这位历史学家详细地叙述了1512年佛罗伦萨国民军惨遭失败的经过：当时，有一个以西班牙为首的联盟，目的是使美第奇家族重返佛罗伦萨。当西班牙人进入佛罗伦萨共和国的地界之后，民军才开始集结。国民军以1.2万人去抵御8000名西班牙人，本应是一件轻而易举的事。可到广阔的野外去抗击外来军队的入侵被认为是难以想象的冒险行为。于是，他们把民军作为卫戍部队部署在佛罗伦萨和离首都仅2英里的普拉托市内，而这恰巧是首当其冲地会受到西班牙人威胁的地方。普拉托一带还保留着中世纪的工事——高高的、薄薄的城墙。围城者想顺着梯子爬上高墙的企图被守城者所粉碎。西班牙人用他们仅有的一门火炮炸开了一个缺口。据一份文献资料称，城墙上出现了一个宽4米、高2米的窟窿。当时，围城者已经难以忍受因粮食匮乏而造成的极大的痛苦。普拉托只要再坚持两天，西班牙人也许就会撤退；而他们一撤退，所谓的联军恐怕也就难保不会垮下去了。反之，这种极端的饥饿也会驱使他们拼死去强攻那个缺口。缺口不大，位置挺高，要想冲进去还真得架上梯子才行。可是，西班牙火枪手最后还是抵近了城墙根。一阵猛烈的射击之后，被围者再也无法透过城墙上的雉堞看清眼前的情景了。当西班牙人在几名军曹带领下发起猛攻时，佛罗伦萨的民军就拔腿逃跑了。半小时之后，城市陷落……

马基雅维利研究过罗马的军事，但他对罗马的国家体制、对罗马军团严格的队列训练，以及对罗马人特具的纪律严明等之精髓并没有完全理解。他不善于启迪他的民军们遵纪守法，也不会使他们发扬因战争而激发起来的军人所特具的那种气概。罗马的国家体制，严厉的军事队列训练和严明的纪律培养了罗马军团刚强的意志和坚忍不拔的精神。而坚忍不拔的精神却是马基雅维利的民军在保卫普拉托城墙上的那个窟窿时所欠缺的。在德国军事历史家看来，马基雅维利创建了佛罗伦萨的民军，这个组织并非完美无缺；马氏在建立统一而明确的战略理论方面也不算成功。在这里可以这样说，马基雅维利触及了他那个时代的问题，他所讲述的东西里包含着某些前瞻性的内容，但是他无力建立起完整的思想体系。关于人民军队，在他的概念里，那是属于最高权威所谋划的某种预见性的东西。在16世纪之初，要建立这样一支人民的军队，对于佛罗伦萨共和国来说是办不到的，因为并不具备基本条件，即相应的国家体制。要使适合去作战而应征参军的人员树立起最起码的，同时又是理想的守纪律的观念恐怕需要经历几个世纪的磨炼才行。从马基雅维利一生的经历中完全可以看出，他是想把它所要建立的步兵与罗马的国家体制结合起来的，那就说明，他对此的理解无疑是正确的。因此，我们也不必在这方面过多地苛求马氏了。

四

马氏的这部《兵法》，恰如英译本引言作者尼尔·伍德所说，在整个16世纪(其实又岂止16世纪一个世纪——译者)受到广泛阅读、述评,以致推崇。自1521年出版起至16世纪末共出版了八个版本的意大利文本,其中佛罗伦萨两个版本,威尼斯五个版本,还有一个巴勒莫版本。尼尔·伍德还简要地介绍了法文版、德文版、拉丁文版、英文版等的出版状况。可见其受欢迎程度之热烈和拥有读者之众多了。

有关俄文译本的情状,尼尔·伍德的引言里只字未提;其实,在原苏联也曾有过两个版本:一个是1934年莫斯科—列宁格勒版的多卷集《马基雅维利著作集》,《兵法》被收在该著作集的第一卷内;另一种是莫斯科于1939年作为专著单独出版的,书名就叫《兵法》。两种版本均译自意大利文。我相信,在16世纪之后直到1917年这漫长的三个世纪的沙俄时期,马氏的《君主论》、《论提图斯·李维的[罗马史]前十卷》(简称《李维史论》)、《佛罗伦萨史》,乃至他的喜剧《曼陀罗华》,自然还有这部《兵法》等著作都会有俄文译本问世的。我这次汉译所主要依据的俄文译本便是收有《君主论》、《李维史论》和《兵法》三部著作的1996年由莫斯科思想出版社重印的本子;在该著作集扉页上专门印有这三部著作的原始版本出处:《君主论》,按《马基雅维利著作集》莫斯科—列宁格勒,1934年科学院版,第一卷;《李维史论》,按1869年由库罗奇金主编的马基雅维利著《论提图斯·李维的[罗马史]前十卷》;《兵法》,则是按1939年莫斯科版的单印本重印的。可见,在沙俄,至少早在19世纪60年代就已有俄译本的马基雅维利的著作问世了。

英文版的马氏《兵法》,据我所知有这样几种版本:一、彼得·怀得霍恩(Peter Whitehorne)的译本,这个译本在16世纪先后付印过三次(1560、1573 和 1588 年),1905 年又再版过一次。二、亨利·内维尔(Henry Neivill)的译本,1675 年在伦敦出版,后又于 1680、1694、1720 年多次再版,此书的英语书名为 The Works of famous Nicolos Machiavel,从英语书名可知也是一部著作集。三、埃利斯·法恩沃思(Ellis Farneworth)的译本,这一译本是译者去世前一年(1762 年)在伦敦出版的,两卷本;1775 年又出了第二版的修订本,四卷本。我的老朋友蔡兴文帮我找到的英文译本便是埃利斯·法恩沃思的本子,是 1775 年第二版的那个本子,但并非那个四卷本书中的一篇;而是 1815 年在美国纽约州首府奥尔巴尼初版、经由亨利·索思威克(Henry C. Southwick)稍加修改后出版的单行本、1965 年又重印的美国版本;洛杉矶加利福尼亚大学政治学副教授尼尔·伍德为本书撰写了一篇精彩的引言。此后,阿兰·吉尔伯特于同年又出了新的美国版,书名 Niccolo Machiavelli,The chief works and others,《马基雅维利的主要著作及其他》(亦称《马基雅维利著作集》),是 1965 年在美国北卡罗来纳州的达勒姆由杜克大学出版社出版的三卷本。

五

我汉译的俄文本马基雅维利《兵法》共七卷,书前照例写有一篇他送呈佛罗伦萨贵族洛伦佐·斯特罗茨的献辞(或称进言)。英文本有一个内容提要,未必是作者所列,俄文本无,我将其汉译出来,置于正文之前,俾使读者了解一下全书的大致轮廓。中译本所用马基雅维利的头像取自俄文本,七幅插图亦是。本书附录二的

《马基雅维利生平年表》也是俄文本的附件，汉译时有个别改动。注释分为两块：一部分分散在各卷各该要目的当页，该要目在当页出现时用楷体；另一部分集中在附录三中，每个要目除注释释文外，另有汉、俄、英三种文字的译名对照和书中所在的边码（索引）。

关于附录一英文本的引言，我想在这里多提几句。这篇引言的作者是美国加利福尼亚大学的政治学副教授尼尔·伍德。上个世纪六十年代，这位教授计划写一部有关马基雅维利政治思想的书稿。据他自己说，马氏的军事思想系这个完整的大课题的一个分支（one offshoot）。他的这个课题得到哥伦比亚大学的部分资助。有资料显示，他第一次概要地向哥伦比亚大学政治理论家协会提出拟为马氏《兵法》撰文，作为他的那部书稿的附录，是在1962年6月24日的一次午宴上。这篇文章洋洋洒洒写了近五万字，内容丰富，论述详尽，值得一读。这篇长文由程克雄翻译，克雄同志原也是军科外军部的老人，后来调新华社工作。他熟悉军事，英俄两种语文程度俱佳，曾在伦敦工作多年。我觉得，引言写得不错，译得顺达、流畅；读一读不仅对理解马氏《兵法》的含义会有帮助，而且对于了解上古（指古罗马）、中古（指中世纪和文艺复兴时期），甚至近代（指拿破仑、克劳塞维茨等人的看法）的战争艺术之发展也会或多或少地有所裨益的。

这一次，鲍世修同志再度为我译的书撰写了中译本序。他熟悉马基雅维利，是中国大百科全书军事卷和中国军事百科全书马基雅维利军事思想条目的撰稿人。年近八旬的他，一直在坚持承担着军内外的多项工作，还常常境内境外地奔波劳碌。即令如是，他依然从百忙中挤出时间为本书撰写序言。实可谓老骥伏枥，志在千里,烈士暮年,壮心不已呀。

我在翻译、作注、写“译者的话”的过程中曾参阅过的主要图书资料有:

《中国大百科全书·军事》,中国大百科全书出版社,北京·上海,1989年6月。

《中国大百科全书·外国历史》,中国大百科全书出版社,北京·上海,1990年1月。

《简明不列颠百科全书》,中国大百科全书出版社,北京·上海,1985年6月—1986年8月。

《苏联百科词典》中国大百科全书出版社,北京·上海,1986年。

[古罗马]塞·弗龙蒂努斯著:《谋略》,解放军出版社,2005年1月第二版,北京。

[古罗马]弗·韦格蒂乌斯著:《兵法简述》,解放军出版社,2006年1月第二版,北京。

[古希腊]修昔底德著,谢德风译:《伯罗奔尼撒战争史》,商务印书馆,1978年8月第3次印刷,北京。

[古希腊]希罗多德著,王嘉隽译:《历史》,商务印书馆,1962年6月第4次印刷,北京。

[古罗马]凯撒著,任炳湘译:《高卢战记》,商务印书馆,1982年,北京。

[意]尼·马基雅维利著,潘汉典译:《君主论》,商务印书馆,1996年,北京。

[意]尼·马基雅维利著,李活译:《佛罗伦萨史》,商务印书馆,1982年,北京。

周一良、吴于廑主编:《世界通史》,中古部分主编朱寰,人民出版社1972年重印。

王正平、张兴仪、钱茂堂主编:《世界史大事汇编》,浙江人民出版社,1984年11月。

[美]利奥·施特劳斯著,申彤译:《关于马基雅维利的思考》,译林出版社,2003年12月第一版。

[瑞士]雅各布·布克哈特著,何新译,马香雪校:《意大利文艺复兴时期的文化》,商务印书馆,1983年,北京。

现在这部译作终于完成了,在这里,译者向曾给予我帮助、支持、鼓励的多位朋友表示衷心的感谢;还要向我在译编过程中使用过那些图书的作者、译者、条目撰稿人表示感谢。对于本书的错误和不妥之处,敬请广大读者给予指正。

译　者

2006年7月9日于苏州

英文本内容提要

前言

卷一

——在科西莫·鲁切拉伊家的花园里，法布里乔·科洛纳开始论述兵法问题。

——借喻古人。

——诚实正直之士不会以战争作为他们的职业。

——没有哪个君主或共和国会让自己的市民将战争作为他们个人的职业。

——从哪里去寻找优秀的士兵。

——士兵是从城市里还是从农村里招募好？

——国民警卫军的支持者和反对者。

——哪一类人可以参军？

——罗马人怎样组建他们的军团？

——国民警卫军的规模多大合适？

——国民警卫军如何防止发生骚乱？

——建立、雇用一支骑兵部队。

卷二

——古时的武器和装备。

——当代的武器和装备;长枪。

——怎样的武装法更佳?

——步兵的武装;骑兵的要求。

——哪一种更可靠?

——古时的和当代的训练。

——组建军团,其诸营、诸连。

——建制营在战斗队形中的三项主要使命。

——一个营之变更部署及其调转方向。

——侧翼攻击之筹划。

——布列一个带两翼的空方阵营。

——营的辎重、军官和音乐。

——军事事务之豪壮及其当今之变迁。

——一个军团所需之骑兵数量。

卷三

——罗马军团之战斗队形。

——马其顿、罗马和瑞士的阵法。

——将希腊和罗马的方法结合起来是可行的。

——罗马军队的人员数额。

——整军经武之要诀。

——一次模拟战斗之描述。

——其各类机动之因由。

——军队将领之演练。

卷四

——在整军经武、实施作战期间，乃至会战之后，处处都要小心谨慎，工于心计。

——另外两种队形。

——将领何时会繁忙起来？

——将军们必须守规矩。

——避战。

——既要能够激励军队，又要有办法使他们平静下来。

——军团在军队中的功利。

——让人们锤炼得十分善战。

卷五

——罗马时期和当代如何看待在敌人领土上行进？

——组建一支成作战队形的军队。

——下达命令。

——军队之供应。

——战利品之分配。

——力避中埋伏。

——将领应熟悉地形，其必要性及意义。

——行军中其他预防措施。

——渡河（涉渡江河）；避免会战

——预防敌人设置的陷阱。

卷六

——希腊人和罗马人如何选定营址？

——设营。

——营地的守卫。

——古时的司法官(军事法官)。

——古时的规则:女人和赌博。

——攻击军营。

——古人在选择营址时考虑的其他理由。

——准备应付饥饿。

——营地将容纳二至四个军团。

——交战究竟需要多少人?

——有些将领放敌人逃跑。

——在敌人营垒中制造不和。

——惩治骚乱和纷争。

——设法致敌人于心灰意懒的状态。

——城镇安全、平静之后,有人会怀疑内部可能出叛逆。

——关于冬战。

卷七

——建设并加固城镇。

——固守被围困的城镇。

——对被围之城和围城者的忠告。

——相信机遇会出现。

——被围困者务必要掌控一支守备部队。

——腐蚀并袭击城镇。

——保持与城外的联络。

——修补好窟窿,严加护卫。

——地雷和地下通道。

——切莫分散兵力。

——突袭。

——军事训练的一般规则。

——纵论骑兵。

——创新精神和将军们的实际应用。

——结论。

目　　录

佛罗伦萨公民、秘书　尼科洛·马基雅维利 1
关于呈佛罗伦萨贵族菲利普·斯特罗茨之子洛伦佐
《兵法》一书之献辞

洛伦佐：

无论过去和现在，许多人都持有这样的观点：世上没有比平民生活和军人生活之间更少联系、更多排斥的东西了。因此，我们常常发现，一个人要是企望在军界崭露头角，那他不仅要立马变换着装，而且还会在举止、习惯，乃至声调和姿态等诸多方面都表现出与众不同。有意成为一举手、一投足动作麻利，并随时准备施行暴力之徒总觉得无法穿着平民的衣装；平民的德行和习俗对他们也不合适：前者过于柔软，后者同他们自个儿的目标有悖。普通的相貌和平凡的谈吐，对于老想用满脸的大胡子和粗鲁的骂人话去威胁他人的人来说，总觉得不够过瘾，且效果有限。所以，在现时代，我以上所提及的那点看法，实在是千真万确的。

然而，当我们研析一下古时的规章，却很难找到较之平民生活 2
和军人生活之间更加一致、更加浑然一体、更加相濡以沫的东西了。因大众的共同利益而生存于国家之中的各个阶层，并不需要出于让人们生活在法律和神灵的恐惧之中而架构起来的那些机构，因为在这种情况下并不存在一种组织严密、管理良好、能够保护民众的力量，而那些机构本身其实连自己都无法拯救得了：它们原本就不该存在。

皇室的一座宫殿，尽管修建得豪华奢侈、装饰得富丽堂皇，要是没有任何防风防雨设施，那是很容易被毁坏的；一些机构，尽管很完善，要是没有武装在支撑，也会像皇室宫殿一样坍塌下来。如果说，在古时的共和国和王国的各种民事机构里一直在尽力支持培植人们内心的忠诚无私、热爱和平和敬崇神祇的精神，那么在军队中这些努力一定更加认真、更加实在，因为比之对于立誓要殉国捐躯的人来说，国家还能对谁要求更多的忠诚呢？试问，谁还能比那些深受战争之苦之难的人们更加热爱和平呢？又有谁的身上会比日夜备受无穷尽的险情所折磨，因而时时渴求天神来拯救他们的那些人身上存活着更其虔诚之心呢？正鉴于帝国的立法者和将帅们能够理解如是的必要性，军士们的生命才会与一直在竭力追随他们和仿效他们的其他市民同呼吸、共命运。现如今，当军事规章彻底走形，早已背离了古时的根基时，便流行起了如此不可理喻的恶劣的观念，他们会导致军界的愤恨，以致演绎成互怀敌意的结局。

至于我，根据我所见到的、所接触到的事态而言，总觉得要使
3 古时的原则回归到这一阶层，或者至少要使其以往的英雄气概部分地回归到他们身上，倒真还是有可能的。正因为不愿意无所事事地虚度此生，我这才决定将个人关于兵法的一些思考撰写出来，以褒掖古人之功绩于天下。当然，要剖析自身的经验所不曾知晓的事物，尽管那是一件十分大胆的事情，但我终究认为用一些好话来估衡自己算不上是什么错误，许多人对此不都在以更大的自信

从生活中赢取自我吗?我在撰写这部著作时的错误,也许会在对任何人都不致伤害的情况下得到纠正;但不过,人们实际上所铸成的错误,只有在帝国行将毁灭之时才会被大众所认知。

洛伦佐,现在请您对我的这部著作做出评断,在您的判决中请给予照您的看法作品应该得到的称赞或者指责。我把它呈献给您,为的是向您表示我的谢意,虽然我所能够呈献给您的远不足以与您所给予我的恩赐相比拟。呈献诸如此类的作品通常是为了纪念出身、财富、智慧和不惜慷慨解囊等优秀品德都极其出色的人士。我深知:很少有人在财富和出身方面能够与您相提并论;至于智慧么,能与您平起平坐的恐怕也只是为数寥寥的几位而已;如果就慷慨重义这一层言,那您实在是独一无二的。

5 **佛罗伦萨公民、秘书　尼科洛·马基雅维利**

致读者

为使读者能够易于理解书中涉及的作战队形、军队营地的部署，我认为有必要将一些符号确切地加以注明。首先应当对代表步兵、骑兵或者其他部队的各种符号予以标识。

以下便是这些代号字母的含义。

o	持盾步兵
n	持矛步兵
x	十人长（十名士兵的头领）
v	正规的韦利特（轻装兵）
u	后备的韦利特
C	百人长（百人队的队长）
T	营的统领（营长）
D	旅长
A	总司令（总指挥）
6 S	乐手
Z	掌旗手
r	重骑兵

e　　　　轻骑兵

Ⓗ　　　　炮兵

译者注:

1. 这一页“致读者”是为本书七幅插图的各种标识符号所作的注释。

2. 关于炮兵(或火炮)的标号,本页所列与书中图内所示,不尽一致。书中有四幅图上有火炮标号:图 4、图 5、图 6 是θ,图 7 为♈。

卷　一

9 我认为，无论谁，在他亡故之后，都可以受到毋庸置疑的褒扬；此时再也不必顾忌会有人非难或者怀疑你有阿谀吹捧之嫌。所以，我要把这褒扬毫不犹豫地奉献给我的朋友科西莫·鲁切拉伊。每次，一想起他的名字，我必定热泪盈眶。这是因为我熟知他的全部德行，那些一个朋友可能要求对方具备的品行，以及国家要求公民应有的道德素质。

我不曾遇到过他不肯为朋友放弃某样东西，即使是他的生命；也不曾遇到过在他看来有益于国家的事情，哪怕是困难重重，险情频频，他会却步推诿的情形。我要公然声称，在我所熟识的，以及因事务而时有接触的众多人士中，我还从未见到过对一切伟大而美好的事物怀有如此坦荡胸襟的人。

近日来，他悲怆地同朋友们谈到，看来他是注定要年纪轻轻地、默默无闻地撒手人寰了；可是，他造福众人的心愿尚未实现。他明白，关于他，人们只好这样说：走了一位忠实的朋友。不过，尽管他的事业未竟，我和其他许多熟识他的人都能见证他身上那些高尚的品德。

事实上，命运对他并非那般刻薄，也没有影响他身后留下他那光辉智慧的某些证据：他的若干部作品和若干首情诗。尽管他对这些东西并未十分地投入，但在他的青年时代毕竟练过笔，以求不致终日在伫候命运将其精神引至更高的意境中虚度时日。这些诗篇清晰地表明，他是何等欢欣地表达了自己的思想；要是他能够全心献身诗作，那他又该达到何等样的诗歌之巅呀。10

如今，当命运已将这样一位挚友从我身边夺走，就我而言，所余者似乎也就只有愉悦地去追忆并复现他那些一语道破的精彩语句和入木三分的深邃见解了。其中最生动的追忆便是他在自家花园里同法布里乔·科洛纳先生的一次谈话。当时，这位先生详尽地谈及了战争问题，不过大多是对科西莫那些尖锐的经过深思熟虑的问题所作的答复。

这次谈话时我与几位大家共同的朋友在座，我决定对这次谈话做一番回忆，俾使参与过谈话的科西莫的朋友们能够更加逼真地回想起他的才智，而使那些错失了这次良机的其他人士深感惋惜，并从一位当代杰出人物的寓意深刻的言词中学会不仅有益于战争，同样也会有益于平民生活的许多东西。

法布里乔·科洛纳在伦巴第长期为信奉天主教的国王作战[1]，并享有崇高的荣誉。在从伦巴第重返故里途经佛罗伦萨时决定要在这座城市里休憩几天，去拜访他的公爵殿下[2]，并再次与某些贵族友人相见。科西莫觉得，邀请科洛纳来到自家花园并非出于在他面前炫耀奢华，而是要利用时机同他进行长时间的谈话，11
并向他学习各种知识，因为主人已经得到允诺：有整整一天的时间

① 这位信奉天主教的国王便是 Catholic Majesty，西班牙的哈布斯堡·查理一世(Hapsburg Charles Ⅰ，1500—1558)。1519 年，他成为神圣罗马帝国的查理五世皇帝。

② 指佛罗伦萨的统治者洛伦佐·德·美第奇(Lorenzo de' Medici，1492—1519)，乌尔比诺大公，即马基雅维利献于《君主论》一书的洛伦佐(高贵的)的孙子，列奥十世神圣教皇的外甥。

可以针对他十分着迷的题目同科洛纳展开谈话。

法布里乔应邀前来，受到科西莫和他的杰出的朋友们的热情接待，这些友人中有：扎诺比·布翁德尔蒙蒂、巴蒂斯塔·德拉·帕拉和路易吉·阿拉曼尼等，这些年轻人都是他的亲朋好友，有着和他一样执著地迷恋于钻研各类问题的志趣；至于他们身上那些优秀的气质，我就无须烦絮了，因为他们几乎每时每刻都在表现着他们自己。

就时间和地点的习俗而言，对法布里乔的接待可谓十分隆重。在豪华的筵宴上，宾客们品尝到美味佳肴，随后从餐桌边站起身来。那些出类拔萃的人物常常专注于一些高尚的事物，对于吃食则比较淡漠。时间还早，天气略显闷热。为了更完美地实现自己的目的，科西莫似乎竭力要驱散沉寂的气氛，他带领客人步入自家花园绿树浓荫的深处。大家各自寻找合适的地方，有的在鲜嫩碧绿的草坪上横躺下来，有的就靠在大树树荫下的长椅上。这时，法布里乔开始赞美起周围的环境来了。他尤其专心地观赏着那些他不认识的树木。科西莫觉察到了这一点，说道："有些树木你可能不太熟悉，请不必惊讶，因为这里的一些树种只有古人才识得，如今已经很少有人能认知它们了。"接着，他一一数出这些树木的名称，还讲述了他的祖父贝尔纳多是如何精心培植这些优良树种的。
12 法布里乔答道，"我也正是这样在思索，这地方和你祖上的辛勤劳作不禁使我想起那不勒斯王国[①]的几位大公，他们也喜好培植这些树种，并享受到在树荫下纳凉的乐趣"。

至此，他住口了；有那么一阵子坐在那儿沉思；之后，又接着说道："我并不担心会得罪你，就来说说我的见解吧。我不认为，我会

① 那不勒斯是那波利的另一个称谓，两者有时交替使用。

使你受到贬损，因为我是在同朋友谈话，是想就一些事情作些思考，而不是要中伤他人。确实，这将不会伤及任何人，不过人们最好还是尽量去和古人比试英勇无畏的精神和气势磅礴的实力，而不要去比那种儒雅的柔情，不要拘泥于古人是在阳光照耀下，而不是在阴影中干着大事业的；他们认为，古代所崇尚的是真实和美好，而不是虚假和歪曲。要知道，由于我的罗马同胞迷恋于这些事业，我的祖国灭亡了”。对此，科西莫做了答复，……

为了避免满篇尽是“某某说道”、“某某答道”这些不断重复而令人腻烦的词语，我将采取直接列出对话人名字的首写字母的格式，即如“科西莫说道，”就写成“科”，加上一个冒号“:”，依此类推。

科:你谈到了我久已想望求得答案的问题，因而我请你务必直言不讳，正像我直言不讳地向你提问一般。如果我在提问或者答复中保护了谁或者指责了什么人，那倒不是为了要替谁辩解或者责备什么人，而是出于企望听到你实话实说。

法:我在回答你的问题时将十分乐意尽我所知地讲出我的看 13
法。至于我的看法是对是错，则要由你自己去判定。你的问题只会使我感到愉快，因为我从你的问题中所得到的收获会同你从我的答复中得到的一样多。一个聪明的提问者常常会使对方思考许多事情；要是没有这些问题的话，他对于这些事情始终会处在茫然之中。

科:我想回到你前面谈到过的事情上去，那就是我的爷爷和你的先辈，他们的行止相当勇敢，他们仿效古人去做英勇无畏的事业，而不迷恋于似水柔情。我认为我的爷爷是无可指摘的，而你也应当维护你的先辈；我还认为，在他那个时代未必会有人像他那样痛恨柔情，也不会有人喜欢过如你所赞扬的那种严酷的生活。更何况，他会意识到，无论是他自己，抑或他的孩子们都不会去过这般样的生活，因为他是出身于一个人们不愿意遵奉共同的规则，对于每一个人来说都不过是被指摘和受到鄙夷的对象的堕落的时代。

要是有那么个人，像第奥根尼似的：夏日，在炎热的阳光下光着身子躺在沙堆上；而冬天，在严寒时节却横倒在雪地里，难道大家不会把他当成疯子看待吗？要是如今还有人像斯巴达人似地教育自家农村里的子弟，让他们露天睡觉，成天光着脑袋、赤着脚满地乱跑，在冰水里洗澡，声称要他们磨练苦难，要他们放弃对生命的过分眷恋，把死亡视作儿戏，这样的人岂不惹人耻笑，这难道还能算人，不过是野蛮的兽类罢了。假定在我们中间出现某一位常
14 吃素斋，对金银财宝不屑一顾的人，就像古时的老法布里乔那样，恐怕没有多少人会赞扬他，而且根本不会有人去仿效他吧。

我的祖父就是这样惧怕习俗，摒弃古老的模式，只是在他所能做的事情上仿效着去做，这时他考虑个人的境况比较少。

法：在这方面你对他的维护很地道，当然，你是对的；但我所指的并不是那种严酷的生活，而是另外一些更高雅、更适合于当今时代习惯的秩序，而且我觉得对城市里的要人而言，确认这些秩序是轻而易举的事。一如既往，我是无论如何不会否定我的罗马老乡的范例的：只要我们详察他们的生活方式和这个共和国的制度，那我们一定会在那里找到许多公民社会中并非不能恢复的东西，在公民社会里还是保留着某些美好的东西呀。

科：那你希望引进一些什么类似于古时习俗的东西呢？

法：敬重并褒奖英勇无畏，不鄙夷贫穷，重视秩序和军纪制度，使市民相互爱护，不拉帮结派，少关心个人的好处、多关心公众的

利益，以及其他许多与当代的精神完全融合的东西。只要把事情想得周密些，并采取正确的方式，这一切并不难得到认同，因为真情在这里实在太一目了然啦，即使最普通的人也能看得清呀。任何人只要明白其中的道理，他就会去栽种树木，到时候不就能在绿荫之下纳凉休憩，其乐趣和兴致决不会比在这座花园中逊色呀！

科：我一点也不想反对你的说法，我还要把这种说法介绍给那
些在此类事情上可能会持有独到见解的人们。现在我倒觉得你对 15
那些不想在他们伟大的事业中效法古人的人是持指责态度的，而且我想这样一来我倒会更加切近于我们这次交谈的目的了。我很希望从你口中获知：为什么你一方面对不肯效仿古人的人要严加申斥；与此同时你自己在使你赢得如此巨大荣誉的军事领域中却从来不去潜心地研习古时的典章，甚至也没有引用过任何哪怕是比较近似于它们的东西呢？

法：你终于靠近了我所盼望的命题，因为我的整个谈话所要求的正是这个问题，对任何别的事情我真的毫无兴趣。当然，这一点，在我是很容易予以证实的，但是为了使你，也使我自己感到满足（好在我们有时间这么做），我想把这个问题谈得更加详尽一些。

如果有人真想要干出一番事业来，那他首先必须做好周密细致的准备，以便一旦时机成熟，就能够成竹在胸地去实现既定目标。当准备工作正在谨慎小心地进行着，这一切还都处于保密状态时，只要还不到披露自身意图的时候，就不要去责怪任何人疏怠大意了。而要是这时候人们依然无所事事，那就说明要么他们准备得不够充分，要么这些人压根儿就没有经过仔细考量。至于我，

那是从来没有察觉过我有振兴古时的军事准则的打算，故此无论是你或者别的什么人都不能指责我没有将这件事情办妥。我想，这一点足以使我不致遭到你的非难。

科：那是一定的。不过，你要让我深信：你是没有碰上这样的
16 机会。

法：我知道，你可能在怀疑，我是不是曾经遇到过机会。因此，假如你能耐心地听我讲述，我倒很乐意谈谈：事先应当做好哪些准备工作，会有怎样可以预期的结果，怎样的障碍会使全部准备工作无果而终，并使良好的机缘毁于一旦。总而言之，我想作出剖析，缘何类似的举措会同时既是极度地困难，却又是十分地简易，尽管这似乎是相矛盾的。

科：你会给我和我的朋友们带来极大的满足。如果你不腻味详谈，我们必将洗耳恭听。我希望你的谈论能够一贯到底，但请原谅，我想有一点要吁请我的朋友们鼎助：我们所有的人要请你宽恕，如果我们中有人也许会用某个不恰当的问题打断你的讲话的话。

法：科西莫，你的问题以及这些年轻人的问题只会使我感到高兴，因为我相信，你的这些青年人应当会激起你对于军事的巨大喜爱，并使你更加信任我的讲话。满头白发、血流不畅的上了年纪的人往往厌恶战争，或者坚持错误，不知悔改，因为他们相信，日子过得像现在这样糟糕，那是时代之误，而非世风日下所致。

因此，请不受拘束地、自由地向我提问吧。这会让我感到愉快：这样做既能使我得到休息，又能满足我不使你胸中留下点滴疑虑之阴影的愿望。就让我从你对我说过的在本身的范围，即军事这一领域中我未曾效法过古代世界的任何惯例说起吧。现在让我

来回答:战争——这是一种个人无法诚实地赖以为生的行当,它只 17
能是共和国或者王国操持的事业。

只要是治理井然的国家,那是决不会允许她的任何一位公民或者臣民将战争作为一种行当的,而任何一个品德高尚的人终归也不会去以战争作为自身的职业的。假如有人选择一种能使他获利的职业,但他会因此而沦为盗贼、骗子和暴徒,而且沾染上使他变成恶棍所必具的卑劣德行,难道人们还会认为这家伙是好人吗?

以战争为行当的人,无论是有头有脸的大人物还是卑下微贱的小卒子,都只能是坏坯子,这种职业一到和平时期是养不活他们的。故此,这号人禀性就唯恐天下不乱,他们会乘战争之机发横财,在实现和平之前捞一把。

这些想法在品德高尚的人头脑里是不会发生的:如果要以战争谋生,那就要去掠夺、去施暴、去杀人,不管是敌是友,一样对待,士兵们不都是这样干的吗?要是不想见到和平,那就要搞欺骗,就像长官欺骗他们的下属那样,唯一的目的便是拖延战争。一旦和约终于签订,失去薪俸,不再能过自在日子的头领们就一准会纠集起一帮冒险分子,丧心病狂地去毁坏国家,戕害民众。

难道你不记得意大利曾发生过战争结束之后留下来许许多多
无业的士兵,而他们又是怎样纠集到一起,组合成若干支叫做“什 18
么什么连队”[①]的队伍,在全国各地游来荡去,肆无忌惮地任意敲诈勒索城市居民的情形啦?难道你不曾读到过有关迦太基雇佣军

① 指百年战争(1337—1453)中为发战争财而纠集到一起的一些人的组织。潘汉典先生所译《君主论》一书(商务版)在第十二章第60页的脚注中称其为“白衣连队”。

在第一次布匿战争后在他们自己推举的首领马通和斯彭蒂领导下起而造反，进行了一场反对迦太基人的战争[1]的事啦？他们这样做比之他们去同罗马人作战危险要小。在我们的父辈时期，弗朗切斯科·斯福尔扎不仅欺骗了他本应为之尽责的米兰人，而且剥夺了他们的自由，自己成了公爵，他之所以这样做只是为了在签订和约之后依然能过上豪华奢侈的生活。其实，别的意大利士兵也无不都是如此作为，因为战争对他们来说乃个人的行当。而假定尽管他们背信弃义，但不去当什么米兰公爵，那就会更糟，因为他们未曾取得这般成就，而罪恶却并没有少干。弗朗切斯科的父亲老斯福尔扎原本在焦万娜女王手下供职，后来突然离开了她，致使其军队解体，遭周围敌人包围而陷于孤立无助的境地；无奈之下，女王只得被迫投入阿拉贡国王的怀抱。斯福尔扎之所以这样做，如果不是为了贪财，便是出于从女王手上攫取王位的欲望。布拉
19 奇奥力图采取同样的办法夺取那不勒斯王国，未能如愿的障碍是他在阿克维拉一战中败北而身亡[2]。出现这类丑事的唯一原因便是世上就有那么一些仅仅以军事为他们个人行当的人。你们的一句谚语可以证明我的话有道理，“战争产生恶棍，和平会绞死他们”，这些人无法靠正当的职业生活：别的事他们什么都不会。他们没有联合起来把作恶变成行善的勇气和本领，于是就只好身不

① 这次叛乱即所谓的针对迦太基的利比亚战争（前241—前238）。有关此次战事之详情可参阅波利比乌斯的《通史》卷一之第65—88页；《君主论》第十二章对此亦有所述。

② 指布拉奇奥·安德雷亚。此事件发生于1424年6月2日，可参阅《君主论》第十二章及《佛罗伦萨史》第一章第39节。

由己地干些拦路抢劫的勾当，终而受到法律的制裁。

科：你的一席话几乎把军人称号在我眼里贬低到了极限，可我一直以为这是最美好、最光荣的一种称号。要是对此你不作出详尽的解释，那我是不会满意的。如果事情真像你所说的那样，那么我就不明白像凯撒、庞培、西庇阿、马尔切卢斯[①]以及罗马众多统帅的荣耀该是从何而来的呢？要知道传说中人们都把他们当作神来褒誉的呀。

法：我还远没有说完呢。我准备谈两件事：其一，正人君子是不会只选择军事作为自己的行当的；其二，任何一个体制完好的国家，不管它是共和制还是君主制的国家，都绝不会让自己的属下或者臣民把诸如战争这样的事作为职业的。

关于第一点我已经说出了我所能说的一切；这里我想答复你后面所说的那个问题。我确信，庞培、凯撒以及几乎所有的罗马统
帅在第三次布匿战争[②]以后之所以声望骤增，盖源于他们作战英 20
勇，而并非人品出众；而他们的前辈之满载荣誉，既是因为他们是大无畏的战士，还因为他们是正人君子。个中原委在于他们并不认为战争对他们而言是行当，而对于我以上所列举的那些人来说，战争就真是一个行当。

当共和的道德准则还保持着它的纯洁性的时候，没有哪一个公民，即使傲气十足的特权人物也不会考虑在和平时期利用军队

① 马尔切卢斯之所以列于这些大人物之间是因为他于公元前 212 年率军征服了锡拉库萨。

② 英译本此处的译文是“第二次布匿战争”，且在当页下方有一脚注：“公元前 218—前 201 年”。

的势力去践踏法律、掠夺外省、攫取政权、残害国家的；另一方面，就是那些最不晓事理的底层平民，他们的头脑里也是不会出现要去违背誓言，参与拉帮结派，不把议会当回事，抑或干出助纣为虐、为虎作伥的事，以求凭借军人这个行当长期过好日子的念头的。将领们因为赢得胜利而满心欢喜，高高兴兴地回归故里，依旧过起往昔的日子；士兵们则很乐意让刀枪入库、马放南山，这般高兴劲儿比之他们当初拿起武器时要炽烈得多。任何人都始终不会想望靠强抢豪夺来的不义之财，靠发战争财去过好日子的。

阿蒂柳斯·雷古卢斯的例子颇具教益，值得重视。他是被派往阿非利加的军队的首领。当迦太基人行将被击溃之时，雷古卢
21 斯向元老院提出准许其返回故里的请求，以便重振他那片被底下人荒芜了的土地。[1] 显而易见，要是他把军事作为一种行当来操作，并想望借此发财致富，身为好几个省的主人，他怎么可能提出准其返回故里，去伺候他那片土地的请求呢？他那大总督的宝座每天带给他的赢利不比他的全部财产的价值还要丰厚得多吗？可这些人是真正的正人君子，他们不把战争当行当，也不想从战争中捞取什么好处，战争让他们付出劳累，经历艰险，赢得荣誉。因此，当战争已经抵近结尾时，他们便想着要高高兴兴地返回自己的家园，重又开始各自的劳动生涯了。

---

① 阿蒂柳斯·雷古卢斯虽然身居高位，但生活十分清苦，只靠着一片小小的农庄养活他自己、妻子和孩子们，那片农庄由管家耕耘着。当获悉管家的死讯后，雷古卢斯向元老院提出辞呈，请他们委派别人来接替他的职位……他认为，此时此刻他必须守在家里。此事迹见于瓦莱留斯·马克西穆斯的《善言懿行录》卷四之第四章；亦收于弗龙蒂努斯的《谋略》一书，见该书第 195 页。

一般凡人和普通士兵都是这样做的。这一点从他们每个人离开军队时丝毫不觉得遗憾便能看出。而且他们在复员时，都作好了重返部队的准备；在服役期间，一想到要离开军队便会觉得满心欢喜。类似的实例的确太多了。你们应该知道，罗马人为自己的子民提供的主要特权之一便是享有完全凭自愿原则，而不受任何强制地在军中服役的自由。

当古罗马的统治基础还很牢固的时候（也就是在格拉古兄弟
改革[1]之前），不存在把战争当作行当对待的士兵，因而军队里也 22
就没有什么不合适的人。一旦发现这样的人，就会依法严惩不贷。据此，任何一个治理完好的国家在和平时期都应该把搞军事的目的只局限于训练；只有在爆发战争时，才能将其作为一种必然的后果和赢取荣誉的凭据。把军事当作行当对待，这只是国家的事，就像当年罗马所为的那样。任何从事军事的人要是别有所图，那他就不是一个正人君子；而国家若是建基于不正当的原则，也就算不上什么治理良好的国家了。

科：对于你迄今为止所表述的一切，尤其是你所作的结论，我完全赞同。这一结论对于共和国而言我认为是正确的，但我不知道，对于君主国来说是否亦然。我有一种感觉，君主们往往十分乐意在其周围有一批以战争作为他们唯一行当的人。

法：治理良好的君主国尤其要排斥这类能人，因为他们会危害君主，而且只会为暴政效劳。请不要用某些当代的君主国为例否

[1] 格拉古兄弟是指提比略·格拉古和盖犹斯·格拉古。他们试图通过平和的土地改革防止农民破产。盖犹斯还提出给意大利同盟者授以罗马公民权利的法案。两人在为改革事业同元老院贵族的斗争中献出了生命。

定我的意见，因为我不承认它们是治理良好的国家。一个体制完备的君主国，国王所享有的权力不是无限的；只有军队除外，这是唯一一个必须实行决断的领域：军队一定要有统一的意志。在所
23 有别的领域，不经议会同意，国王是什么也干不成的。而议员们则始终要保持警觉，防止国王身边出现和平时期还总在喋喋不休地鼓捣要发动战争的人，这些人没有战争真不知何以生存。不过，我准备稍为作些让步，我不再苛求治理完美无缺的王国，而是只求与现有的王国相近似的所在罢了。在此种情形下，国王同样应当对将战争作为行当的人保持一份警觉，他之所以必须保持这份警觉是因为任何一支军队中最具实力的是步兵。

如果国王不采取措施让他的步兵在签订和约后乐意返回故里，重新从事原先的劳作，那他就不可避免地会有灾祸临头。由以战争作为行当的人所构建而成的步兵是最危险不过的，你必须始终让他们有仗可打，即使在和平时期也始终要支付他们薪俸，否则就要担心有朝一日会被他们轰下王位。始终有仗可打是不可能的，没完没了地支付薪俸又不可取，于是你就只好身不由己地生活在丢失权位的恐怖之中了。

当我的罗马同胞身上还充满着智慧和勇气的时候，正如我所说过的，他们是永远不会容忍自己的公民把军事视为行当的，但因为一直在作战，是可以随意地支付军人薪俸的。罗马人竭力避免让公民在军队中长期滞留而可能造成的危险。由于时代不断变迁，他们很注意使用新人逐步替代那些服役期满的人；如是，每隔15年军团便能得到一次彻底的更新，也就是说，所有成员的年龄必须以18到35岁为限。这种年龄段的人手脚灵便，耳聪目明，精

力充沛。当年,罗马人从不容忍年迈的军人留队:他们的身体衰老 24
了,而耍花招、弄伎俩的本事却大有长进,就像后来,当道德沦丧、腐败盛行时期所发生的种种现象那样。

屋大维,以及随后的提比略,他们所更多关注的已变成建立并拓展自身的权势,而不是公众的福祉了。因而,为了更便于亲自控制国家,他们开始解除罗马人民手中的武器,而在帝国疆域之内保持着一定的军团。但他们又觉得真要想切实驾驭罗马人民和元老院光这样还是不够的。于是,又组建了一支新的叫做禁卫军的部队。这支部队终日驻守在罗马城下,就好比是凌驾于城市之上的一座堡垒。同时,他们还乐意看到这些部队的士兵把服役视为一种行当,这一做法的后果立竿见影:变得肆无忌惮的士兵不仅成了元老院的威胁,而且也对国王本身构成危险。他们中意谁就可以将谁扶上王位,反之也能将其轰下王位,其中有好几位国王竟惨遭刚愎自用的禁卫军们所杀害,甚至还发生过几支不同的队伍分别拥戴自己中意的人而出现好几个皇帝的局面。这种情状首先导致国家解体,继而以帝国之彻底灭亡而告终。

因而,如果说国王确想要使安全得到保障,他就应当建立起自己的步兵部队,这支部队的成员必须在战争一旦爆发时,个个都会出于热爱国王而奔赴疆场,而当和约签订之后又十分地乐于返回自己的家园。只要国王所招募的士兵并非靠战争,而是有其他正当职业支撑的话,他是完全能够做到这一点的。因此,
当和平真的来临时,国王所应当关心的大事就是让公爵们返回 25
自己的属地,去掌管好他们的藩镇;让贵族们还是去经营自己的领地;让士兵们回老家重操旧业。总而言之,要做到使所有的人都

乐于为了和平而拿起武器，而不要为了战争而去破坏和平。

科：我觉得你的论断很深刻，可我仍然有些恍惚，因为你的话跟我先前所想的几乎是相悖的。我周围有不少上层人士和贵族，因为他们懂军事而在和平时期同样能得到生息，就比如像你这样一般的人物照样能任职于公爵处或市府中；而且我还知道，几乎所有的重骑兵依然都在领取他们的薪俸，而步兵也依然在履行着守护市镇和城堡的职责。据此，我觉得即使在和平时期每个人也还是能各得其所的嘛。

法：据我看，你本人也未必相信，任何一个士兵在和平时期都能找到各自的位子。即使没有什么别的理由也足可以明确地指出，你所谓的可以找到各自位子的士兵的数量是很有限的。难道说在战争中所需要的步兵数量与和平时期的数量能成比例吗？和平时期，城堡和市镇的驻防军至少要比战争时多一倍：那时会增加一大批实现和平之后被遣散过来的野战部队的人员。

至于说到守护政府部门的部队，那教皇尤利二世和你的共和国的例子已经充分说明那些士兵是何等地可怕。他们除了战争之外任何别的行当都不愿意去学习；这些军人的蛮横粗鲁迫使你不得不拒绝他们的效劳，而宁可雇请瑞士人来替代他们，因为瑞士人
26 出身良好，受过完备的遵纪守法的教育，而且都是经过精心挑选具有很强的适应能力的干才。因此，你就不必再说什么每个士兵在和平时期也都能各得其所这样的话了。

关于重骑兵，要对你的异见作出解答会困难一些，因为整个骑兵在签订和约之后仍保留着原薪。不过，只要仔细琢磨一下事情的原委，答案也还不难找到，其实让骑兵仍然保留下来的做法本身

既愚蠢,又有害。问题在于所有这些人都是以战争作为行当的;假如他们是一些相当规模的步兵部队被保留下来,那这些人每天都会给他们所属的政府部门制造许许多多的麻烦;可是正因为他们人数不多,本身就无法组建起一支部队,故此他们的害处相对而言也就不会太大。

可是,有时他们也会带来相当的危害,像弗朗切斯科·斯福尔扎、他的父亲,以及佩鲁贾人布拉奇奥的例子便是明证。这些人我在前面已对你提到过了。所以说,我并不支持将骑兵搞成常备部队的传统:这是一种可能导致大麻烦的做法。

科:那你是不是想完全废弃它呢?而假如你还多少想要保留一些的话,又该通过什么途径呢?

法:通过招兵的办法,但不能像法国国王那么办,因为他们所采用的办法跟我们一样也有危险,是防止不了士兵们放纵胡来的。我的做法就得像古人那样,骑兵要由他们的下属组成。一旦签订和约,骑兵也得回老家去干他们原来干的事。这事我下面再详细谈吧。

如是,假定说这个兵种现在,即在和平时期,便已经能够靠自 27
己的行当生存下来了,这恐怕不会是真实的情况。至于说要给我和其他将领支付钱财,那我要坦率地表示,这是最有害的办法:英明的国家是不会把这样的薪俸支付给任何人的,在战时这样的国家只会把自己的公民摆到部队的领导岗位上去,而一旦战争结束他们就会回去从事和平时期的劳动。一个英明的国王的态度也会是这样的,而如果说他真的发下这笔薪俸,那就要么是奖赏某种特殊的功勋,要么是作为对将领们在平时或战时所做出的效力所给予的一种补偿。

既然你提到了我，那我就要用我自己作例子了。我要说，战争对我而言永远不会成为一种行当，因为我的事业就是要指挥我的属下，要保护他们；而为了保护他们，我就一定要热爱和平，也一定要会打仗。我的国家赏识我、尊重我，不仅仅是因为我懂得军事，而且还因为我在和平时期很会当他的顾问。如果说国王英明，希望实施理性的统治，那他就只应当接近这样的人，因为过于热心的和平支持者和太过狂热的战争鼓吹者都只会把他引上邪路。

关于这个问题我现在对你什么也不能再说了；如果你觉得这还不过瘾，那就只好去找能更好地使你感到满足的人交谈了。如今，你也许开始理解：要把古时的传统运用到现代战争中去该是何等地困难；任何一个有远见的国王为了实现他所提出的目标应该怎样去做好战争的准备工作；乃至他应该估计到会发生哪些情况
28 等等问题了。要是我的这些话没有使你感到腻烦，那么随着我们将古时的条例与今日的制度更详尽地进行比较，你就会一步一步地对这些东西有更准确的领悟了。

科：如果说以往我们很想知道你对这些事情的见解，那么在听到你所谈的一切之后，我们的愿望又强烈了许多。我们要对已经得到的教益向你表示感谢，还要请你把你所没有讲到的东西进一步加以详细阐述。

法：要是你们真的有这样的愿望，那我就得从头开始来议论这个命题，这样你们会更理解我，我也就能更好地证明我的想法的正确性。任何一个想要实施战争的人都会给自己提出一个目标——获取在战场上与敌人对峙的机会，并在决战中战而胜之。为了达致这一目标，必须拥有军队。为此，就应当招兵买马，将他们武装起来，给他们以一定的建制，训练他们以小分队或者大部队实施作

战的方法，带领他们演练安营扎寨的技巧，学会就在原地或在运动中与敌人抗争的本领。

这便是最为必要且极其光荣的野战技艺之精粹所在了。谁能迫使敌人在于己有利的态势下接战，他就能以此弥合掉在其领导作战时所造成的其他许多错误；谁要是没有这种能耐，那么即使他在别的军事领域中出类拔萃，也永远无法光荣地结束一场战争。交战获胜，一切其他的失误都能得到补救；反之，失败会使先前赢得的全部胜利变得暗淡无光，毫无意义。

要想组建部队，首先应当找人。因此，我先来讲讲遴选人员的方法，古人将这称为遴选，今人则叫招募。我宁肯用“遴选”这个 29
词，听起来好像更庄重一些。

撰写兵法的著作家倾向于从气候温和的国家里遴选士兵，[①]因为从那里来的人容易造就成既勇敢又谨慎的士兵。出生在气候炎热的国家里的人比较理智，但不够勇敢；寒冷地区的人则勇气有余，理智不足。这样的法理对能够统治整个世界的王者来说是再好不过了，因为他可以从世界的任何地区遴选人员，只要他认为合

① 韦格第乌斯在其所著的《兵法简述》卷一之第二节中写道：“任何地方，人都有懒惰和勤奋之分。不过，某些种族的人在武事方面要强于其他种族，而且不同的天穹之下的气候条件对于人的体力和精神力量影响颇大。……所有住得离太阳近的地方的种族，能沐浴到阳光的辐射。诚然，他们的天资比较聪颖，但有人说他们体内的血液比较少，因而在白刃格斗中缺乏坚毅和顽强精神；他们害怕负伤，……反之，北方诸民族远离太阳炙热的光线，尽管他们并不那么敏慧，可血液充沛、精神饱满、生气勃勃，而且总是特别热衷于厮杀。因之，应当从那些气候温和的地方去招募新兵，应当招募那些血液充沛、不怕负伤，甚至视死如归的人来当兵。当然，他们也不应该是失去理智的人，理智可以使他们在军营生活中保持节制，在战斗中会有助于他们定下合理的决心。”见该书第 54 页。

适就行。如果所制定的兵法法理适用于所有的人，那就应当说，不管是共和国还是君主国，都应该只从自己国家的人员中遴选士兵，而不要去计较那里的气候是寒冷、是炎热，还是温和。

古时的实例表明，在任何一个国家里，凡优秀的士兵都是训练出来的。有些地方自然条件欠佳，但那是可以通过技艺和勤奋予
30 以弥补的：技艺和勤奋在这种情况下较之自然条件作用更大。到别的国家去招募兵员，这不能叫遴选；遴选是指把国家的优秀人才召集到军队里来，不管某个具体的人愿不愿意服役，国家都同样有权征召他们。很显然，这样一种筛选兵员的办法只有在自己的国家里才能办得到，因为你无法在不属于你统治的土地上去随意要人嘛，顶多也只好在志愿者的范围内做做文章罢了。

科：我们也可以从这些志愿者中来个优胜劣汰，而这岂不同样可以称作遴选了吗？

法：从一定程度上讲，你是对的，但请你注意这种办法的缺陷，到时候便会看出来这样做其实连一点遴选的味道都不会有的。首先，从异域来的志愿者从来都不属于优秀士兵之列，相反尽是些社会渣滓：捣蛋鬼、懒汉、浪荡子、无神论者、离家出走者、渎神分子、赌徒等等，不一而足。你说，这究竟是些什么样的自告奋勇者嘛，这些人的素质与现今的一支坚不可摧的军队的精神是绝对无法相容的。

如果说这些人的数量多于所需要的量，那还有遴选的余地，可由于他们自身的材质差，遴选的结果也不可能好到哪里去。问题还在于通常他们的人数实在太少；于是只好如数照收，谈不上什么筛选，也就无异于雇佣兵了。如今意大利和其他一些国家的军队都是由这样的乌合之众拼凑而成的。但德国除外：德国人当兵不是因为君主下了命令，而是出于个人的意愿。现在，你们说说，在

一支按这样的办法招募而建成的军队里，古人的哪些军事规章还可能被采用呢？ 31

科：你怎么看呢？

法：这一点我已经讲过了：军队要有本国的公民，按照君主的命令组建起来才行。

科：那可不可以引用某些古时的规章呢？

法：当然啰，条件是在君主国，军队的首脑将是君主本人或为合法的政府所授权的人士；而在共和国，则是从公民中经选举担任统帅的人士。否则的话，随便什么好事都是办不成的。

科：那是为什么呢？

法：我会在适当的时候答复你；现在嘛，就请你满足于非如此不可这样的说法吧。

科：如果从本国国内征召兵员，照你的意见，是从城市里招好呢，还是从郊外的农村里招好？

法：所有的著作家一致主张①，从郊外的农村里招募为好，因 32
为这些人经受过劳动的锤炼和训育，能适应阳光暴晒，而不会钻

① 韦氏在该书卷一的第三节中写道："……那么，是哪样的新兵更加有用呢，农村兵还是城市兵？我觉得，在这方面从来不曾有过疑虑：农村出来的人对于搞武事说来要合适得多。因为他们头顶辽阔的蓝天，是在劳动中成长起来的；他们能够忍受阳光暴晒，对于夜间的湿度并不在意，没有澡洗也不在乎，更不知奢侈为何物；他们心地善良，有点小惠就很满足；有一副能够承受各种劳动的身躯，农村生活使他们养成了操持铁器、挖掘壕沟、肩挑背扛的习惯。不过，有时候也有必要吸收一些城里人参军。城市兵一旦注册入伍，首先要让他们学习干活，跑步，负重，经受阳光暴晒、风尘吹扑，能满足粗茶淡饭，能在露天或者简易帐篷里留宿。要在学会这些之后再去教练他们如何使用兵器。在进行远距离行军时，要让他们到边缘的兵营去，多派他们去巡逻放哨，让他们远离城市的诱惑，以此发展并加强他们的体力和精神力量。……可以认为，军队的主力应由农村（的兵员）来补充。我说不清道理，但现实确是：品尝过生活乐趣越少的人，越是不怕死；反之亦然。"见该书第 54—55 页。

到树荫下去找凉快；他们掌握着使唤铁制工具的技巧，擅长土耕作业，惯于肩挑背扛；除此之外，他们淳朴善良，不晓奸诈为何物。不过，有一点我要指明，由于存在着两个兵种：步兵和骑兵，所以我个人以为：步兵最好从农民中招，骑兵则以从城市市民中招募为宜。

科：那么士兵的年龄应该多大相宜呢？

法：对于组建新的部队来说，我觉得招募士兵的年龄应在 17 岁到 40 岁之间；要是为原有的部队扩增兵员的话，那就只招 17 岁的年轻人。

科：我不怎么清楚这之间的区别。

33 **法**：我来给你作解释。假如我必须在原来没有军队的地方组建一支部队，那么为了训练（有关训练问题底下我还会再谈的），我就应该把所有能拿起武器的人（只要他们已经达到应征的年龄）都招募进来。而如果我必须在已经有军队的国家里招兵，那么为了扩增这支队伍，我就只招 17 岁的年轻人，因为其余年岁大的人不早已经都被招进来了吗？

科：这是不是说，你想引进某种类似于我们这里已经采用的规章呢？[①]

法：你说得对，但我不知道这与你们的装备、指挥、训练和战斗编成等规章是否相像。

科：这是否意味着，你已经认同了我们的军事规章呢？

法：我为什么要否定它呢？

① 指马基雅维利 1506 年所制定的军事规章。

科:不是有许多行家一直在指责它吗?

法:你说行家否定这样的规章,这你就自相矛盾了;要是果真那样,这种人岂不是枉被人称作行家了吗?

科:我们是不得不这样想呀,因为对这些规章的试验一直不顺利。

法:你看,你们自己似乎并没有什么差错,而且也根本谈不上是你们的规章出了什么纰漏;对此,在我们的谈话终结之前你就应当有信心。

科:你的一席话给了我们极大的慰藉;我甚至想要把反对我们 34
的军事规章的全部指责提前公之于众,以便你尔后能够更好地对它们加以维护。指责者们认为,这类规章抑或并不适用,可能反而会导致共和国的灭亡;抑或能够适用,但其结果也许很容易被军事首领劫去权柄。他们举出罗马人作例子,罗马人自家的军队毁灭了共和制的自由。同时还举出威尼斯和法国国王作例子。威尼斯人为了不让自己处在某个自家平民的统治之下而动用了雇佣军;法国国王则解除了自己属下的武装,以便能更加随心所欲地发号施令。但他们更多地担心的却是自家军队的平庸无能,而不是外国雇佣军的劫权。为了证明其论点之确切,还提出了两点理由:第一,自家士兵既无教养,又少经验;第二,这些人都是受胁迫而来服役的。他们说,既然已经过了一定的年龄,那就无法再硬要人家去学习了;而强迫命令从来都不会产生什么好结果的。

法:这两条理由都是出于从远处眺望事态发展的人之口,我现在就来加以证实。关于所谓不适用这条理由,我应当说,优秀的军队无不都是由自己国内的公民组成的,也只有通过这一途径才能组建起这样的军队。这一点没有什么好争论的，我也不准备花时间去加以证明，因为古代史上有许多实例已经代我作出了说明。

至于反对这支军队（民军）的人士还谈及士兵之无教养、少经验以及强制性服役的问题。我要说，的确，士兵缺乏教养和经验无助于勇敢精神之具备，而强制胁迫会滋长不满情绪；但一个士兵的
35 英勇无畏和经验教养，都是要从掌握武器装备、实施训练和操练各种军事课目的实践中去培养的，这些我在下面还会让你们看到的。

说到强制胁迫，你们应该知道，遵照公爵的命令招募到军队中来的人既不完全是被迫的，也不完全是自愿的。完全自愿会带来麻烦，这一点我已经在前面讲过了：征兵时，志愿者的人数总是太过稀少，所以实际上并没有经过真正的遴选；而完全强迫也会带来不良的后果。因此，必须选择一个适中的办法：人员前来服役既不完全属于自愿，也不是无条件地被迫而为，那是出于对公爵的敬重，他们惧怕公爵发怒甚于自身遭受惩罚。

于是，便形成了一种强制和善良的意愿相结合的方式，这种方式可以避免可能受到危险后果威胁而产生的不满情绪。我并不认为，这样的军队就是不可战胜的，因为罗马军队也曾遭受过许多次的溃败，汉尼拔的军队亦不例外。一般说来，要想建立一支每战必胜的军队是做不到的。你的那些行家仅仅根据某一次失利[①]就认为民军不适用的论断真不可取。胜败乃兵家常事，主要是应当设法去消除造成失败的原因。

① 这里暗指1512年8月29日，西班牙职业军人在意大利中部城市普拉托致使佛罗伦萨国民军蒙受的一次失败。

只要你动脑子去弄清楚这些原因，那就不难相信，这里的问题
不在于你们所采用的规章存在着什么缺陷，而是它们还不够完善。
我已经讲过，不要去责备民军，而应当去帮助它完善起来。究竟应 36
当怎样做，我会慢慢向你们展示的。

对方的另一个理由是军事首领可能会夺权的问题。我的答复是：掌握在本国市民或者本国军人手中的武器从来也不曾带来过灾害；相反，那始终是有益的。更何况这样的做法比之任何别的做法能够更好地维护国家制度的纯洁性。作为一个自由的国家，罗马生存了 400 年，因为她拥有武装；斯巴达的自由维持了 800 年之久；相反，在许多不依靠本国武装力量的其他国家，自由连 40 年也保不住。

一个国家必定要有军队，如果没有自己的军事力量，那它势必要去雇佣异国人；由异国人组成的军队对于社会的福祉而言，较之本国人组成的军队害莫大焉。这是因为异国人是很容易被人收买的，而那些爱慕虚荣、见利忘义之辈很快就会把他们当作自己的靠山。而此辈狂徒之易于得逞还不是因为被压迫的民众被解除了武装，变成赤手空拳的缘故吗？

除此之外，对共和国说来，两个敌人比一个敌人更可怕。把异国人组成的军队招引进来，国家就既要提防那些外国的士兵，又要提防本国的公民。你们只要细想一下关于弗朗切斯科·斯福尔扎的故事，就一定会领悟到这提心吊胆的景况该是何等地严重。相反，如果共和国手上掌握着自己的军队，那她所要提防的无非就是国内的某个嗜权如命的狂徒罢了。

最后，我想从众多的可能成立的论据中指出这样一种说法：迄

37 今为止似乎还没有一位共和国的或者王国的立法者曾考虑过国内的居民无力拿起武器保卫国家的事实。假如威尼斯人在自身的军事体制方面同样表现出和其他各类机构中到处洋溢着的那种聪慧和智谋的话，那他们是能够建立起一个全球性的新君主国的。不过，要对他们进行指摘，必须特别地谨慎，因为这些第一批立法者曾为威尼斯创建了他们自己的军队。在陆地上威尼斯人并不占有多少地盘，他们的军事实力集中在海上，他们海战打得非常漂亮，并以武力为祖国拓展了广阔的疆域。

有一次，为了保卫维琴察必须进行一场陆战，他们非但没有从本国公民中派人到那边去，却去求援于曼图亚的侯爵来担当这一重任。[①] 这是一项破坏威尼斯实力，使他们本应扬名天下，并能大大拓展他们在陆地上的权力的大好机遇丢失殆尽的致命的决定。如果说他们这样做是出于对自己缺乏信心：作为海战的行家，他们无法在陆战中取胜。可这种不自信是错误的。其实，水兵是很容易转化成勇士的，因为他们除了同狂风、暴雨搏斗之外，也还是要同人拼杀的；而陆战勇士变成水兵，则要困难得多，因为他们先前只需同人拼杀。

我的罗马同胞同样只会在陆地上，而不会在海上作战，可是当
38 同迦太基的战争爆发之时，他们并没有去求援于富有海战经验的希腊人和西班牙人，而把这副担子放在了只擅长陆战的本国市民的肩上，可最终还是赢得了胜利。

---

① 指曼图亚的海军将领詹弗朗切斯科·贡扎加。起先他没有使用侯爵的头衔，但后来还是授予了他这一爵位(1403年)。

如果说，威尼斯人之所以如是作为，乃出于恐惧，也就是担心威尼斯的市民中会不会有人因此而成为暴君；这种恐惧很短视，也很愚蠢。要知道除去我就这个问题已经列举过的几个论据之外，应该说，既然他们的舰队的首领中永远不会有人成为这座海滨城市中的暴君的话，那么要说有人会依靠陆军去成就类似的企图，那可真要难上加难啦。这一切可以向你们证明，会造就暴君的并不是隶属于本国某位市民的本国的军队，而是那些糟糕的法律和恶劣的管理。正是这些东西使城市招致了暴政之害。在治理良好的情况下对本国的军队何用畏惧。因此，威尼斯的所作所为是太过轻率了。那项决定的代价，便是使其丢失了很大一份荣誉和福祉。

至于法国国王的错误，他是没有教诲他的人民学会打仗；你们的行家把他作为例子，纯属徒劳。每一个讲公道的人都会承认，这是法兰西国王最大的失策，而这种过失也就是法国衰弱的主要原因。[1] 39

哈，我扯远了吧，这不已经跑题了嘛。我是想答复你们，并以

[1] 显然，这是指法国使用瑞士雇佣军的事。马基雅维利在《君主论》第十三章中指出："法国国王路易十一的父亲查理七世由于自己的幸运和能力，把法国从英国人的统治下解放出来。他认识到依靠自己的军队武装自己的必要性，于是在他的王国里制定了关于步兵和骑兵的规章制度。但是后来他的儿子路易国王废除了本国的步兵，而开始招募瑞士士兵。正如我们现在能够看到的，这种错误以及随之而来的其他错误就是这个王国危难的原因。路易国王使瑞士士兵享有盛名，而使自己的士兵灰心丧气……这样一来，法国人就没有能力对抗瑞士人，而且没有瑞士人就不敢对抗别人。法国军队于是成了混合的军队，一部分是雇佣军，另一部分是本国的军队。这种军队整体说来比单纯是雇佣军或者单纯是外国援军好得多。可是比全部是本国的军队毕竟差得远了。……如果查理七世的制度得到发展或者坚持下去，法兰西王国将是不可战胜的。可是人们没有能够慎思明辨，就开始从事某一件起先看来认为不错的事情，而没有能够察觉其中的隐患……人们如果研究一下罗马帝国覆灭的头一个原因，就会觉察，那就是从雇佣哥特人当兵开始的。因为罗马帝国的势力就是从那个时候开始衰微的，而以前曾经使罗马帝国勃兴的一切力量都转到哥特人那里去了。"见该书第 67 页。

此证实除了自己的军队，不要去依靠任何别的军队；而组建自己本国的军事力量只能通过遴选的办法；也只有这样才能组成军队，才能厉行军纪。如果你研究过早期罗马皇帝，特别是塞尔维乌斯·
40 图利乌斯所制定的法规条例[①]的话，你就会发现划分等级不是什么小事，而是全民武装的大事。这一做法能够迅速地把部队集中起来保卫城邦。

不过，现在还是让我们回到挑选兵员的问题上来吧。我再重复一遍：假定我是要扩充已有的军队，那我就只挑 17 岁的年轻人；而假定我是去组建一支新的，而且是一支在短时间内就能动用的队伍，那我会把从 17 岁到 40 岁这个年龄段的所有人员全都征集拢来。

科：那你在挑选兵员时是否曾关注过他们的行业背景呢？

41 **法**：兵法著作家做过此类区分[②]，他们主张不要让养鸟人、渔

① 公元前六世纪，古代罗马王政时期的第六王塞尔维乌斯·图利乌斯厉行改革。按戴奥尼西的说法，塞尔维乌斯把罗马人按所占财产的多寡划分成五个等级：第一等级为 10 万阿司，第二等级为 7.5 万阿司，第三、四、五等级依次为 5 万、2.5 万、1.25 万阿司；在此以下者，不列等级，称无产者。而军事组织与这种占有财产的等级密切相关：第一等级的家庭应提供 98 个百人队，其中 18 个骑兵百人队，80 个重装步兵百人队；属第二、三、四等级的家庭各出 20 个步兵百人队；第五等级的出 30 个轻装步兵百人队。凡 17 至 60 岁(一说 17 至 46 岁)的有产公民，皆有自备武装和给养服役的权利和义务。装备随财产等级而有所差别。比如，第一等级的公民备有头盔、胸铠、胫甲、圆盾、短剑和长枪等全套武装，以下等级依次减少。第三、四等级的公民备有弓箭和投掷矛，因而适宜于当弓箭手和投矛手。

② 韦格蒂乌斯在他的《兵法简述》中指出，“挑选军人时，哪些职业的人应当被选中或者被否弃？我认为，垂钓者、捕鸟人、糖果点心师傅、纺纱织布的，以及所有从事同女人柔情有关的差使的人，都应该从兵营里轰走；而铁匠、制车能手、屠夫、追捕鹿和野猪的猎手，则应当募选来担任军职。国家的福祉整个说来取决于募选的新兵不仅应该在身体方面，而且应该在精神方面都是最优秀的；帝国的实力，罗马人民的稳定和安全都是建立在募兵时认真细致地进行如是筛选的基础之上的。”见该书第 58 页。

夫、厨师，以及从事不规矩的或者卖笑一类行当的人来当兵；相反，他们坚持首先应当征召庄稼人，然后是钳工、铁匠、木匠、屠夫、猎人等职业的人到军队里来。原来我倒真还不太注意这类区别，既然应当根据一个人的职业状况断定他的道德素养，那我也就要十分地计较这些区别了，因为这表明怎样才能更有效地发挥各类人员的不同专长。

同理，擅长耕耘田地的农民比谁都更适合于当兵，因为在所有现存的职业中干这一行的人在军队里应该说是最棒的。再就要数钳工、木匠、铁匠、石匠了，这些人在军队中应当多多储备才好，他们的行业常常会很有用的，军队的士兵中有多面手是件大好事呀。

科：怎样才能判明这些人从军是合适还是不合适呢？

法：现在我先讲讲有关组建一支新的军队的事宜，但同时我也
将部分地谈及若要扩充已有的队伍将如何挑选人员的问题。当遴 42
选兵员时，你可以根据某项经验，比如说被选人曾经立过功；也可以根据推测，认为某人适合当兵。有些人是第一次来应征，也有的人甚至从来没有服过役，对他们来说当然也就谈不上什么英勇作战的证据了。所以，在新建的民军中，这样的证明资料是很少会遇到的，或许根本就不存在吧。

假如无法根据经验来判定，那就推断吧，比如就按他的年龄、行业或者外表去判定。关于头两项标准我已经谈过了，现在就再说一下第三项标准。许多人，像皮洛士要求士兵必须是高个子；另外，像凯撒就只关注他们的膂力。这种身体和精神的力量表现在他们的身材和外貌上。著作家指出，士兵应该有活泼而欢乐的双眼，梗直的脖子，宽阔的胸膛，肌肉发达的手臂，长长的手指，收平

的腹部，粗壮的大腿，适中的双脚[①]；这样的体态能使人长年保持灵活和强壮，而这却又是一名士兵最为珍贵的两种素质。

对他们的道德品质问题要特别重视：士兵应当诚实，有良心。
43 如果不具备这两种品质，他们就会变成破坏秩序的工具，变成腐败的根由。谁也不会相信，在一个受到不良教育的人身上会培养起哪怕是一点点军人那种值得称道的英勇气概来。

这样去征召兵员意义非凡。为了使你们更好地理解这一点，我认为，讲一讲在遴选军团时，担此重任的罗马执政官应遵守哪些规矩并非多余，而是有必要的。由于战争连绵不断，老兵会和新兵混杂在一起前来应征。这时，执政官只能对一些人根据经验来作判断，对另一些人则全凭猜测进行挑选了。应当指出，在遴选兵员时事情往往是要么立即把他们派去投入战斗，要么先让他们去接受培训，稍后再派他们去参战。

我已经讲过，而且下面还会讲到关于士兵随后的作战事务，因为我想向你们指明，在那些以往没有民军，因而也就不可能拥有随时可以动用的精锐部队的国家里应该怎样组建军队的问题。在那些军队是按政府的命令建立起来的国家里，军队的动作可能会相当迅捷，这种情况在过去的罗马和如今的瑞士人那里都能见到。如果

① 韦格蒂乌斯的说法是："但愿献身于马尔斯事业（指从事军事职业——译者）的年轻人应有这样一副外相：活泼的双眼、笔挺的腰背、宽厚的前胸、肌肉强健的肩膀、有力的双手、长长的指头、恰到好处的腹部，他们的下半身应该干瘦些、小腿肚子和两脚不能因食肉多而过于肥大，而应该是肌肉发达、强壮有力的。如果你发现一个新兵身上具有这些特征，那就不必拘泥于他的身高。强壮有力的军士比之大高个子军人会更有用处。"见该书第 58 页。

新兵确实是按照优胜劣汰的精选规则入伍的话，那他们入伍之后就会遇上许多富有经验、熟习队列的老兵，这种新老之间的结合会造就成一支团结奋进、坚不可摧的战斗部队。此外，一旦皇帝们真的实行将军队在严格规定的常备驻地集中起来的做法，那他们就会任命一位特殊的指挥官对所谓的“蒂洛”[①]，即年轻的新兵加强训练， 44
就像我们已从马西米诺皇帝[②]的传记中读到过的那样。

当罗马还在实行自由制度的时候，这种训练不是在兵营中，而是就在城里，在家门口实施。年轻人在进行此类作业时，逐渐习惯了作战演练；随后，当被派去参加战斗时，由于他们曾经经受过这种臆想战争的历练，在现实的战争生活条件下倒是很容易地就能适应下来。可是，后来皇帝们废弃了这种训练方式，于是便确定了我在上面给你们描述过的那种办法。

现在让我转到罗马编成军团的方法上来。当肩负军事重任的执政官正式就职时就要开始调整他的军队的编成（一般说每一位执政官通常掌管着只能由罗马市民组成的两个军团，这也就是他

① “蒂洛”是拉丁语词“tiro”的音译，意指新手、生手。

② 马基雅维利在《君主论》一书的第十九章中简述了上自马尔科下迄马西米诺，一共十位皇帝的品质。关于马西米诺的性格他是这样记述的：“马西米诺是一个十分好战的人物。他未能长时期地保住帝位（仅当了三年皇帝，公元235—238），是因为有两件事情使他为人所恨、为人所轻。一是他出生卑贱：他曾在特拉恰牧过羊，这在很多人眼里是很不体面的；二是他在罗马和帝国的其他地方干了许多极其残酷的事情，使自己声名狼藉。这样，全世界对他的出身卑贱抱有轻蔑之情，又由于害怕他的残暴而产生憎恶之感。于是，非洲首先起来造反，其后是罗马的元老院和全罗马的人民以及整个意大利都合谋反对他了，甚至连他自己的军队也加入了谋反活动。他的军队包围了阿奎莱亚；且又发现他的仇敌竟如此之多，也就不再怕他，终而将其杀死了。”见该书第91—97页。

45 们手中的军事实力)。为此,执政官要给每个军团配上6名军事保民官,这总共24名军事保民官所履行的职责就跟如今我们的营一级指挥官所履行的职责相仿。

然后,他们就着手把凡能拿起武器的罗马市民都集合起来,并把保民官配置到各个军团去。至于应当从哪个特里布[1]开始选人,那要通过抓阄儿来确定。当确定从哪个特里布选人之后,要先选出四个最合适的人来。第一军团的保民官要一个,另一个给第二军团,余下的二名,一名给第三军团,最后一名去第四军团。第一批四个名额定位之后就该是第二轮的四个了:其中第一位给第二军团,第二位给第三军团,第三名给第四军团,最后一名则留在第一军团。接着便是第三轮的四人:其中第一人去第三军团,第二人去第四军团,第三人去第一军团,第四人到第二军团。

就这样始终不渝地坚持着按照这样的规矩往下轮转,一直到军团的编制满额为止。我在前面已经讲过,依凭着这样一种方法,军团的动作可以做到相当迅捷,这是因为军团的大多数组成人员都了解眼前的战争,而这场战争又是经过演习的,因而大家心中已经有底了。这时,遴选人员的工作可以贯彻既凭经验,又靠揣度的原则同时推进。不过,若在国内属第一次组建军队,募集人员就只能根据应征人的年龄和外表去揣度了。

46 **科:**照我看,你所讲的都是对的。在你接着往下谈之前,我想先向你提一个问题,这个问题是由你引发我想到的。你说,在一个居民没有接受过军事体制教育的国家里,征兵工作只能按揣度去

[1] “特里布”是拉丁语词“tribu”的音译,意指部落。

进行。我从各种渠道听到不少对我们民军的指责，特别是对它的人数太多的责备。许多人认为，应当少征些兵，这样对于更加细致地挑选兵员是会有利的，市民也能够减轻一些现在如此沉重的负担；对那些应征入伍的人可给予一定的奖励，这会使他们高兴，也会使他们变得驯顺一些。我很想知道你的意见，你觉得征兵的数量是多一些好还是少一些好，在两种情形下你支持怎样的做法？

法：规模大的部队无疑比规模小的部队要好，甚至可以说，在那些无法招募到大量兵员的地方，是建立不起良好的民军来的。持反对观点的人的论据很容易被驳倒。首先应该说，在一个人口稀少的国家里，比如像托斯卡纳，一支人数稀少的民军无法向你们保证它的士兵会具有优秀的品质，也无法实现征兵时更加细致地进行遴选的想法。假如你们想在征集兵员时根据他们的经历去作出判定，可是在这个国家里有过这种经历的人寥寥无几，因为没有多少人经历过战争，而还要想从中挑出比别人更合适的人选来，那岂不是一件很难办到的事吗？所以，要在这样的国家里搞征兵，就不能去考察人家的什么经历，而只能凭猜测去物色人。在这样的条件下，我很希望知道，当有 20 个外表差不多的年轻人来到我面前时，我应当遵循怎样的原则，我将根据怎样的准则接纳一些人，而让另一些人开路。每个人肯定都承认，既然你不知道他们当中 47
谁比谁棒，那你就让大家全都留下来，发给武器，让他们接受训练；等过一段时间，通过训练已能看出谁最勇敢、最棒，到那时再来作出选择，岂不是犯错误的风险就会小一些吗？

据此，在经过对各方面的状况作过掂量之后，应当讲，那种为了保证素质优异，宁肯保持小一点的数量的意见在现在的形势下完全是虚假的。至于所谓减轻国家和人民的负担问题，我的看法是：征集民军，不管它的规模是大是小，都不会加重任何负担，因为这项制度不会使任何人失去工作，也不会把人捆得死死的，以致使他们无法从事日常的事务。其实也不过就是利用休息日把大家集合起来，搞点军事演习、操练操练。这样做于国于民丝毫不会造成重负，相反会给年轻人带来极大的满足。于是，他们不再去小酒馆厮混，而是乐于去练习这些课目了。军事演练实在太诱人了，年轻人个个都乐此不疲呢。

说到给一支小小的民军支付一些小钱以资奖励，并借此使他们感到满意，进而变得驯从的说法，据我看，是行不通的：用缩小民军组织的规模，小到有能力支付使他们满意的日常薪饷的规模，比如说，给 5000 人的民军发放使他们感到满意的薪饷，那你每个月至少得支付 1 万杜卡托[①]。这怎么行呢？首先，要组建一支部队，
48 步兵保持这么个数量实在是太少了；而且，筹集这样一笔开支对于国家来说也不是一件容易的事；再说啦，这笔薪饷也未必就能满足他们的愿望。如是，他们就不会认为在任何情况下都必须按照你们的第一要求出现在现场。所以说，这样做的代价太大了，而国家所得到的却是一支防守无能，进攻乏力的羸弱之军。如果增加薪饷或者扩增兵员，则无法支付这笔费用的事实会愈显严重；而假如既要压缩薪饷，又要减少民军的人数，那这支队伍的规模会更小，危害就更大了。

---

① “杜卡托”是拉丁语词“ducato”的音译，古银币，后为金币(3.4 克)。1140 年起在威尼斯开始使用，后来在欧洲许多国家铸造通用。

因此，支持民兵有固定薪饷的人都在说，这件事实际上难以办到，也没有多大意义。要是为打仗而征兵，那就完全是另一码事了。到那时当然一定要给他们发放薪饷了。在和平时期，这样的军事体制即使会给已经登记应征的市民带来某些麻烦，不过我本人倒并未发现此类现象，但这些麻烦是会由于组织良好的部队给国家保障了那么多财富而得到抵偿的：要真是没有部队，那压根儿就谈不上任何安全保障了。

我的结论是，希望建立一支规模不大的民军的人士，意在保证民军有固定的薪饷或者还有如你所谈到的那些想象了，但他们对于这件事的理解很肤浅。除此之外，我的意见中还包涵着另外一层理由：军队的人数鉴于战争中会凸现无有穷尽的困难和挫折而总归会不断减缩的，假如它本来就是个小数目，那岂不很可能一下子就变成零了吗？反之，如果民军规模大，一旦需要时，你既可以
动用小部分兵力，也可以出动大部队，那就全凭你个人的意愿了。49
最后，军队的用处决不仅仅限于战争事业本身，他还能加强你的地位；当然啰，军队规模越大，你的地位势必会越发举足轻重。另外，建立民军也是为了对人们进行军事训练，如果在一个人烟稠密的国家里只有少数人去应征，那么在市民的居所相隔遥远的情况下即使要把大家集合起来演练一番也会有极大的不便呀；要是连这一点都难以做到，那民军之存在也就毫无意义了。下面我还会再谈到这个问题的。

科：你的答复使我十分满意，现在我想请你解决我的另一个疑惑。国民军的反对派声言，拿枪的人太多会造成国内的混乱、内讧和无序。

法:这种看法同样也是站不住脚的,那就让我来给你说明原因吧。由拿枪的人闹起来的这类混乱,会有两种情况:一种是自己人中间的搏斗;另一种则是矛头有所指的骚动。遏制事态扩大并不是什么难事,因为国民军的体制本身已经在制约着发生此类现象的机会。这种体制对于有关部门相互之间的冲突所抱的态度是制止,而不是推波助澜;不正是你在这种体制下给国民军发了武器,又委派了长官的吗?

要是建有国民军的国家并不黩武好斗,比如说,市民不持武器,或者大家很团结,内部并未形成什么派别的首领人物等等,那么国民军的建立就会使他们在抵御外部敌人来犯时变得十分勇
50 猛,即使有人无所不用其极,也不能使他们彼此分离。要知道,如果一个国家治理良好,其公民不管是已经武装起来的还是没有武装起来的都能做到遵纪守法,他们从来不会去践踏法律,只要由你所安排的那些长官自己不去制造混乱就行。接下去我就来告诉你真要是发生此种事情,应该怎样与之展开斗争。

反之,如果一个组建有人民军队的国家黩武好斗,那么就只有像国民军这样的机构才能将国家重新团结起来。这时候,市民手中已经有了武器,也已经有了他们自己的长官,但这种武器并不适合去打一场战争,而长官们又只会添乱。国民军可以提供适应战争需求的武器,也可以提供能够平定骚乱的长官。在这样的国家里,无论谁受到羞辱一般都会跑去找自己那个党派的头头儿;头头们为了维护个人的威望只会鼓动他们去实施报复,而不会规劝他们去设法和解。可国家机关的长官的做法会与此相反。因此,组建国民军会消除引起纷争的借口,实现公民间的团结。国家要是

讲团结,崇尚文明,那就一定会渐渐强盛起来,一定会出现团结一致的局面;反之,如果闭关自守,就容易出现结党分派、倾轧内讧的现象。要设法将通常表现为刚愎自用的那种所谓豪勇转化过来为公众利益效力。

说到武装起来的人给别人造成灾难的事,应当注意到做这种坏事只有在长官纵容姑息下才有可能发生的实际。假如你真希望长官自己不去有意把水搅浑,那就必须做到不让他们对下属有太大的影响。你要知道,形成这种影响有的属于自然,有的则是偶尔促成。为了消除自然形成的影响,应该不要让本地人当上在这个 51
地方登记成国民军的士兵的头儿:被委派担任部队长官的人必须和当地没有任何自然的瓜葛。

至于偶尔获致的影响,那是要采取另外的措施予以对付的:每年都要让做长官的换换地方。要是他们对同一些人群享有固定的支配权,那么权势和受支配的人之间便会形成一种十分紧密的关系,这就很容易使君主陷入危难之中。亚述王国和罗马帝国的例子表明曾经实施过此类调动的人,从中得到了何等样的裨益;而忽视这一做法的国家,由此而又付出了怎样高昂的代价。在亚述生存于世的千年史上从没有发生过任何外部入侵和国内的战争,那还不是出于他们的军队将领每年都要挪动挪动地方的缘故呀!

罗马的情况就不同了。自从凯撒一族终止统治之后,将领之间曾发生过那么多次战争,又曾经历过那么多次将领针对皇帝的阴谋反叛。个中原因只有一个,那就是军事长官在同一个地方待的时间太久了。早期的几位皇帝及其继位者,像哈德良、马可·奥勒留、塞普提米阿·塞维鲁等等,都是十分体面地承接了皇位,他们都是洞察秋毫之辈，坚持将每年必使军队将领移地调职的制度付诸实施，由是而使帝国安定稳固的局面得以加强，而这又是减少那些将领举旗反叛的机会的良方妙策；而在皇位更迭的间歇期内，元老院就可以对选择皇帝之举施加更大的影响，这样的选择自然也就会卓有成效得多了。

无论整个事态之发生是否全缘因于人类之无知、疏怠，或者懒
52 散，我相信，坏习俗的更改是很少有可能的；不管是失败的例子还是成功的例子，要凭借它们的经验去改变积铢累寸的坏习俗，那实在是回天乏术呀。

科：我担心，我的问题会不会影响你的思考路线，因为我们从遴选转向了其他的议题；我理应向你表示歉意，否则我会深感内疚的。

法：一点也不。所有的这些离题全都是必要的；因为我想谈的是遭到许多人指责的国民军，我应该从一开始就维护它，尤其要维护它的基础，即兵员征集事务。在转向别的事情之前，我想先跟你们谈谈遴选骑兵的方法。古人是从最富有的市民层中遴选骑兵的，当然也十分重视他们的年龄和素质。每个军团选 300 名，所以罗马骑兵在任何一届执政官所属的军队中都不会超过 600 名。

科：你是不是觉得国民军也应当组建骑兵队伍呢？他们可以在家门口实施训练，一旦发生战事就出来效力。

法：当然啰，这很有必要：如果你想有自己的军队，而不是去请把战争看作行当的雇佣兵，那就别无他途。

科：你打算怎样去征集这些骑手呢？

法：我要仿效罗马人的做法，由最富裕的人组成这支骑兵队

伍，用现在给其他兵种配备长官的办法为他们委派长官，然后武装他们，训练他们。

科：那应不应该发给他们薪饷呢？

法：要发，但不能超过喂养一匹马所需要的数额。要是为此你增加了臣民的开支，他们会抱怨的。所以必须给他们配备马匹和 53
发放喂养这匹马所需要的开销。

科：你的这支骑兵队伍应该有多少人，这支队伍要有怎样的装备？

法：这你又转到另一个题目上去了。在谈及步兵的装备，以及它应该怎样准备战斗时，我会谈到这些问题的。

卷 二

57 **法布里乔·科洛纳**：当征集兵员的工作结束之后，就要将他们武装起来。为此，应该知晓，古人使用的是怎样的武器，我们要挑选最出色的。罗马的步兵分为重装步兵和轻装步兵两类，后者又称作韦利特(velite)[①]。这个称谓涵盖着装备有投石带、弓和标枪的所有步兵；为了防护，大多数轻步兵都戴头盔，手持圆盾；作战时他们位列前排，和重装步兵之间保持一定的距离。重装步兵的装备有：掩护头部直至双肩的头盔、保护双膝以上躯体的叶甲片、护腕、护腿，以及长 2 肘、宽 1 肘[②]的上下都有铁箍包住的盾；包上铁箍是为了确保人身不被击中，也是为了防止它在触及地面时遭损坏。进攻用的武器有长 1.5 肘，佩于左侧的剑和挂在右边的短剑。他们手中握有金属制的称作皮卢姆(pilum)的矛，战斗开始时要把矛投向敌人。

这就是罗马人的兵器，他们正是用这些兵器征服了世界。诚然，有些古代著作家认为，除去上述几种武器之外，罗马人还操持着另外一种酷似羽形矛的又称作长枪的武器。不过，我不明白，一

① 韦利特(velites)公元前四至五世纪罗马帝国军队编成内的轻步兵。在营地担任警戒任务，在行军中也要保障警戒；接近敌人时进行战斗，以便使军团得以展开成战斗队形。其所配备和使用的武器有弓、投石带和镖枪等。轻装兵没有防护装备。

② 古时的长度单位，即自肘到中指尖的长度，约合 0.5 米。

个手中持盾的军人怎么还能使唤沉重的长枪呢？要用两只手把长枪投出去是办不到的，因为他一只手里还拿着盾；而如果用一只手掷它，那根本是妄想，这长枪实在太重了。此外，在一场密集队形 58
的交战中长枪并没有多大用处，这是因为只有第一排的士兵才有足够的空间去展开；而位列后续几排的战士是无法做到这一点的：战斗的性质（这一点我在底下还会讲到）要求不断地收拢间距，这不就很不方便吗？但比起面临着明显危险的疏开队形来，这种不便毕竟只能算是小巫了。

因此，任何一种长于2肘的武器在密集队形中都是无用的：假定你配备的武器是长枪，你想用双手把它投掷出去，即使可以让盾不妨碍这一动作，你也无法击中已与你进入白刃格斗状态的敌人；而再假定你想单手持枪，使自己能够得到盾的掩护，那你只能向前斜提着这杆长枪，此时它就只能后半部向上翘起，如是，跟随在你们这一行后面的几排士兵是不会让你这么使用这杆枪的。说得再明白一点，罗马人或者根本就没有装备过这些长枪，或者实际上并不使用这种武器。请大家去读一读提图斯·李维的史书中所描述的那些著名的交战，那时你们就会看到作者只在很少的情况下提到长枪，他经常谈起的是士兵们把标枪投掷出去之后，马上就会去抓住剑柄。看来，我们只好把这些长枪搁置一边了；当我们谈到罗马人时，我们会认为：剑是进攻性的武器，而盾和其他兵器则属防御用武器。

希腊人的防御武器不若罗马人的那般沉重。进攻时，他们更多凭借的是矛，而不是剑，尤其在马其顿的方阵中；其矛，即所谓的
长矛通常有10肘长，使唤它能突破敌人的队列，同时还能起到收 59
拢己方队形的功效。有的著作家还提及马其顿人的盾，但根据已

经述及的原因我无法理解，他们怎么能够在使用盾的同时还去舞弄长矛。最后，在我所记得的保卢斯·埃米利和马其顿国王佩尔修斯之间斗争[①]的文字中根本就没有关于盾的记叙，而只有对长矛以及关于罗马军团取得胜利是何等地艰难的叙述。

所有这一切使我得到启迪，我想到马其顿人的方阵和如今瑞士人的旅团体制没有什么区别，他们的全部实力都体现在长枪之中。

罗马步兵的头盔饰有羽毛；这羽毛赋予部队庄重的仪态，对朋友显得美丽，对敌人则威严无比。悠悠古时的罗马骑兵只有圆盾和头盔，再没有其他的防护武器；进攻用的就是剑和长长的细细的头部带有铁铸矛尖的长枪。配备这样的武器，骑手无法用盾掩护自己，而在激战中一旦长枪遭毁，战士们就成了手无寸铁，毫无防护能力的人。随着时间的推移，骑兵的装备逐渐与步兵合流了，只是他们的盾呈四角形，比步兵的稍小一些；而长枪则要厚实些，两端都用铁皮箍住；这样，万一一头毁坏了，另一端还能用上。

60 就是用这些武器，步兵的和骑兵的，罗马人征服了整个世界。从他们所赢得的显赫的战果中可以毫不犹豫地断定：这世间是再不会有比他们装备得更好的军队了。关于这一点，提图斯·李维常常在他的历史著作中加以论证。当他在罗马军队和敌对方的军队之间做比较时总爱这样表述：“罗马人在英勇无畏、武器精湛和遵守纪律方面都是无可匹敌的。”正是出于这一原因，我要多讲一

① 这里所说的保卢斯·埃米利和马其顿国王佩尔修斯之间的斗争指彼得那之战(Pydna，Battle of)。可参阅本书“要目译名对照、注释、索引”B字头项。

些有关胜利者的,而不是失败者的武器和装备方面的景况。

现在,我想讲的是当今我国步兵的常规装备。为步兵防御用配备的是铁制的叶片甲,而进攻用的则是长 9 肘的叫作长枪的矛;一侧的佩剑剑头呈圆形,并不那么尖利。

这便是如今步兵的常规装备。只有少数人才配备有足以护卫背部和双手的叶片甲,而头盔则根本没有。这些部队没有长枪,但有戟,也就是长 3 肘,带有长柄斧类型的铁制头部的木杆。步兵建制中还有火枪手,他们利用火绳枪[①]的威力去履行古时弓箭手和 61
投石手执行的任务。这种火器是德国人,尤其是瑞士人发明的。瑞士人贫寒,但很看重自由,故此不论过去还是现在,他们总是奋起保卫自己的家园,以免遭德国公爵颐指气使的凌辱。德国人的财富使他们有能力组建骑兵。瑞士人贫穷,无力这样做,只能用步兵抵御敌人的骑兵的现实迫使他们转而从古人的军事机制中,从能够顶住骑兵疯狂攻击的武器中去求取自身的安全。

同样,现实又迫使他们重新返回到古时的战斗队形的实践中去,正像有些著作家正确地表述的那样:不如此,步兵将无所作为,一事无成。于是,他们装备起长枪;这种武器不仅最适用于抵御敌骑兵的攻击,而且还能战而胜之。此种武器加上此种队形的力量

---

① 英译本译者法内沃思将 scopietto 译成 musket(滑膛枪),但在马基雅维利的概念中原词所指应该是 harquebus(火绳枪)。这两个术语已被广泛使用。harquebus 一词来自德语,其使用当始自十四世纪晚期,其枪托呈弯曲状,还带有引发的火绳。新式的火器被广泛使用,那是在意大利战争(1494—1524)的几次大的军事行动期间。从技术上讲,滑膛枪是一种既重又长的武器,射程远,但不能连续发射。有人说,滑膛枪首度使用要到 1550 年与西班牙人作战时;也有人认为西班牙人拥有滑膛枪的时间最早也得到 1520 年。有关火器使用的时间众说纷纭。

使德国人勇气倍增，以致有 1.5 万名或者 2 万名德国步兵的队伍便能毫无畏惧地去冲击敌人的任何骑兵。在近期 25 年间，我们眼见的这类战例还真不少。他们的以这种武器和这种队形为基础的
62 显示实力的战例竟是如此地令人折服，以致在查理国王入侵意大利[①]之后各国人民，包括西班牙人在内都开始效法他们，西班牙军队由此而声名大振。

科西莫：那你认为哪种武器更好些，是当代德国的还是古代罗马的？

法：当然是罗马的更棒。现在我来为你解释它们各自的缺陷。德国步兵的武器能阻挡并战胜敌人的骑兵：它轻巧，因而能轻便征战中的运动和战斗队形之编成。可是，从另一个角度讲，防御性武器不足使步兵在面对无论从远处来的袭击还是在白刃格斗中，都会变得自卫无力；在围城时或在任何一次敌人组织起像样的抵抗的会战中，这样的步兵能发挥的作用极其有限。此外，罗马人在善于阻挡并战胜敌骑兵这一点上丝毫不比当今的德国人差：防护武器为他们筑起一道铜墙铁壁，无论从远方还是从近处来的攻击都无法突破这道防线；凭借圆盾，他们的进攻更显凌厉，而自己在抵御对方的来袭时也会更加有力。最后，在肉搏战中他们的剑比之德国人的矛更来得灵巧；而且如果说德国人也有剑的话，那正由于他们没有盾而在这样的战斗中也就不会有什么作为。

罗马人能够满怀信心地投身攻城作战，因为士兵们有叶片甲做掩护，还能用盾护身。唯一的不足便是盾的分量太重，但这点障

① 法国国王查理八世(1483—1498 年在位)入侵意大利是在 1494 年。

碍对于经受过严格训练的军人来说不过是小菜一碟罢了，他们早 63
已学会了承受疲劳的本领。你们都知道，已经习惯于某种行为方式的人，是不会因此而觉得遭罪的。请你们注意，步兵部队既可能与敌人的步兵遭遇，也可能碰上对方的骑兵。如果说，他们不能顶住骑兵的攻击，或者在击退骑兵的攻击之后，面对武器装备、布阵列队都比他们更强的步兵表现出畏惧胆怯的话，那他们便将一事无成。

现在就请你将德国步兵同罗马步兵作一番比较吧。你会发现，正如我已经讲过的，德国人有能力击溃对方的骑兵，但他们在与布阵列队同他们相仿，但却是按照罗马方式配备武器的步兵交战时处境往往明显不利。那时你就会明白双方的优势何在了；你也就能看清罗马人能同时压倒对方的步兵和骑兵，而德国人能够战胜的只是骑兵而已。

科：我非常希望你举出实际的例子，以使我能更进一步理解你所讲的这些道理。

法：你可以在我国历史上找到许多罗马步兵分散成众多的骑兵的情况，但你找不出任何一处说由于他们的武器不良或者由于优势在敌人一方而致罗马步兵败北的实例。这是因为假定武器装备欠佳，那就定然会出现这样的情况：要么罗马人遇到了武器装备比他们更棒的队伍，并因而征服之举只好中止；要么他们拒绝使用自家的武器，而去借用别人的武器，二者必居其一。可结果是无论前者还是后者都从未发生过，那就不难断定，罗马军队武器装备之无与伦比是不可否认的。

可是，关于德国步兵，那就不能这般说了，因为每一次当它 64

同布阵与之相仿,坚毅精神也和它类似的步兵遭遇时,它总是难免失利。当米兰公爵菲利波·马里安·维斯孔蒂必须同1.8万名瑞士士兵决一雌雄时,他派出手下的将领卡尔马尼奥拉伯爵去讨伐。这位伯爵率领6000名骑兵和一支不大的步兵队伍出发了。遭遇后即遭失利,且损失惨重。卡尔马尼奥拉毕竟是一员久经沙场的老将,顿然领悟到对方握有强有力的武器,其对骑兵之优势,以及骑兵面对步兵的如是布阵所暴露出来的弱点等症结所在。于是,他聚集起自己的队伍,再度发动对瑞士人的攻击,命令他的骑手们在与敌人接战时下马打步战,并在战斗中消灭了大部分敌人;幸免于难的仅3000人,当他们看到增援无望时,便丢下武器投降了。①

科:这次失败的原因何在呢?

法:这原因我方才已经给你解释过了,可你还是没有听明白;现在我再来重复一次。我已经讲了,德国步兵配备的武器是进攻用的矛和剑,几乎没有任何防护用具。他们手持这般武器,以常见的战斗队形向敌人扑去。如果对方有良好的防护武器,就比如卡尔马尼奥拉的步战骑手,他们一手持剑突入敌方的队列,目标明确,就是要尽量贴近瑞士人。要是他们成功了,战斗中取胜就有了
65 把握,因为矛太长,德国人无法用它去刺杀已经出现在眼前要与他们展开肉搏战的敌人;这时他们必须马上拔出剑来,可实际上已经来不及了。德国人没有任何防身之器,而他们的对手却个个都周身裹着铠甲。

① 这事发生在1422年6月30日的阿尔贝多战役(Arbedo,Battle of)中。

如是，只要对两种配置的有利和不利因素作一番比较，你就能明了没有护身装备的士兵是注定不免一死的，因为对于周身裹着叶片甲的对手来说要打退敌人的第一次攻击，并让己方第一行士兵将矛投掷出去，那并不是什么难事儿。当时当地，双方的部队越来越靠近（底下我还要给你解释战斗队形的问题，那时你就会更好地理解这一点了），在这种运动中他们的趋近必然会达到直面相对，胸脯相贴的程度。如果这时有人阵亡，或者被矛刺中，可队列中总还是有人存活着嘛，那就还是有赢得胜利的机会。卡尔马尼奥拉以极小的伤亡为瑞士人设置的那场断杀便是明证。

科：这一切都是因为卡尔马尼奥拉的士兵都是特种部队的缘故呀。他们作战时尽管都算步兵，但装备精良，铁制的护身用具齐备，因而两军对垒时他们总占上风；由此似应引出结论：如果将步兵也照此装备起来，岂不同样可以赢得如是的胜利吗？

法：如果你能想起我给你讲的罗马军队的武器装备的话，那你就不会这么想了。一个脑袋有铁制头盔护卫，胸部受叶片甲掩蔽，手和脚都有防护而不致遭袭击的步兵，其自我保护，不致遭击，以及突破敌人队列的能力，远比所谓的步兵特种部队要强。我来举 66
一个新近的例子。西班牙一支步兵部队从西西里被派去救援遭法国人围困在巴列特的贡扎洛[1]，这支队伍在那波利王国的领土上登陆。迎战他们的是德奥皮尼亲王率领的特种部队，外加约4000

① 1500年，在西班牙国王费尔迪南多二世和法国国王路易十二合谋瓜分那波利王国，以及随后的1504年西班牙将法国势力从所占领的部分领土上逐走时，贡扎洛都曾发挥过重要作用。

名德国步兵。

战斗一开始，德国人就凭借着矛突破了西班牙步兵的队列，可机灵的西班牙人在小小的圆盾掩护下，同德国人混合到一起展开肉搏战，并用剑刺杀他们；结果是德国雇佣兵几乎全军覆没，西班牙人大胜而归。

大家都知道德国人在拉文纳的惨败，个中原委，同此如出一辙：西班牙人抵近德国步兵跟前仅一剑之隔的距离，要不是法国骑兵及时赶来相救，德国人准会整个被歼；更值得指出的是，西班牙人先是收拢他们的队形，随之安全撤退了。据此，我认为，一支好的步兵部队不仅要能顶住敌骑兵的进攻，而且还要能在敌步兵面前毫无惧色。所有这一切，正如我曾多次说过的那样，决定因素在于武器装备和战斗布阵。

科：请你说说，你想怎样装备他们呢？

法：我想部分采用罗马武器，部分采用德国武器；有一半步兵
67 按罗马方式装备，另一半则按德国方式予以装备。比如从 6000 名步兵中我用 3000 名持罗马盾，2000 名为长矛兵，另有 1000 名火枪兵。这样也就够用了。我准备将长矛兵或者配置在大队的头部，或者配置在骑兵可能来袭的一侧；持盾和佩剑的士兵则摆在后面，以便在需要的一刻支持长矛兵，解决战斗的结局(这一点我在下面还会再讲的)。我想，这样布阵的步兵是最厉害的。

科：有关步兵的问题现在我们算是弄清楚了，接着我们还想了解一下骑兵的状况，你是否为他们设想了武器的类型，是古代的还是现代的？

法：现在的马鞍是连着鞍桥和马镫子的，这在以往人们恐怕没

有见过，我想如今的骑手骑在马上要比古时更稳当。照我看，他们的武器也更好了，因此顶住当代骑兵连扑向敌人的重击要比阻滞古希腊、古罗马时的骑兵困难多了。

与此同时，我觉得不应该像古时那样高估骑兵部队的作用，正如我已经告诉过你们的，这是因为当代骑兵往往会被步兵羞辱地击溃，而且在与步兵遭遇时还将被粉碎，原因依然在于步兵是按我给你们讲述过的那种方式装备和布阵的。

亚美尼亚国王悌格兰二世派出 15 万骑兵去同罗马军队作
战[1]，其中许多所谓的甲兵（披坚执锐的士卒）[2]，他们的武器装备 68
与我们的特种部队类似；而卢库卢斯统率的罗马军队只有步兵 2.5 万人和 6000 名骑兵[3]。当悌格兰看到敌人的部队时，还作过这样的评论：“作为使节的随从，那么些骑手总还嫌太多了些吧。”[4]可是，当战斗一打响，悌格兰大败溃输。战史学家猛烈抨击

---

① 亚美尼亚国王悌格兰二世与罗马军的这次战役发生在公元前 69 年古亚美尼亚的城市悌格兰诺塞尔塔，是第三次米特拉达悌战争中的一个局部。罗马军团在这次战役中赢得胜利。

② 这里的原文应该是源于希腊语词的 katafraktns；拉丁文本、俄译本、英译本对此词都作音译处理；若按此法，则汉译应当是“卡塔弗拉克特”。我将其译为“甲兵”是与我国古时的军语等值的；我在其后又加上一个括号，加注“披坚执锐的士卒”。

③ 关于这次战斗中双方的兵力状况说法不一。马氏的数据该来自普卢塔克的《卢库卢斯之一生》。据普卢塔克的推算：悌格兰二世有步兵 15 万，骑兵 5500 名；卢库卢斯方面则有 24 个大队，步兵数额不会超过 1.1 万人；外加骑兵、投石手、弓箭手，合起来也不过 1000 人。弗龙蒂努斯的说法是：“在大亚美尼亚的悌格兰诺塞尔塔，卢库卢斯在对米特拉达悌和悌格兰的战争中的兵力不超过 1.5 万人，而敌人的军队则无计其数。”见弗氏《谋略》第 64 页。

④ 贝尔纳多特·佩林斯翻译的普卢塔克的《卢库卢斯之一生》（洛布版）中有关悌格兰的评论的那段精辟的原始引文是这么说的：“要是作为使节，他们来的人可真是太多了；要是作为士兵么，那就未免太少了吧。”

这些甲兵，说他们毫无用处：他们的脸甲把整张脸都给遮盖起来了，那还怎么能看得清敌人，又怎么能给敌人以打击；摔下马背的骑手由于武器太重根本无法站立起来，也就使不上劲儿了。

69 我发现百姓和国王宁要骑兵，不要步兵，这就注定他们变得不堪一击，连连失败。我们在目前的意大利所见到的状况便是这样。外族人不是可以肆意掠夺、毁坏，以致将我们洗劫一空吗？那还不是因为我们自己看轻了步战民军，致我们的整个军队只由骑兵组成所招致的结果吗？

当然，骑兵也是需要的，但终究不应该成为军队的首要基础，而只能是第二位的。它之所以必要，之所以十分地有益也只是在侦察、奔袭，乃至洗劫敌方国土方面，在突然惊扰敌人（令其由此而始终处于临战状态的威胁之下），以及切断对方物资弹药的运输等方面。而当事情涉及决定性的野地交战时，也就是一旦关乎战争的实质和组建军队的根本目的时，骑兵主要还是应该去追击已被打垮了的敌人，而不是去干别的事情；就其实力而言它是远不及步兵的。

科：总还有两件事儿老困惑着我：其一，据我所知，帕提亚人战时只使用骑兵，而这一点却并不妨碍他们与罗马人分享霸占世界的欢乐；其二，我恳请你告诉我，步兵是以什么方式去支援骑兵，后者又是怎样从前者那里汲取力量并排除自身的缺陷的。

法：先前我曾跟你讲过，或者说我的意思是：我们之间关于兵法问题的谈话所指仅限于欧洲这个范围。所以，我就不太关注亚洲的事态发展。不过，我还是可以告诉你，帕提亚人的战斗队形和罗马人的完全是两回事。他们总是在马背上作战，战斗中往往黑
70 压压一片从四面八方扑向敌方。这种战斗无固定的样式，偶然因

素极大。

罗马人作战使用的可以说几乎是一式的步兵，取密集队形。那时，双方互有胜负，视方圆范围或者说战场的宽窄度而定。近期以来以罗马人胜出者居多，早先是帕提亚人占上风，因为像他们这样的军队占着许多取胜之便，就比如：有利的地形，即从大海之滨伸展到千里之外的辽阔的平原，相互间隔2—3个行程[①]的纵横密布的江河，等等。安息（帕提亚的别称。——译者）这个国家城市不多，人口稀少。装备沉重、徒步挺进速度缓慢的罗马军队只能在冒着很大风险的情况下向前推进；而敌人则是轻装和行动迅捷的骑兵，他们今天出现在某个地方，明天却早已在50英里之外的另一个地方游弋了。这就使他们只要借助于单一的骑兵便能驰骋疆场歼灭马尔库斯·克拉苏的部队[②]，还几乎要了马尔库斯·安东尼的命[③]。

不过，我已经给你们讲过，现在我要谈的只是欧洲的军队，所以我只限于对往昔的希腊人、罗马人的和如今的德国人的做法作一番比较而已。

让我们回到你的另一个问题上来吧：究竟是一种什么样的队 71
形或者说什么原因形成了步兵对骑兵的优势呢？首先我要告诉你，骑兵无法在任何一种地形上行动，可步兵能。当需要变换队形

① 军队一昼夜行进的距离。这是古时的用法，如今使用"一昼夜行程"这一术语。

② 公元前54年，马尔库斯·李锡尼·克拉苏在美索不达米亚与安息人的战争中，曾数度得胜。次年，即前53年，他的步兵败在了安息人的骑兵手下，他本人也在当年死于此战。

③ 纵观马尔库斯·安东尼的一生，尽管他在前39—前38年派遣大将文蒂迪乌斯·巴苏斯出征而终于击败了安息人，但他在安息人手上遭受的灾难也确实不少。

时，骑兵会滞后。如果进攻中突然必须改变方向，要来一个 180 度的掉头，或者在稍事停留之后又突然要朝前挺进，或者一下子又要突然停住。显而易见，骑兵执行这些突然的指令不会像步兵那么精确无误。

一旦敌人的攻击使骑兵陷于混乱，那即使在对方进攻不算顺利的情况下骑兵也难以恢复原有的秩序；而步兵却很少发生这种事情。此外，勇敢骑手的坐骑往往比较胆怯，而胆怯的骑手则常常骑着烈马，这种情况会破坏统一的队形，导致无序和混乱。一支不大的步兵队伍能够顶住骑兵的任何攻击，这毫不足怪：马是通灵性的动物，它对险情会有反应，是不愿意顶着风险上的。

如果你把催促马向前奔驰和令其伫留原地的两种力量作一下比较，那么你会看到，令其伫留原地的力量无疑要大得多，因为催其向前的是马刺，而令其停下的是矛和剑。古时和现时的经验完全一致，也就是密集的步兵即使人数不多，也能感觉到自身的安全有保障，因为骑兵无法看透他们，在骑兵眼里，步兵是神秘莫测的。你不必提出运动之神速问题，似乎马匹特别热衷于疾驰，它们时刻准备着去扫荡敌人的任何抵抗，它们怕马刺更甚于长枪。对此，我的答复是：只要马匹发现它应该直奔面对着它的矛尖时，它会缓慢它的行进，而一旦它感觉到自己受伤了，那它或者会完全停顿下
72 来，或者当它抵近长矛时，就会向右或向左转身离去。

假如你对此坚信不疑，请不妨试试让马匹朝一堵墙壁奔去，那时你就会发现很少会有听从骑手驾驭直冲冲去撞墙的马匹。当凯撒在高卢不得不与海尔维第人作战时，他自己先下马，又命令全体骑兵下马，并让所有的马匹往后撤到离战场较远的地方；他认为此

时这些马更适合跑掉，而不是去战斗。[①]

这便是马匹的自然障碍，除此之外，步兵部队的首长还应该始终选择对骑兵来说困难最大的道路；正是这样，除极少数例外，他总还能利用特殊的地形条件得到自救。如果地形属丘陵地，仅此一项就足以限止你的任何神速的攻击行动。如果道路沿平原伸展开去，那一望无垠的平原或小树林便能够保护你，任何一片葡萄园或者果园还能完全阻止他们前进。

行军中发生的这些情况在战斗中会重复出现，因为马匹只要一碰上某种障碍物，它便会立即气馁下来。有一点无论如何不能忘记，那就是罗马人的实例。他们高度珍惜己方的战斗队形，而且对自己武器的威力充满信心，以致当他们必须在沟壑纵横的地形（这种地形能保护他们免遭敌骑兵的突袭，而又不妨碍他们自身的展开）和平坦的开阔地形（这是有利于敌骑兵行动的地形）之间作

出抉择时，他们总是会选择后者的。 73

如是，我们便按照古时的和新的模式装备了我国的步兵。现在就让我们转到训练方面来，让我们看看罗马步兵在走上战场之前尽搞些什么样的训练。

步兵的人员也许能够做到都是经过慎重筛选的优秀分子，可以给他们装备上精良的武器，但一定还要对他们实施极严格的训练，舍此永远不会造就出优秀的士兵来。

这种训练可以分为三个部分。首先要劳其肌体，苦其心志，培

① 可参见凯撒的《高卢战记》卷一第二十五节，第21—22页。

养其灵活机巧的本领；再者是掌握使用武器的技巧；最后便是学会在行进、战斗和驻营时保持队形的能力。这就是任何一支军队的三件大事。要是这支军队能够在行军、休整和作战时保持好队形，那即使在战斗失利的情况下将领的声誉也不致受到损毁。因此，古时的各共和国的律法和习俗一无例外地都详细地规定了实施军事训练的各个细节。年轻人都要参加训练，以发展奔跑的速度、跳
74 跃的灵巧和投掷长矛以及在战斗中必须具备的膂力。[①]

一个士兵没有这三种素质，那是无法想象的，因为脚下飞步会有助于他超前敌人，抢先占领有利地形，突然向其发起攻击，以及在敌失利之后对之实施追歼。灵巧能使他击退敌人的袭击，跃过沟壕，攀上壁垒。士兵们如果身强力壮，那他们携带武器、打击敌人、顶住对方的袭击就都不会觉得费力。为了更好地锻炼身体，首先要教会士兵携带超重的货物，这无疑是十分必要的，因为在艰难

① 韦格蒂乌斯在他的《兵法简述》卷一第九节中写道："对新兵实施的第一堂军事训练课应该是走步伐。无论是行军还是在兵阵中，首先要注意使全体军士在运动时保持严整的队形。……一支部队如果遭分割，而又不能保持严整的队形，那是非常危险的事。一般说，夏季走步 5 个小时可达 20 英里；如更快一些，所谓走大步，则通常时间内可走 24 英里。快于这个速度，那就是跑步了。跑步的时间距离很难确定。青年军士尤其应当勤练跑步，善跑有以下几点功效：能够向敌人发起猛烈攻击；必要时能迅速抢占有利地形，以赶在同样准备行动的敌人前头；能迅速而大胆地前去侦察敌情，并飞快地折返回来，进而更易于突击溃退中的敌人的后方。军士还应当通过坚持不懈的训练学会跳跃，学会跃过壕沟，翻越任何足以成为障碍的高地；一旦遇上类似的困难，能够毫不费力地予以排除。此外，在战斗进程中，在刀枪如林、箭似飞蝗的战场上，一名战士若能以跑步、跃进而运动，那他就能杀伤敌人，使之丧失视力，震撼其神经，并在其为了做好准备进行自卫或者击退对手之前，即令其受到沉重打击。萨鲁斯特曾这样描述过格奈乌斯·庞培的习武：'他跟机灵鬼比跳跃，跟飞毛腿比跑步，跟大力士比杠铃'。"可参见该书之第 61—62 页。

的行军途中每个士兵除去武器之外还必须随身携带好几天的食物储备；对于未养成这种习惯的人来说，要扛着背着这么重的东西实
在是力所不能及的。要是这样，那他就既不能自己摆脱险情，更谈 75
不上去争取光荣的胜利了。

操纵武器的训练是这样实施的：给年轻人所发的甲胄要比普通的盔甲重一倍；他们所得到的不是剑，而是铅制的棒槌，那棒槌可要比剑重得多。每人都必须往地里打 3 肘深的柱子，这桩子的粗细要达到无论用多大的力气去撞击它都无法把它撞倒或者毁掉的程度。年轻人手持盾和槌，就把这些桩子当作人靶进行练习，他们敲打这些人靶桩子，攻击其头部、脸甲、大腿和脚，接着后退几步，随后再重新朝他们扑去。这种练习能使他们具备必要的防护和攻击的熟巧，由于训练用的武器要沉重得多，当他们以后拿起真正的武器时，就会感到轻松自如了。罗马人训练他们士兵的课目不是乱砍乱劈，而是刺杀目标。[①] 这既是出于像劈砍这种攻击比
较危险，难以自卫的原因，也是因为刺杀时军人比较容易掩护自 76
己，而且比之劈砍他们转而实施新的攻击时出手会更迅速。

你不必为古人如此关心所有这些细节感到惊讶，既然事关战

① 韦格蒂乌斯指出："古人练习斲打时重视操练刺杀敌人，而不是乱砍一气。对于那种战斗时只会乱砍乱劈的人，罗马人不仅很容易战而胜之，而且常常拿来取笑。如果一味砍劈，不管你用多大的力气，往往不会致命，因为对方对身体的重要部位总会用武器进行护卫，骨骼本身也会起到保护作用。反之，当刺杀时你可以把剑刺进去起码 2 英寸，这就足以致其伤重及死。当然，此时必须把利器刺及十分重要的部位。另外，当你砍劈时，你的右手和右肋都呈暴露状态，而当你刺杀时，则身体各部位都是不暴露的，而且可以在对方尚未发觉时即将其杀伤。这就是为什么罗马人在交战中主要使用这种办法的道理；平时新兵训练时使用重一倍的这种树条盾和粗木棍，战时他们手中的真家伙却是轻了许多的武器，这样他们就会觉得很轻松，因而作战起来就会更加镇定自若，更加精神抖擞"。可参见《兵法简述》卷一第十二节，第 64 页。

斗，那么任何优势，即使是微小的优势也是万分紧要的。其实，我所告诉你的并没有什么新的东西，只不过重复兵法著作家的一些说法而已。古人认为，一个国家如能拥有大批懂得军事的人，那才能安享福祉。这是因为能够使敌人臣服于我们的并不是闪光的宝石和黄金，而是武器的威慑。

在其他领域中，所有的错误不管怎么说都是可以改正的，唯独战争中的错误无法更正，因为惩罚将随即而至[①]。还有，掌握好剑术会使人勇气倍增：人们在前去从事某种已经十分熟悉的事业时，他们是无所畏惧的。因此，古人要求公民坚持军事训练，并强使他们使用比真正的标枪还要重许多倍的训练器材，苦练百
77 步穿杨的投射技巧。这种演练能提高投掷的命中率，强壮士兵的肌肉，增大他们的臂力。他们对青年人实施射箭、用投石带投石等训练，为每一种训练指派专门的教练。当人们经过训练之后，被分配到军团走上战场时，从精神上讲他们已经是士兵了；所剩下的就只是要去学习排列战斗队形以及在行军和作战时保持队形的技能。这已不难完成，因为青年士兵是与已经知道该怎样保持队形平衡的有经验的老兵混编在一起的。

科：你将为我们的士兵规定一些怎样的演练内容呢？

---

① 韦格蒂乌斯指出：“一个国家是否强大、是否幸福、是否光荣，要看它有没有足够数量的经过训练的军人。要知道，无论我们的衣装多么华贵绚丽，金银首饰多么光彩夺目，这些东西无法强使敌人敬畏或者喜爱我们，只有慑于我们的武装，他们才会驯从我们。加图所言极是，他说，在别的事情上犯下某种错误，那是可以在随后加以改正的，唯独在交战中败北，则是无法改正的，因为惩罚随着失误而至，结局无非是两种：要么参与交战的人由于怠惰和未经训练而即刻身亡；要么乘机逃窜，进而他们也就永远失去了与胜利者较量的勇气。”可参见《兵法简述》卷一第十三节，第 65 页。

法:我们在这里谈论的一切几乎都是。我要强使他们练习跑步、搏斗、跳跃、携带比一般的武器更重的武器、用弓射箭、用弩射箭,我还想增加一种正如你所知道的十分必要的新武器—火枪。我想让我国的全体年轻人都来演练这些课目,但我要特别关注的是那些今后注定要去浴血奋战的精兵;我希望他们每个假日都去参加训练。

我还要教他们学习游泳;这是很有用的,因为并不是所有的地方都架有桥梁,也不是所有的地方都设有过河的渡口。不会游泳的士兵会失去一项重要的优势,从而不得已而丧失许多有利的机
遇。罗马人正是因此而把青年人的军事训练场地设在台伯河畔的 78
马尔斯校场的;[①]他们可以在水中洗涤掉陆上训练的疲劳,使精力得到恢复,同时也可以由此而学会游泳术。

最后,我遵照古人的实例,还为骑兵规定了特殊的训练课目;这些课目之所以必不可少是因为骑兵不仅要学会骑马,而且人在马背上要能够非常地自如。要进行这种训练,必须使用木马,年轻人应当学会全副武装地或者赤手空拳地飞身跃上马背,而且从第一次起就必须独立完成动作,不得借助任何外力。最终,人们应该达到的完美水准是:指挥官一声令下整个骑兵队伍一瞬之间就得全体下马伫立;又一声令下,全体人员又得在同一瞬间翻身跃上马背。

① 马尔斯是古罗马宗教所信奉的战神,罗马人将青年人的军事训练场地命名为马尔斯校场就是为了纪念这位战神的;罗马典籍以他为国家的守护神。此外,马尔斯还被奉为“五谷之灵”。罗马春秋两季即农事和征战的季节,都有马尔斯的节期。三月有许多节日都是奉祀马尔斯的节日。十月也是奉祀马尔斯的重要月份:15 日要在马尔斯校场举行双驾马车竞赛;19 日为兵器净化节,为武器祝圣,储备过冬。在奥古斯都统治时期,罗马崇拜马尔斯的习俗大盛。

所有这些演练，无论步兵的还是骑兵的，当时都进行得很顺利，完全没有障碍；即令现在，任何一个共和国或者任何一位君主也都能顺利地实施，不会遇到任何阻力。某些西方国家仍保持着这些传统，它们的经验可以为此作证。居民们根据战争时他们所使用的武器名称分编成若干小队，他们有的使用矛、戟，有的使用
79 弓箭、火枪，因此被称作矛兵、戟兵、弓箭手、火枪手等等。

居民们必须表明，他们有意注册在什么部队。由于某些人的年龄或者其他原因不适宜去作战，于是每支队伍中又会有若干精锐部队，由所谓的宣过誓的必须在假日里携带自己所选择的武器参加训练的人员组成。政府划给每支这样的部队教练场地，所有注册登记入队的人，除去“宣过誓的人”以外，都必须交付必要的费用。

其实，这些事我们也是可以做的，但我们举事之轻率往往影响作出理智的决定。古人由于施行了我所描述的那些训练课目，便拥有了精良的步兵，仅此一点就足以说明，这些西方的步兵为什么会比我们优越的道理了。古人训练士兵根据不同情况（我在上文中已经谈及）：既可在他们各自的家里进行（各共和国多有这么办的），也可在兵营中实施（皇帝们的做法）。我们则既不愿意在家里进行，也不能在兵营中实施训练，因为我们的部队是由异域的奴隶所组成，无法强迫这些人接受他们所不愿意实施的训练课目。这便导致了起初是训练中止了，随后军队出现了散乱，如今无论是君主国还是共和国，尤其在意大利，军队处于衰弱无力的境地。

让我们再回到我们的议题上来。应当说，要成为一名优秀的士兵，光靠养成军训的习惯、强化锻炼、增强膂力、加快速度和灵巧程度，那还是不够的；他还必须熟知自己在队形中的位置，善于分

辨自家的旗帜和别人的旗帜，能领悟全部信号，听得清指挥官的声
音。他应该具备就地以应有的方式落实这一切的能力，包括在退 80
却和进攻时，在战斗和行军中，因为没有这样的纪律，没有严格遵守和执行这些规则的决心和实际行动，那就永远也不会有真正的军队。

有一群人个个英勇非凡，可内部不协调，涣散无章；另一些人胆子小一些，却精诚团结，两相比较前者不敌后者，这是毫无疑问的。原因何在呢？人在队伍中行动，他的危险意识会潜隐下来；反之，混乱无序则会使单个人的勇气变成虚妄。我将在下文提出的问题会使你更加清楚。但你要注意一个事实：全体人民，在组建自己的部队或者民军时所建成的一支主干队伍，尽管它的名称在不同的国家里各各相异，但这支队伍的人数大体是相近的，总是在少则 6000 人，多则 8000 人之间游动。

罗马人把这支队伍叫做军团，希腊人称方阵，高卢人则称卡泰法；只有瑞士人还保留着古时军事教令的某些遗痕，给这种队伍取了一个与我们的称谓相仿的名称，叫"旅团"。各地还将这些队伍分划成营，但编成各不相同。我们在谈话中将使用"旅团"这个词，因为按古时的和新的模式它比较通俗些，也能更好地表达其编成状况。

罗马的军团由 5000 或 6000 人组成，分为 10 个大队，这跟我所设想的将 6000 人的步兵旅团分成 10 个营完全相吻合。每个营的人数应该是 450 人，其中 400 人为重步兵，50 人为轻装兵；重步兵中有 300 人持盾并佩剑，我们称之为持盾兵，还有 100 人持长矛，可称为正规的长矛兵；轻步兵由 50 人组成，装备有：火枪、自射

81 器、戟和圆盾，他们得到一个古时的称谓，叫做正规的韦利特；在所有10个营里持盾兵的总数达到3000人，还有1000名长矛兵和500名正规的韦利特，也就是说一共4500人。

我在前面已经讲过，一个旅团应当有6000名士兵，所以还需要增加1500名步兵，其中1000人持长矛或者备用矛，500名轻装的或者后备的韦利特。如是，我的一半步兵由持盾兵组成，而另一半则持有长矛或者其他兵器。每个营设统领（即营长。——译者）一人，百人队长4人和40名十人长；此外，还有正规的韦利特的统领和他属下的5名十人长。凡1000名后备长矛兵，我的意见设3名统领，其下领10名百人队长和100名十人长；而后备韦利特应有2名统领，5名百人队长和50名十人长。

再，我会任命一名全旅团的指挥官；每营都还会有自己的掌旗手和乐手。如是，编制10个营的一个旅团将由3000名佩剑的持盾兵、1000名正规的和1000名后备的长矛兵、500名正规的和500名后备的韦利特，总计6000名步兵所组成，其中有十人长600名，营的统领15人，外加15名掌旗手和号兵，55名百人队长，10名正规的韦利特统领，以及全旅团的指挥官一名，连带他的掌旗手和乐手。

我曾有意多次向你讲述这一体制结构，为的是以后当我对各营和各部的布阵作出解释时不致使你茫然费解。任何一个国王或者共和国，只要愿意训练自己的奴隶，让他们去作战，就应当采用这种体制和装备，同时要把国家所能够提供的数量的旅团召集起来。一俟这样的体制按照我的组建法筹备齐全之后，就可启动布
82 阵和按营实施作战的训练了。

当然，由于人数不足，每个营很难具有正规军队的整体形象，但

每个士兵还是可以学到他所应该知道的全部内容，因为部队的编成往往带有两重性：一方面是一个营当中的每一个士兵的动作；另一方面是同其他营一起组成这支军队的这个营全营的动作。如果人们很好地学会前一类动作，那他们就比较容易掌握后一类动作；可要是不了解基本的单兵行动，那就永远无法学会整个部队的统一行动。

我已经讲过，每个营都可以独自学习在任何一次行军中以及在各种地形上保持平衡的技能。要学会部署战斗队形，即布阵，懂得战斗信号，像水兵听哨笛那样谛听各种信号，并因而知道该怎么办：是原地站定，还是继续前行；是退却，还是转身将武器指向某个方向。如果部队能在任何运动中以及各种地形上保持良好的队形，准确理解指挥官通过各种信号下达的号令，并能迅速变换队形，那就能比较容易地学会他们的营在与其他部队会合成整体时必须实施的各种动作。

绝对不能将这些一般的动作视为无足轻重的小事，即令和平时期每年也要有一至两次把整个旅团集中起来，按照整个部队的样式布阵，将中央、两翼、预备队部署在各自的位置，犹若临战之前一般，每天加强演练。统帅在布阵时总要假设可见的或者隐蔽的敌人；据此，部队也就务必要作好应付敌人显然的和突然的两种来袭的准备。要把部队训练成在运动中也时刻准备着战斗，而士兵们则随时都清楚他们应该怎么做。

当你教他们同可见敌人作战时，你要告知他们该怎样打响战 83
斗，必要时该往哪儿撤离，如果进攻被击退，谁应该去占领他们的位置；要教会他们分辨自己的旗帜、信号、指挥官的声音，并通过佯攻和假袭击训练他们，使他们迫不及待地想要动真格儿地去参加实战。部队之英勇无畏并非单由个人的勇敢所铸成，而要有正确的队形作保障：我在前面拼杀，我知道一旦失利，我应该朝哪儿撤，谁将来占据我的位置，我始终会英勇地去战斗：我相信我能够得到近处的支援，救星就在我的身旁。如果我身处后排，万一前排败北，我也不必惊慌，因为我事先早有准备，甚至可以说，我的行动能够证明，为我的指挥官带来胜利的正是我，而不是别人。

这些演练，在一个初建部队的国家里无疑是必要的；而在早已有了部队的地方，那也是需要的。罗马人从小就知道自己军队的体制，而且在奔赴战场之前就不断在指挥官的领导下接受训练。优素福·弗拉维在他的《历史》一书中介绍说，由于经常接受军训，即使是那些以发财和进行交易为目的而追随军队的人群也变得有用了，因为大家都知道平衡的重要性，也善于在队形中拼杀。

说到为已在实施的战争而召集起来的新军，或者未来即将参战的民军，要是不经过这样的训练，那无论单个的营还是整个军队都将一事无成。军事训练是必不可少的大事，必须非常认真、非常细致地使新兵受到训练，使稍微懂得一点军事常识的人提高一步；
84 对此许多将领都是不惜花时间，花大力气去操作的。

科：我觉得这些论断稍稍偏离主题了：你还没有跟我们解释单个营的训练，却先谈起整个部队和交战的问题来了。

法：你说得对。我笃信古时的规章；当见到它们被弃置不顾时，我内心深感痛苦。不过，请不必担心，我立马会转回到主题上来的。我已经给你们说过，在营的训练中最重要的一点便是保持正面的平衡。为此还专门设置了一种被称之为“蜗牛”的训练课目。

我以前曾经讲过，一个营应由 400 名重步兵组成，今后我还会坚持这个数字。先将他们按每行 5 人排列，总共得 80 行；接着我就开始教他们合拢、展开，既做快步，也做慢步。所有这一切都需要亲眼目睹，而不是去描述，描述在这里全无用处，因为每一个与军事有关的人都知道，该怎样演练这一课目，它之所以需要也就是为了让士兵们学会如何保持平衡。

让我们转到营战斗队形的编成上来吧。通常有三种方法：第一种，也是最有效的样式，是把全体人员收拢成两个相连接的方块；第二种样式是成一个正面部队向前突出的方块；第三种样式是中间留出一个空框的方块，我们把这个方块叫做“广场”[①]。第一种编成还可以有两种具体做法，一种做法是把原来的一行排成两行，也就是把第二行并入第一行，第四行并入第三行，第六行并入第五行，如此等等；这样一来，原来的 5 列 80 行就成了 10 列 40 85
行。假如再次进行行数分排，把一行并入另一行，那岂不就可以变成 20 行 20 列了吗？

这就是大致呈两个矩形的一种布阵法，尽管从每个方向看人数都是一样的，但在每一行中士兵们都是肩并肩、胳膊碰胳膊地站在一起，各自占地比在列中要小，在列中他们之间的间隔至少也得 2 肘，所以一个四边形的前后纵深总要比左右两侧之间的宽度更长。

眼下，我们常常要提到营的前部、尾部和两侧，也会谈及整个部队；你们要知道，我将把前部称作头部或者正面，把后部称作后方，将两侧叫做侧翼。50 名正规的韦利特不和其他列兵混编，在编成营的队形时配置在它的两翼。

---

① 可参阅图 1 左侧之“营在行进中”。

现在，我来给你们讲解另外一种布阵方法，它比第一种方法要好，我尽可能把它讲得形象一些。我觉得你们已经记住了一个营有多少士兵，他们的装备怎样，有多少名长官。

我已经讲过，营应当编成 20 行、20 列，而且在头部应有 5 行长矛兵，跟随其后的是 15 行持盾兵；二名百人队长走在骑兵头部，二名在尾部；营长连同掌旗手和乐手的位置在第一百人队 5 行长矛兵和 15 行持盾兵之间；每一行的两边都有十人长，如是，每个十人长就同自己的属下并排站着：左侧那名十人长指挥他右边的班，右侧那位十人长指挥左边的班。50 名韦利特部署在营的两翼和后方。[①]

86 假定这样一个营正以通常的行军队形在前行，现在需要变换成战斗队形，那就应当作出如下部署。我们已经讲过，士兵们以 5 人为一行，共编成 80 行；韦利特在头部或者在骑兵的尾部，但必须与其他部队间隔开。每名百人队长带领自己的 20 行，而且还有 5 行长矛兵紧紧跟随其后，再后面是持盾兵。营长连同掌旗手和乐手居于第二个百人队的长矛兵和持盾兵之间，约在 3 行持盾兵的纵深处；20 名十人长走在第一个百人队各列的左翼，另有 20 名十人长在其右翼。请注意，统领长矛兵的十人长持长矛，统领持盾兵的十人长持盾。

假定如是行动的一个营是为击退来犯之敌而编成战斗队形，那他们就应当这么办：第一百人队的 20 列士兵停止前行；第二百人队则朝偏右方向继续运动，一俟进抵已站定不动的第一百人队的一侧并与其队长取齐时，同样停止前行；第三百人队长同样转向

① 可参阅图 1 右侧之“成战斗队形的营”。

87

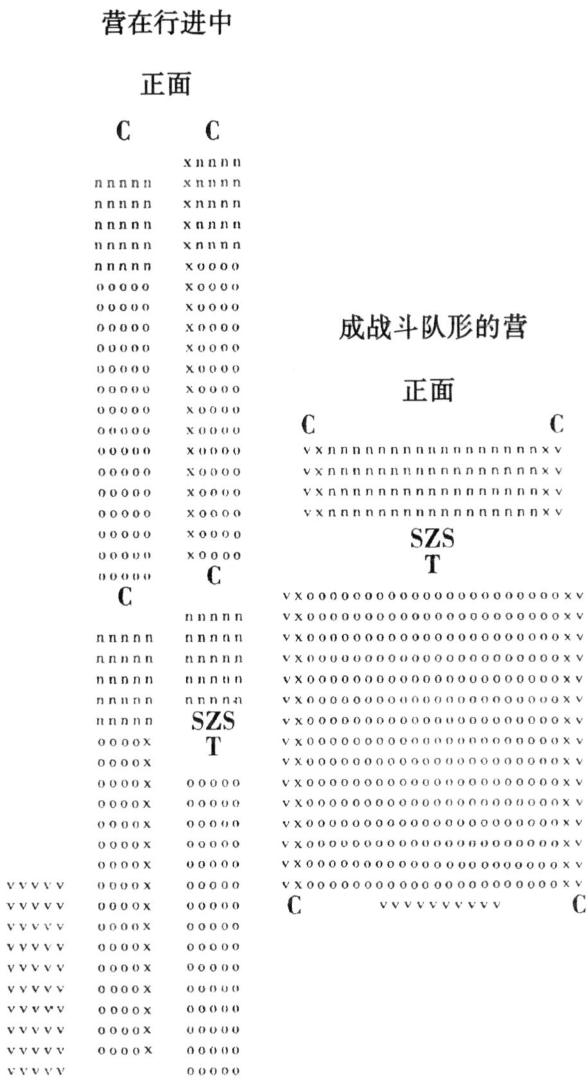

图 1　营在正面受到敌威胁时的布阵

C—百人长（百人队的队长），n—持矛步兵，o—持盾步兵，
x—十人长（十名士兵的头领），v—韦利特（轻装兵），
S—乐手，Z—掌旗手，T—营的统领（营长）。

右侧，按前面两个百人队的侧翼向前运动，直到与其他两名百人队长并排取齐，即刻停止；最后，第四百人队长同样再向偏右方向并沿其他几位百人队长的右侧前行，直到其百人队的头部不超过其他百人队为止，这时它也应当停住。有两名百人队长应立即从骑兵的正面转到后方去。我们不久前所讲的有关营的战斗队形编成至此也就结束了。韦利特是分散在两翼的，这一点我在介绍第一步动作时已向你们提示过了。第一种编成称作按行编成，第二种编成则叫百人队编成。

88 第一种方式简单些，而第二种方式能更正确、更合宜、更好地适用于各种情况。在第一种情况下，一切都取决于数字，因为不是5列，而是逐步排出10、20，甚至40列。如是，你就不能再用15、25、30，或者35列的正面去和敌人对峙，而只能依从于因分排而得出的数字了。更何况在个别行动的情况下，每天都会发生需要从600—800名步兵中抽调一部分兵力用来对抗敌军的事情。在这种情况下按列布阵的做法可能引起混乱。因此，我宁愿选择第二种方式，这种方式带来的困难是可以通过所积累的经验和加强部队日常训练而得到克服的。

我再重复一次：顶顶重要的是一定要教会士兵们在行列中保持平衡，训练他们具备无论在演练中、在快速行军中、在进攻和退却时，不管遇到多么复杂的地形条件始终保持有秩序、不慌乱的能耐。能够按照应有的方式去行动的人，也就是已经经受过训练的士兵，可以自认为是老战士了，即使他们还从来没有遭遇过敌人；反之，没有接受过这类行动训练的士兵，即使已有上百次的战场经历，那也只能算是新兵啰。

我已经为你们解释过一个营以窄列的行军队形实施运动时的战斗编成。现在，你们可以想象一下，这个营因受地形条件所制陷入了混乱或者被击溃了。立即重新布阵，这既是绝对必要的，同时又是相当困难的；只有凭借知识和经验，只有诚心诚意地去向古时的著作家讨教，才能获得良方妙计去克服这些困难。这时必须恪守两项要求：第一，各营应尽可能多地规定出鲜明而独特的标志信 89
号；第二，教会每个士兵精确地知道自己在行列中的位置。

举例来说，一名士兵从一开始就站在第二列，那他就始终要站在那儿，甚至不仅要站在那一列，而且一定要站在那个点位上；为此要定下许多标志，我方才已经提到过这些标志。旗帜应该是其中很独特的一种，士兵们一定要从很多旗帜中很快地辨认出自己的旗帜。营长和百人长的头盔有各种很容易辨明的饰物，但最重要的是认知十人长。关于这一点古人的做法十分精密，令人折服：他们在每个十人长的头盔上都用大字体标上他的号码。不仅如此，在每个士兵的盾牌上还都刻有他所在行列的号码以及他在行列中的点位的数码。①

① 古人知道，交战时队列和队形很容易出现混乱和无序状态。为避免此类现象发生，他们把大队划分成若干个百人队；每个百人队都有自己的旗帜，旗帜上标有一定的字母，表示该百人队属于哪个大队，是第几百人队。看到这样的旗帜，读到这些字母和标记，军士们无论在怎样的困境中都不致同自己的战友失散。更何况百人队长是受命要卸下脸甲指挥自己的百人队的，这样比较容易认出他们，不至于发生差错。因为几百名军士跟随的不仅是他们的旗帜，而且还有在头盔上具有某种标志的百人队长。同时，百人队是按营帐编配的，一个营帐住十个人，有一名十人长指挥。可参阅韦氏之《兵法简述》，第 104 页。

既然人们都有如此明显的标志，而且也已习惯了保持队形的完整，那么即使在出现大混乱的情况下，也是能够较容易地迅速使队形得到复原的。只要旗帜的位置一标定，百人队长和十人长肉
90 眼便能辨清他们应该站的地方，他们会依照规定站到或左或右的应站的位置上去，保持一定的距离；而士兵们已经熟悉了规则，而且看到了指挥官们独特的标志，于是也都会很快地站到各自的点位上去。如是，既然各部队事先都已定下了标志，也就无须乎再去临阵磨枪了；而如果真的这些前期的准备工作什么都没有做，要想把部队集合起来，那就难以办到了。其实，只要尽心，加之参与一些演练，学会并掌握这些东西倒也并不困难；一旦真正掌握了，那是不会轻易忘掉的。由于老战士们会把这些东西传授给新兵，随着时间的推移，全国的民众对于军事也就会逐步熟悉起来。此外，还有一个重要问题：要教会士兵迅速转身，也就是使纵队的侧翼和尾部掉转过来成为头部；反之，使头部成为其一翼或者尾部。这不难做到，只要每个人都按口令转身就行。那时，营的头部就将在士兵们面向的前方。

诚然，在向右或者向左转身时，会在行列之间拉大间距；在向左转的时候不会有特别的差别，但在朝一侧转身时，士兵们会疏散开来，那就会违背营的常规编队规则。经验和健全的思维会使士兵们重新互相靠拢。在这种情况下可能出现一些小小的无序状态，人们会很容易地自己去制止这一现象的。

要变更作为一个整体的全营的方向，那就重要得多，也困难得多。这里需要丰富的经验和精熟的技巧，例如：如果你想要让全营向左转走，那你就得让第一列左侧的士兵原地踏步，而与其相邻的

士兵则必须放慢脚步，碎步前行，以免右翼必须用跑步去赶上营的 91
其他队伍；缺乏这种预见，一切就会乱套。

当队伍呈行军队形前行时，不在前部的营通常要从侧翼或者从后方去击退敌人的进犯；在这种情形下，营应该迅速将正面对峙敌人来犯的方向。这时，它必须保持先前所讲过的战斗队形，也就是长矛兵布列于朝向敌人的一侧，而十人长、百人队长和营的统领则应在通常各自应在的地方。

要组成一个计有 80 行的 5 列纵队，而且前面 20 行应该是一色的长矛兵。统领们，或者说主要是十人长们应该位于 5 人一列的头部和尾部。后随的 60 行应该是持盾兵，总共组成三个百人队。每个百人队的第一列和最后一列都有一名十人长在列；营指挥官和掌旗手、乐手位于第一持盾兵百人队的中央；百人队长则走在各自百人队的头部。如果是这种队形，在运动的时候应该将所有的长矛兵部署在左翼，其百人队停止前行，而所有其他部队则前出到右前方；要是长矛兵需要在右翼，则队形前出到左前方。

如是，当一个营在运动时，其长矛兵在一翼，十人长在纵队的头部和尾部，百人队长在百人队的头部，营长在中央。这就是行军队形。如果敌人出现，应当从侧翼去迎对，全营都应当转向长矛兵所在的方向，这时所部署的也就是我所讲述过的战斗队形，因为除去百人队长之外，全体人员都已处于自己的位置上了。十人长们也都
已经迅速地、毫不费力地占据着各自的点位了。[①] 92

现在，请设想一下，有人从后方对正在以行军队形前进的营发

① 可参阅图 2。

93

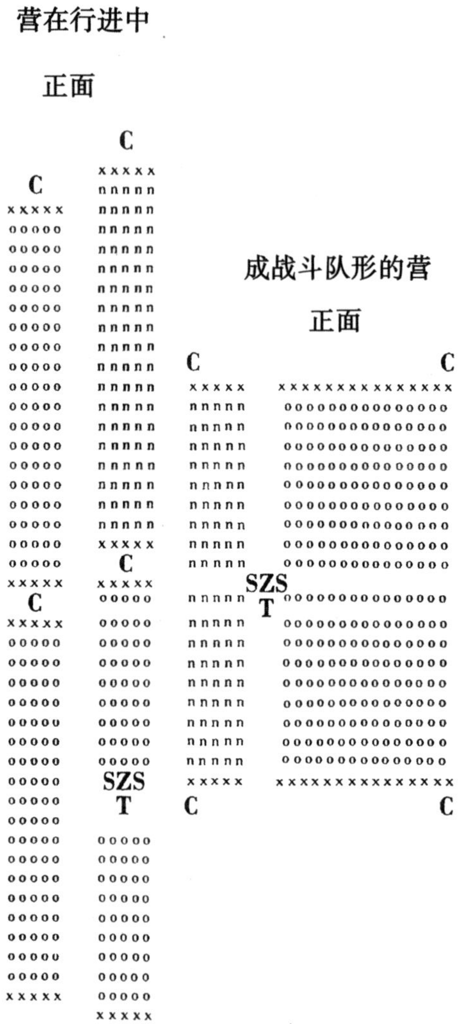

图 2　部队在受到来自侧翼(左翼)攻击时的布阵方法

C—百人长(百人队的队长),n—持矛步兵,o—持盾步兵,
x—十人长(十名士兵的头领),S—乐手,Z—掌旗手,T—营的统领(营长)。

起攻击。这时就应当这样来布阵:要变更战斗队形,让全体长矛兵转到尾部;为此仅需做到一点:将5列长矛兵不要像通常那样部署在每个百人队的前列,而要将它们放到后面;其余的一律照我们先前所解释过的那些规则去办。

科:我记得,你曾经说过,这一训练方式能够将若干单个的营组成一支完整的队伍,而且能显示出,应当怎样使其走上正轨。现在就请你告诉我们,假如你的这450名步兵不与其他部队在一起,而是必须单独作战的话,你将怎样部署他们。

法:这时,营长应当作出决定,他要在什么地方将长矛兵集中起来,并将他们作出合理的部署。这丝毫不会妨碍我给你们讲过的那种秩序的建立。当然,他的宗旨是让他的营能够在战斗中与其他部队协同作战。其实,布阵的一些规则对作战时出现的任何情况都是适用的。我还会更详尽地回答你们的问题,我要给你们解释营的战斗编成的另外两种方式。问题是这些方式一般是不用的,或者说只是在营不与其他部队协作,而只是单独作战时才可能使用。

为了编成带两个突出部的计80行的5列营纵队,其部署如 94
下。在百人队长身后各布有25行士兵,其左侧应部署2列长矛兵,右侧应有3列持盾兵。在前面的5行之后,也就是在随后20行中每行都应有一名十人长,其位置在长矛兵与持盾兵之间;持长矛的十人长应与长矛兵在一起;紧随前面的25行之后的是另一支百人队,其头部应是15行的持盾兵。然后,是营长和乐手、掌旗手跟进,旗后还有15行持盾兵在行进。第三百人队计25行,其中左侧有3列持盾兵,右侧是2列长矛兵;十人长们在最后20行的长矛兵和持盾兵之间行进。纵队由第四百人队殿后。眼下,有如是编成的各行便组成了带有两个突出部的营纵队。第一百人队及其随后的 25 行停止前行;第二百人队连同其 15 行持盾兵继续前行,稍向右绕行,再沿第一百人队 25 行之右翼挺进,并与其后面的 15 行接排。营长在其 15 行持盾兵头部绕过前面 15 行的右翼以同样的办法接上去。最后,第三百人队连同其 25 行,以及紧随其后的第四百人队也实施如是行动,绕过已经停步的百人队的右翼,但并不停在 15 行的水平线上,而是继续前行,直到纵队的最后一行与最后一行持盾兵取齐为止。一俟营整队完毕,走在第二百人队头部的百人队长就应立即转去殿后。

如是编成的纵队计 15 行 20 列,在正面两边有两个突出部,各有 10 行 5 列,在两个突出部之间留下一块空地,其大小足可安下
95 10 列士兵。那里是营长的所在位置。在每个突出部之前和尾部,在纵队侧翼旁各有一名百人队长。两翼要配置 2 列长矛兵和 1 列十人长。在两个突出部之间的空地上可部署火炮(如果有火炮的话)和辎重。在两边的长矛兵侧翼还可以布下一些韦利特。[①]

如果要将一个已变成带突出部的营纵队变更为中间留有一块空旷地盘的纵队队形,那就应该这样行动:从后面的 15 列中抽调出 8 列转而成为突出部的末端,如是便会形成一片四周密封的空地;其间可置放辎重,也可以是营长和旗帜的所在地,但不放火炮:火炮应该前出到或者部署在侧翼。对于营来说,采用这种布阵方式仅仅当他们的运动在受到敌攻击的直接威胁时方较为有利。其实,即使在这种情况下,也还是编成没有空地、没有突出部的一般

① 可参阅图 3。

的纵队队形为好;不过有时候采用这种队形也有必要,那主要是为了掩护非战斗人员。

瑞士人还有许多种其他的布阵样式,像十字形队形便是其中的一种,把火枪手部署在各方向的中间地块,以此掩护他们,防遭敌人攻击。这里我不想谈细节:这种布阵方式只在少数情况下才有效,也就是在营单独作战时,而我所想的是为你们介绍若干个营协同一致地与敌人战斗的实例。

科:看来我已经完全理解你在这些营里所进行的训练方式了。
不过要是我没有记错的话,你曾经说过,除了在你的旅团的 10 个 96
营之外,还有 1000 名后备长矛兵和 500 名后备韦利特。难道你不准备对他们实施训练了吗?

法:当然要训练啰。我会办的,而且会十分认真细致地去办的。长矛兵至少应当按百人队的要求实施训练,就采用和其他营同样的方式,我要把他们造就成一支在各种形式的独立作战中都不愧为训练有素的队伍,比如在掩护辎重、在敌占区征集粮草,以及诸如此类的作战中。至于韦利特,我倒认为可以在自己家门口训练,不需要搞什么集结:他们往往是分散作战,因此无须乎将他们同其他部队一起集中起来搞合同演习;训练他们单独作战的课目也就足矣。我曾经跟你们讲过,现在不妨再重复一遍:营的士兵应当学会保持平衡,知道自己的位置,当地形条件需要或者出现敌人时,要善于迅速转向。掌握了这一招儿,营也就明白了自身在整个部队中的地位和使命。关爱并甘愿花力气去建设和训练部队的君主和共和国,一定会为国家赢得优秀的士兵,战胜邻国,对别人发号施令,而不是只有听凭别人摆布的份儿了。在当今的时代,在我已经谈到过的这样一种混乱不堪的境遇中,这些规则早已被人

97

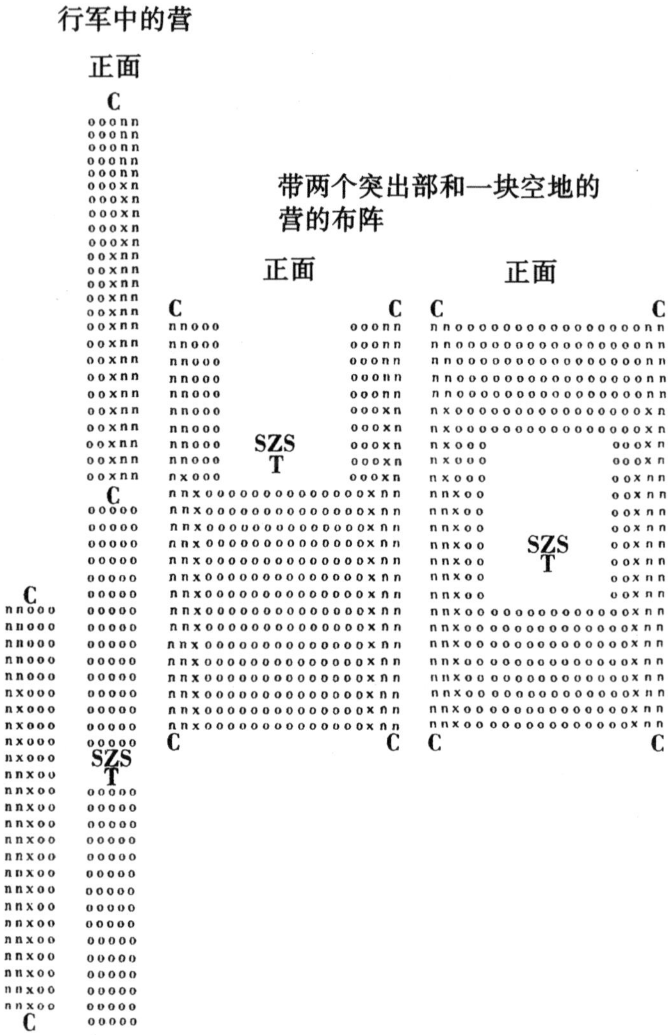

图 3　带两个突出部和一块空地的营地布阵

C—百人长(百人队的队长),n—持矛步兵,o—持盾步兵,
x—十人长(十名士兵的头领),v—韦利特(轻装兵),
S—乐手,Z—掌旗手,T—营的统领(营长)。

遗忘并抛弃了。我们的军队已经腐败；真要是爆发战争，即使会涌现出能干的帅才，也无法展示他们的军事才干呀。

科：那么，营的辎重应当怎样置放呢？ 98

法：首先，在我那儿不管是百人队长也好，十人长也好都没有马骑；即使营长，要是不愿意走路，也只给一头驴骡，没有马。营长，我会给他两辆车，百人队长一辆，十人长三人合用二辆，因为宿营时就是这样分帐的，这一点下面我还要讲。这样，每个营配 36 辆车，用于装载帐篷、煮食物用的锅、安营扎寨用的斧子和铁锹；如果车上还有空地方，还可以装别的东西。

科：我觉得由你决定的营里的那些长官都是必需的，但我担心人数是否多了些，是不是由此反而会出现混乱呢？

法：如果他们全都不服从一个高层权威的话，这种情况可能会出现，但在正确的隶属关系下，他们只会有利于秩序之加强；反之，没有这些人就不可能领导好这支队伍。一堵墙壁出现了裂缝，受到威胁；此时，最好多用些质地不一定那么好的支柱在多个地方把它撑住，这比之你用几根材质很好的支柱去支撑它要强；而假定你只用一根支柱去支撑，那不管这东西有多么牢固，这墙壁终究还是要坍塌下来的。一支军队也是如此：每十个人当中就应该有那么一个人，他积极肯干，比别人勇敢，或者说很有些威势，他就通过自己的英勇无畏，用自己的言论和实际行动支撑着士兵们，鼓励他们勇敢地投入战斗。

至于我所讲过的为什么军队中不可或缺的那些人、事、物，比如长官、旗帜、乐队，尽管我们这里看起来都有，但就是谁也不去干应该干的事情。就拿十人长来说，如果你希望他们履行自己的职 99

责，那他们中的每一个人都应当充分地了解自己的士兵，和他们一起生活，和他们一起值岗巡逻，一起战斗。只要十人长一到位，这一行便会向他取齐，就像是一条绷得紧紧的绳子，怎么也不会再松塌下来，真要是能够做到这样，那他立马就能把大家重新集合起来。可我们这里盛行的却是：薪俸要拿得越多越好，干的却都是些无关紧要的事。关于旗帜问题，情况类同。在我们这里，旗帜更多地是为了检阅时好看，而不是为了实战的需要。可是，古人认为，旗帜是指明集结的途径和地点的，只要它一停住，每个士兵就都已经知道他应该向哪里去，而且也就精确地知道了他的位置在哪里。旗帜的停止或者运动意味着全营是停步还是向前运动。因此，军队应当分成许多支独立的部队，它们各自都有自己独特的旗帜和长官。这是他们的良心，也是他们的生命。

步兵应当紧随于旗帜之后，而乐手则该是旗帜的前导。如果乐手个个都非常出色，部队便会接受他们的指挥：士兵们若能踩着音乐的拍子迈出自己的步子，那就比较容易保持自己在队伍中的位置。古人有长笛、号角和其他的管乐器，这些乐器定音很准。这就像跳舞的人，只要踩准节拍，那他就不会错了舞步；部队也一样，只要随着音乐正确地迈步，队伍就不会乱阵。

不同的音乐对古人而言意味着不同的动作：有时需要激励士气，有时则需要抑制士兵的情绪，甚至让他们完全停止行动。这时
100 就要由另一种音乐去替换原来的音乐。每一种音律都有自身的使命：多利亚调式使人产生安详和坚毅感，弗里吉亚调式则使人疯狂暴怒。据传，有一天，亚历山大大帝正在用膳，忽然听到弗里吉亚的进行曲，他立马变得异常地激动，以致从桌旁一跃而起，拔出他

的佩剑，就仿佛敌人已在他的眼前一般。

所有这些旋律都应当恢复过来，要是实在难以办到，至少也得重视那些能够帮助士兵们识别指令的要素。每种要素都可以随意变更这些指令，只要士兵们的耳朵已经习惯于将它们辨别出来就行。如今，我们也已有了自己的乐曲，但大多数毫无意义，只不过是一堆噪音而已。

科：我真希望你能告诉我，是不是只有你在担心着现在的军队到底怎么会堕落到这步田地，他们的混乱状态以及轻视军事知识的现象又是缘何而形成的呢？

法：我很乐意与你敞开地交流思想。你知道，欧洲出过许多杰出的将帅，而非洲很少，亚洲则更少。究其根由，那是因为世界的这两大部分只有一两个君主国，共和国几乎没有；反之，虽然欧洲的君主国并不多见，但共和国却数不胜数。人们脱颖而出，突显他们的才干；这些人往往是由统治者从底层提携起来，得到褒奖的，无论在共和国还是君主当政的地方无不如是。故此，凡君主多的地方，杰出人才往往也就多一些；反之，就稀少。在亚洲，只有尼努斯、居鲁士、阿尔塔薛西斯、米特拉达悌以及另外一些可与他们齐名却为数并不很多的人物。在非洲，如果抛开古代埃及不论，我们只能举出马西尼萨、朱古达和迦太基共和 101
国的有限的若干名将帅。

若与欧洲相比，这个数目实在微不足道，因为在欧洲这类杰出人物真是无计其数。要是再把受嫉妒或遭敌意而被保证不再提起他们的名字的那些人也加上，这个数字还要大得多呢。有些国家基于某种需要或者出于人们的激情对于有才华的人倍加爱惜，奖挹有加;那样的地方必定人才辈出。亚洲之所以人才稀少,就因为整个国家只隶从于帝王本人;既如是,偌大的一个帝国大多数人也就只能唯唯诺诺、无所事事,自然也就出不来什么优秀人才了。非洲的景况大体也是这样,不过那里有个迦太基共和国,人才总还是会稍微多一些的。

在各共和国,杰出人才比之在君主国享有更大的荣誉:君主国不管怎么说对人才总不免会有几分畏惧。所以要说人才,还是数共和国最多。在那里重视对人才的培养,可在这边人才往往会遭到摧残。如果看一看现在的欧洲,你会发现,各式类型的共和国、王国星罗棋布,他们相互猜疑、戒备,从而不得不施行各种军事条例,对本国建有战斗功勋的人士大加褒奖。在希腊,除去马其顿之外,每一个共和国都出过不少的知名人士。意大利境内有罗马人、萨谟奈人、伊特鲁里亚人[①]、山南高卢人。高卢和德国都由各共和
82 102 国和公国所构成;西班牙亦然。

如果说,与罗马相比,这些国家青史留名的将帅人数较少的话,其责在捉刀人之狡诈,此辈人士功名利禄熏心,惟得胜者马首是瞻。其实,说萨谟奈人和伊特鲁里亚人中间少有杰出人物实属奇谈怪论。须知,这些部落在屈从于罗马人之前曾有过150年之久与之战斗的历史呀。这种情况同样存在于高卢和西班牙两国。

不过,要是说捉刀人对单个公民英勇善战的事实缄口不语的话,一般说对于民众的伟业他们还是会加以赞扬,而且会对他们在

---

① 萨谟奈人,居住在意大利中部的古老民族,公元前272—前268年被罗马人最终征服。罗马人最终征服最早居住在如今托斯卡纳一带的伊特鲁里亚人是在前264年。

捍卫自身的自由的斗争中表现出来的坚定性吹捧得天花乱坠的。如果说世上的国家越多，知名人士也就越多这个说法能够成立的话，那么显然应当承认，随着国家的消亡，人类的伟业也就会渐渐地销声匿迹下去。随着罗马帝国的强盛，欧洲、非洲，乃至亚洲之大部的许多共和国和王国都遭到帝国侵占，于是英勇无畏的盛名就只存在于罗马名下，而在别处则仿佛都已消失殆尽了。其结果便是无论在欧洲还是亚洲，杰出人物都日趋稀少。尔后，英勇无畏的气概竟遭彻底灭绝：这种气概全都集中到罗马去了。而罗马在开启道德沦丧之时，（这样的沦丧就像瘟疫一般蔓延到整个世界，以致）那些粗鲁愚昧而又残忍的西徐亚汗国人[①]便得以出现，并对曾几何时碾灭了别国的英勇气概，而又未能在自己国内保持并发扬这种精神的帝国实施野蛮残酷的劫掠。再后来，帝国在蛮族进犯下破裂成若干个部分，但英勇无畏的气概却并未由此而得到复兴。第一个原因：要恢复业已破碎的秩序是一件难乎其难的事情；第二个原因：在基督教的统治下人们彼时的生活方式不会像古时那样向他们提出实行永久性自我保卫的要求。当时，战争中的失败者要么遭歼灭，要么成为永久的奴隶，去过那种最可怜的日子；被征服的土地荒芜在那里，阒寂无人；民众四处逃生，财产被劫掠，他们自己则流落到世界各地，失败者不得不忍受最可怕的贫穷。

畏惧贫穷的心理迫使人们不懈地去开展军事活动，并且对这方面表现出才具的能人倍加敬重。现在，这种恐惧已不复存在，失

① 西徐亚汗国，是以西徐亚人为首的黑海北岸各部族的联盟。于公元前四世纪在氏族制度解体和奴隶制度形成的过程中产生。前四至前一世纪为鼎盛时期。三世纪被哥特人所灭。

败者很少遭杀戮，谁都不会长期沦为奴隶而遭受折磨，人们很容易获得自由。城邦可以千百次地举事又反水，却不会因此而遭致破坏，居民的财产也不会被没收，最令他们担心的无非是必须交纳战事税。在这种情形下，人们根本不愿意为了避免他们并不感到可怕的危险而去屈从于严厉的军事体制的种种要求，去承受各种各样的负担。最后，欧洲各国与以往年代相比只隶从于为数不多的几个国君的统治：整个法国隶从于一个国王，西班牙也只有一个国王，意大利则分成若干个国家。如是，弱小的城邦靠顺从胜利者的意志而求自保，而强盛的城邦按照上述的诸种理由也并不惧怕毁灭。

104 **科**：可是近 25 年来，我们却是许多城邦遭破灭、王国经衰落的见证人呀。看来，这样的例子应当使那些幸免于难的人惊醒过来，也向他们展示了应当恢复某些古时的制度的必要。

法：你说得对，但如果你能更仔细地去琢磨一下这些毁灭，你就会发现，遭破坏的不是那些首府，而是一些非主要的城市。真的，遭洗劫的是托尔托纳，不是米兰；是卡普阿，不是那不勒斯；是布雷西亚，不是威尼斯；是拉文纳，而不是罗马。这类事件不会使统治者去审视他们的政策，相反，只会强化他们认为什么都能通过贿赂予以解决的想法。因此，他们不希望因严肃地提出军事问题而陷入窘境，他们觉得这么办犯不着，也难以理解。

失败者总算保住了性命。这些例子也许使他们害怕，只是他们已经无力采取什么行动了。失去权力的公爵们已经落伍了，而那些大权在握之辈却什么也不会干，什么也不想干。他们只有一个愿望——不肯出劳力，坐享现成福，压根儿就不愿依靠自己的力量：他们发现，在那种自家力量不敷的地方，一切都得靠命运去摆布，他们只想顺从天命，而不想去支配天命。

为了证实我的说法，我举德国为例，他们那里还保留着许多公国和共和国，因此作起战来英勇无畏的气概仍很普遍。我们应该为当代军队中所具有的一切美好的东西感谢那里的人民；他们殚精竭虑地呵护着自己的地位，和别的地方的人不同，他们憎恶奴役，所以一切规矩依旧，自由儒雅之风盛行。 105

有关对军队现下竟至如此地百无聊赖之缘由，我似乎已经给你作了足够的阐释。不知道你是否认同我的看法，抑或你还有些什么疑虑？

科：没有，丝毫没有。你已经完全把我说服了。我现在只是想返回到我们这次谈话的主题上去，希望你能告诉我，在你的那些营里将怎样部署骑兵，它们的规模该有多大，归谁来指挥，以及其武器装备方面的状况。

法：看来，你是在想，该不是我把这事儿给忘了吧。请务必不要觉得诧异，关于这个问题我倒认为无须讲得太多，有两个方面的原因：首先，军队最主要的有生力量是步兵；再则，我们的骑兵比步兵强，而且如果说他们还比不上古时的骑兵的话，至少也不相上下吧。

有关骑兵的训练问题，我在前面已经有所涉及；至于武器，我准备对轻骑兵和重骑兵一视同仁，都保留现有的装备。我还在考虑，要是给所有的轻骑兵配上弩或者再给他们增加一定数量的火枪手，会不会有用。火枪手在战斗中也许起不了多大作用，但对震慑敌人，至少在迫使他们放弃固守通道这一点上，其功大矣：一名火枪手使敌人丧魂落魄的功效顶得上20名配备其他兵器的士兵。

至于这些部队的数量问题，我打算按照罗马军团的实例，每营构建一支不超过 300 名骑兵的队伍，其中 150 名重骑兵，其余的则是轻骑兵。每个中队设官长一名，辖有十人长 15 名，外加掌旗手和乐手；每 10 名重骑兵配五辆车，每 10 名轻骑兵配二辆车，用以
106 装载帐篷、煮食物用的锅、斧子和铲子等等，如有可能还可以装上别的行军用的装具。

不要以为，这会引起混乱，因为如今每名重骑兵配有四匹马，这是极大的浪费。在德国，只有一匹马；每 20 人才有一辆车，他们需要的东西全都装载在这辆车上。

罗马骑兵同样也是不配置服务人员的；但在布阵时他们的位置与后备兵并列[①]，按规定后备兵有协助照料马匹的责任。这一点我们同样可以照办。当我们在研判营地的构成时，你们不是已经看到了吗？过去罗马人就是这么办的，如今德国人也在这么做，我们也完全可以这么干么。如果我们不这么做，那就是我们的一大失策。

旅团所属的两个骑兵连，有时可以与各营一起集结，并让他们展开示范性的协同作战训练，重要的是要教会他们善于区别各自在战斗中所承担的某些其他的任务。

有关这类事务就到此为止吧。现在我们应当弄清楚，军队应该如何配置才能迫使敌人接战，并将其击败。任何一支军队的宗旨，乃至花大力气对其实施训练的意义不正在于此吗？

---

① 罗马军团的士兵，按照他们的年龄、经历和装备划分成若干个等级。所谓“triarii”即第三等级，是年龄最大的一个等级；他们在布阵时列第三线，也就是在第一线剑矛兵和第二线主力兵之后，按战斗队形言，第三线的兵力被称作后备兵。可参见韦氏《兵法简述》第 73 页之当页注。

卷　三

科西莫：今天我们的议题要改一改，提问的人也要随之变一 109
变。我不想因过分自信而遭到指责，这过分自信恰巧是我常常指责别人的理由。所以我要放弃专权，把它转交给在座的我的朋友中的某一位人士。

扎诺比：如果你能继续保留你的专权，我们会对你十分地感激；可假如你真的坚持不再专权，那就请你至少要从我们这些人中指定一位接续人才好。

科：我请法布里齐阁下先说几句。

法布里齐：我很高兴接受这份授权，我建议遵从威尼斯的习俗，也就是说把第一位发言者让给最年轻的朋友。战争，这是年轻人的行当；所以，我认为最好还是以青年人为对象来谈这件事，因为他们比其他人会更早地在这件事情上凸显自我。

科：那么，路易吉，该轮到你了。我向我的接续人表示祝贺。法布里齐阁下，我觉得，你对这样一位提问者会满意的。现在，让我们回到主题上来，不要再浪费时间了。

法：为了清晰地理解军队战斗布阵之精粹，无疑，应当给你们讲述希腊人和罗马人在这方面是怎样做的。可是，有关情况你们自己也是可以从古代希腊和罗马的著作家那里读到的，因此许多细节我就不讲了。我只讲讲，据我看来，如果我们真想改善我们现在的军队状况所必须仿效的东西。我准备给你们同时阐明军队战斗队形之编成、其实战准备，以及交战演习的训练。

实施军队布阵的长官之最大的错误莫过于将其排成一线，并
110 将交战的胜败维系于一次攻击之得失。错误之症结在于忘记了古人的战法：他们部署作战线总要考虑到前后呼应的原则。舍此，既无法支援前方部队，后撤时又不能掩护他们，战斗中也难以去替换他们。罗马人深谙个中道理，无人能出其右者。

为了更透彻地弄清史实，应当讲明，古时每一个军团皆由主力兵、剑矛兵和后备兵组成。主力兵位于第一线，形成坚固的密集队列；随其后者是剑矛兵，队列较稀疏；最后是后备兵，其队列之间留有宽阔的空地，必要时主力兵和剑矛兵都能在此伫留。

此外，每个军团还有投石手、弓箭手和其他的轻装兵，他们不与步兵同列，其位置在队伍的前端，在骑兵和步兵之间。战斗正是由这些轻装兵打响的。如果他们得胜了（这不多见），那就让他们自己去结束战斗；要是遭到挫折，就迂回过密集队伍的翼侧撤下来，或者去占领有意为此留下的队列之间的那片空地，然后就留在后面。在轻装兵撤下来之后，便由主力兵与敌人接战；一旦失利就退向剑矛兵，占领其队列之间的空地，这时，战斗再次掀起；假如这第二条作战线也被打垮，那就再撤向后备兵，把后者队列间的空地填满，一切又将重新开始。如果再次失败，那这场战斗就算输了，
111 因为已经不可能再一次把部队集结起来了[①]。

① 马基雅维利在这里所述军团兵阵三排部署（第一排主力兵、第二排剑矛兵、第三排后备兵）的次第是公元前五世纪的排列法。自前五世纪末、前四世纪初起主力兵改在第二排，列于剑矛兵之后。

骑兵部署在军队的翼侧,由此构成两翼。他们是骑马上阵还是下马步战,要视当时当地的具体条件而定。在这样一种可以有三次拉开并恢复作战线的队形支撑下几乎不大可能会失败,因为有连续三次的机遇让你实施变更;而敌人要打败你,那就得具备连胜三盘的大无畏气概才行。

古希腊的方阵没有这种一而再,再而三的重开战斗的模式;诚然,他们布阵时横排数很多,还有名目繁多的官长。但是,他们总是只有一条作战线。

对败军的增援并不是按罗马那种与原有行列相互融合的方式,而是采用以别的兵员去替换原有士兵的办法。事情是这样进行的。请想象一个有 50 列编成的方阵;战斗开始时,能够拼杀的也就是前面的 6 排,因为他们的矛,或者长矛的确很长,其矛尖从第 6 排都可直指先头的几行。万一前头出现伤亡,立马就会有第二排的战士补上去,而后者原来的点位又会由站在其后的第三排的人顶上。这样,后排的士兵就会接续不断地去补充前面几排的伤亡。采取这种方法,增援始终会很充足,哪里也不会出现空位,除非最后一排已变得空无一人而无法再行补缺。由于前排的损失,致后排多少会显得疲惫些,但前排始终是完整的。因而,可以说,与其说这种方阵容易被突破,还不如说被歼灭,因为有纵深的 112
队形几乎是无法突破的。

罗马人起初也使用方阵编队,而且对他们的军团实施适应性训练。后来,就不满足于这种队形了;他们开始把军团划分成大队和中队。正如我已经讲过的,他们认为,军队里单个的有生力量和部队越多,且都能独立作战,这样的军队就越是强大。现如今,方阵只有瑞士人还在完整地使用,他们既接受有纵深的队形,也接受对前排伤亡人员的补充办法，而且战斗时旅团都是延展成一条作战线的。有时，他们也会作前后衔接的部署，但这样做并不是为了让一个旅团在后撤时能够汇合到另一个旅团中去，而是为了位于后面的部队能够去支援前面的旅团。一个旅团在前面，另一个旅团在它之后稍微偏右的一侧，如果前面的旅团要求增援，那后者便会很快前去营救。第三个旅团的位置在那两个旅团的后面，相隔也就是枪弹射程的距离。这样部署的目的是万一前面的部队失利，他们还能有退却的地方，而第三旅团也能朝前运动，不致冒与后撤部队发生冲撞的风险。要知道，一支大部队是无法汇合到另一支部队中去的；对于小分队来说，这倒是容易做到的。所以，组成罗马军团的小分队和独立分队可以作出这样的部署：他们之间是很容易相互接受，从而达到相互支援的。

要证明古代罗马的战斗队形比瑞士人的优越，只需回顾一下在与罗马军团作战时希腊的方阵每每惨遭败北的事实也就足够了。

113 其中的缘由正在于罗马人的武器装备以及他们重开会战的方式，正如我先前已经讲过的，较比方阵之坚不可摧有着更加强大的力量。

现在让我们设想一下，如果我要按照这样的模式组建一支军队，为此我既要利用希腊方阵的，也要采用罗马军团的武器和战法。我的一个旅团有 2000 名长枪兵，也就是持马其顿武器的士兵；还有 3000 名佩剑的持盾兵，亦即持罗马武器装备的士兵。我的这个旅团将分为 10 个营，就像罗马的军团分为 10 个大队一样。韦利特，或者叫轻装兵，他们是打响战斗的先锋，在我这里也和在他们那边一样。

如是，我就从两个民族那里引进了武器和战斗布阵的方法，由于每个营的前 5 行都部署着 5 列长枪兵，随于其后的是佩剑的持盾兵。这就使我能够顶住敌人骑兵的攻击，同时也能够突破对方的步兵作战线。因为在初次交锋时我所出动的是要击退对方的长枪兵（其实他们也一样），接着便是持盾兵投入战斗，他们的出场预示着胜利在望了。

你若能专心致志地研究研究这一作战部署，你就会明白其力量就在于那两种武器能彻底地为你所用：长枪不仅在抵御骑兵，而且在抗击步兵时都能发挥作用，只有当白刃格斗开始时，它才不再有用。为了避免这种不利状况发生，瑞士人在每 3 列长枪兵之间必定插进 1 列执戟的士兵。这样做的目的是为长枪兵提供宽敞的空间，不过对他们来说，这地盘总觉得实在太窄小。在我们的编成中长枪兵的位置在头里，而且还会受到后随
的持盾兵的支援；他们能够击退骑兵的攻击，在战斗开启之时就 114
能突破对方的步兵线，并使其溃不成军。一旦战斗转入白刃格斗，长枪兵也就没有用了；应由带剑的持盾兵去接替他们，持盾兵能在最最拥挤的地盘上拼杀。

路：我们急切地等待着你能给我们讲述你是怎样部署由你武装并组建起来的军队之战斗队形的。

法：我正准备给你们讲述这个问题呢。首先你们应该知道，通常的所谓罗马的执政官的军队不会超过两个军团（由罗马公民组成，其中骑兵 600 名，步兵约 1.1 万名），外加有同盟各国派遣前来的同样数目的步骑兵[①]，这些人被分成两大部分，称作右翼

---

① 同盟各国派遣来的辅助部队的步兵数有时实际上也会超过罗马军团的步兵数。这样一支军队的一般兵力会在 1.5 万名步兵和 800 名骑兵以上；由两个辅助军团组成，每个军团的人数计 8400 名步兵和 600 名骑兵。

军和左翼军。

罗马人从来不准许同盟各国军队中的步兵数超过罗马军团的步兵数,但骑兵不受限制,甚至还鼓励他们扩增。执政官使用这支拥有 2.2 万名步兵和约 2000 人的骑兵的队伍可以采取任何作战行动,实施任何征战。执政官的两支军队联合作战的情况极少,除非出现必须击退握有明显优势兵力的敌人来犯的情况。

115 接着还请大家注意,任何军队在实施三大主要行动:行军、宿营和战斗[①]时罗马人始终将自己的军团部署在中央,因为他们总想把最可靠的自家的兵力尽可能紧紧地聚拢在一起。关于这一点,底下我还将更加详细地加以阐述。平时,盟军的步兵同军团士兵之间交往频繁,他们在战斗中跟罗马步兵一样发挥作用,因为大家都有大致相同的作战经历,编成的战斗队形也无多大差异。

现在,我们对一个军团的战斗布阵已经略有所知,继而我们也就会了解整个军队的作战部署了。当我先前向你们介绍军团分成三条相互交替的作战线时,实际上已经涉及整个军队的战斗布阵问题了。

我希望仿照罗马人的模式来营造自己这支军队的作战部署;故此,相应于两个军团的规模,我采取两个旅团的建制,这两个旅团的布阵也就是全军的编成:即使再增加员额也不过是拓展作战线的长度而已。我想不必再给你们重述旅团步兵的人数以及一个旅团由 10 个营组成,他们归谁指挥,士兵配备些什么武器,谁是正

① 军队的三大主要行动:行军、宿营和作战,是波利比乌斯在《通史》卷六之第 26 节中提出的。

规的韦利特,谁又是后备的韦利特,诸此等等。所有这些东西我已经讲得够详细了,我想大家一定还清楚地记得的。这些基本的情况应当知道,以便进一步理解更多的细节。现在就让我直接来讲解军队的作战部署吧[①]。

第一旅团的10个营构成军队的左翼;第二旅团的10个营构 116
成右翼。左翼军的部署如下:前部,在正面一线,有5个营并列,间距4肘,占据宽度141肘,纵深40肘的一片地盘。随于这5个营之后,直线距离相隔10肘还有3个营,其中2个营与前面5个营的两翼呈直线取齐,另一个营则占据中间的空地。这样,第二线的3个营所占的地盘,其纵深和宽度与第一线的5个营相同,但在第一线各营之间还留出4肘的空地,而第二线各营之间的空地则有33肘。接着是最后的两个营,他们离第二线的3个营的距离是40肘,并与其两翼取齐。

这样,所有的营加在一起共占地宽141肘,纵深200肘。离各营的左翼20肘有7行后备的长枪兵纵队,共编成143列,承担掩护左翼的使命,其纵深相当于10个营整个左翼的纵深。有关它们的编成状况我在前面已经叙述过了。还有40列是专门用以护卫辎重和随队的非编人员的。十人长和百人队长居于自己通常所在的点位。三位营的统领中一人在头里;另一人在中间位置;第三人在整个队伍的后面,执行殿后官(tergiductor)的职责,就像罗马人所称的位在队伍尾部的长官。

现在,我要回到纵队头部的编成上来。在后备长枪兵左侧,有

① 有关下文的内容可参阅图4。

50 名后备的韦利特，这 50 名士兵占地 40 肘；再左边，与其并列的是主力兵，我留给他们的地盘有 150 肘。最后，在左翼的尾部是轻骑兵，他们所占地盘与主力兵大致相同。在各营，正规的韦利特的
117 位置在留给他们之间的空地上，他们的任务是掩护各营的侧翼，但也有可能我会把他们合到后备的长枪兵中去。这要根据具体情况而定。旅团长的位置，我将为其设定在各营的第一作战线和第二作战线之间，或者在前部，在左侧的第一营和后备的长枪兵之间，由 30—40 名精干的士兵随于其左右，对这些人要求伶牙俐齿，以便于传达他的命令；还要身强力壮，好保障他的安全，免遭敌人攻击。掌旗手和乐手也都应该在他的周围。

这便是我的军队的一半，左翼旅团的战斗队形。他们将部署在宽 541 肘，纵深 200 肘的一块地盘上（我已经讲过的），这还不包括用以护卫非编人员的那部分后备长枪兵所占的将近 100 肘的纵深在内。左翼的另一个旅团的编成与此完全相同。在两个旅团之间要留出 30 肘有几门火炮守护着的空旷的地盘，总指挥的位置就在这些火炮的后面，帅旗、乐手和一支以步兵为主的 200 人的精兵分队跟随于总指挥左右，其中至少应有 10 名或者更多的士兵要能够执行任何命令。总指挥应该尽其所能地全副武装起来，并根据需要骑马或者步行在队伍的前头。

为了围攻要塞，军队有 10 门火炮就足够了。这些火炮发射重量不超过 50 磅的圆形炮弹；不过，在野外，它们在我这里的使命与其说是战斗，还不如说是护卫营帐。所有其余的火炮我将采用 10 磅重的炮弹。据我看来，这些火炮要比发射 15 磅炮弹的火炮来得方便，我可以将其部署在军队正面的前方。其实，为了充分保障不

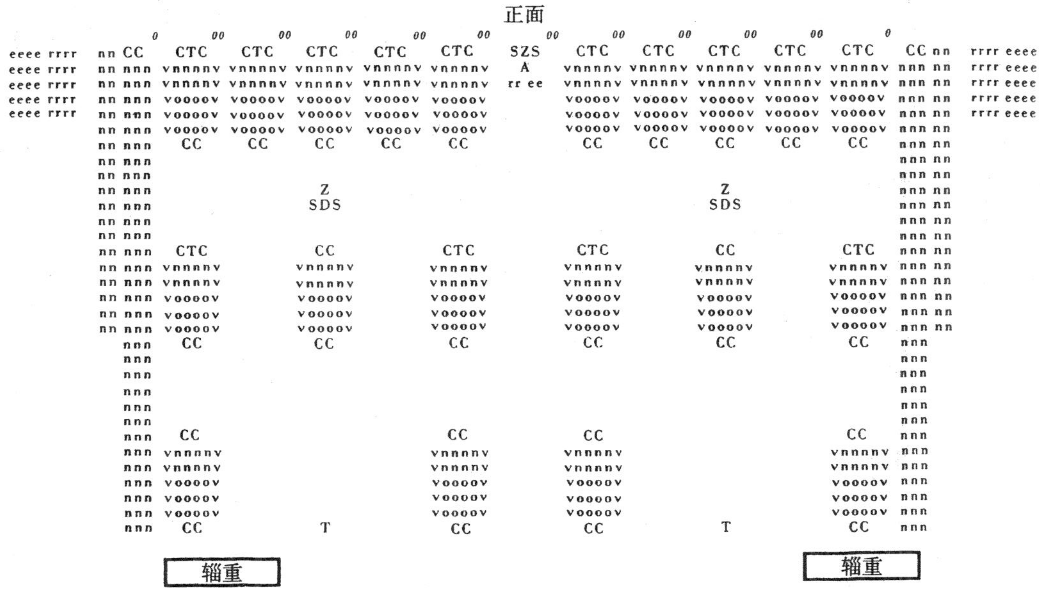

图 4　军队的战斗队形

o-持盾兵，　n-持矛兵，　x-十人长，　v-韦利特(轻装兵)；
C-百人长，　T-营长，　D-旅团长，　A-总司令(总指挥)；
S-乐手，　Z-掌旗手；
r-重骑兵，　e-轻骑兵，　θ-火炮

119 受敌人攻击，应该将其部署在两翼为好；但受地形条件所限，这一点无法实现①。刚才我跟你们描述过的作战部署，是综合了希腊方阵和罗马军团的各种长处的。在密集的行列前面，排着长枪兵；这样，在攻击敌人或者实施防御时，完全可以让站在后面的人去补充前面几列所遭到的损失。

从另一个角度看，如果敌人的攻势十分凌厉，以致长枪兵的正面被突破而不得不后撤时，他们就会进入第二条作战线各营之间的那片空地，并和这些营联合起来，拧成统一的力量，重开交战。要是在这里再度被击溃，那还可以采用同样的战斗队形再撤下去，并实施第三次重开战斗。如是，战斗就会以这一队形，兼采希腊和罗马两种模式同时展开，使之得到恢复。

可是，这支队伍也未必就能被认为是一支强大的队伍，尽管其官长的数额很多，两翼又有数量众多、式样齐全的各种武器护卫着。唯一的弱点在后方，即辎重和那部分非编人员，外加在这里为了安全起见在侧翼部署的只是后备的长枪兵分队。不过，他们倒是时刻准备着击退来袭，不管这种袭击来自何方。至于后方，在免
120 遭攻击方面，那是确有保障的，因为任何敌人都不致强大到足以从四面八方对你发动攻击；而要是真有这样的敌人，那咱们跟他确实也没有什么好斗的了。

① 在马基雅维利的时代，火炮的分类起初是根据其使用期内炮弹的重量而划分的。炮弹的重量主要看火药的装量。意大利人的说法是 cinquantaandqundicilibberdi-portata，即分为 50 磅和 15 磅两种容量。不同的地方，libbra（磅）的重量标准并不完全相同：意大利百科全书以佛罗伦萨的 libbra 为准。从一个无法确定的日子起始，佛罗伦萨的 libbra 相等于 339.5 克；如果以常衡磅换算，那它应相当于 453.6 克。

就算敌人的力量再强大二倍，他们的军队的编成也并不比我们的差；只要他们想从四面八方来包围我们，那他们就必然会削弱他们自己。一旦让他们聚集到一起，一切就会立时毁掉。即使敌人的骑兵比我们的厉害，能胜过我们，对他们的攻击也没有什么好惧怕的。因为我们的长枪兵能够击退任何攻击；长官们又都能各司其职，下达指令很方便，将接到的命令传达下去也很便捷。

各营之间和各列之间的空地不仅能使一部分军队穿越另一部分军队的作战线，而且也便利了携带指挥官命令的军人来到这里。我们这支军队，也像罗马军一样，应当有近 2.4 万人；会合到我们两个旅团来的辅助部队应当按照他们的模式编成战斗队形，就像盟军当年按照罗马军团的样子编成并实施交战一样。如能按照我刚才给你们解释的那样编成战斗队形，那就很简单。如果你们能够再得到两个旅团或者一倍的士兵员额，你们也只能根据敌人的行动和地形条件，相应地以 20 个营，而不是 10 个营去加长作战线，或者说加大战线的纵深。

路：你知道吗，阁下，我仿佛已经感受到了这支军队的存在，并热切地想望看到她已经在行动了。在这个世界上我所最最不希望看到的就是你变成费边·马克西穆斯那样的人：见到敌人就躲避，还要设法拖延战争。那样，我会比罗马人憎恨费边更厉害地憎恨你。 121

法：对这一点你倒是不必担心[①]。难道你们没有听到大炮的轰鸣声吗？我们的人已经开火了，但只是给敌人造成了小小的伤亡。后备的韦利特现在正和轻骑兵一起出击，他们正杀声震天地

① 以下是作者所勾勒的一次假想的会战，这在先前的军事文字中是十分罕见的。

黑压压一片扑向敌人。敌人的火炮进行了一次齐射，炮弹从我军步兵的头顶上飞过，但并未给我们造成任何损伤。为了遏制它的第二次发射，我们的韦利特和骑兵已经向他们发起攻击，敌人前来迎战；于是，不管我们的火炮还是敌人的火炮都不得不哑了下来。

你看，我们的军人作战是何等地英勇，他们从接续不断的军事训练中成长起来，由于对跟随在他们身后的军队满怀信心而养成的那种纪律又是何等地严明。这支队伍迈着齐整的步伐，正以完备的战斗队形和重骑兵一道去迎战敌人。我们的炮兵，为了让他们过来，撤回到了韦利特刚刚清除出来的地方。将领在鼓舞士气，允诺他们一定会赢得可靠的胜利。你们看，韦利特和轻骑兵撤下来了，现在已部署在部队的两边，正等待着从侧翼给敌人以打击。

啊，部队终于会师了！你们看，我们的人以多么英勇的气概默默地顶住了敌人的突击；将领在给重骑兵下达务必要去支援步兵的命令，要他们不去发起攻击，但也不能远离步兵的作战线。你们
122 是否看到，我们的轻骑兵已经给予准备绕过我们前出到侧翼的敌方射手的队伍以痛击，敌人的骑兵连怎样冲上前去支援他们，夹在两支冲击纵队之间的射手们又是怎样无法开火，只好退到自己营的作战线以外去的情景？看呀，我们的长枪兵何等猛烈地在攻击敌人，可双方的重步兵靠得那么近，以致长枪兵已经无法战斗；按照我军作战部署的规则，他们正穿越重装兵的队伍在缓缓地后撤。

当时，敌人重骑兵的大部队已经挫败了我军左翼的主力兵。我们严格遵循规则，后撤到后备长枪兵的护卫之下，又在他们的协助下重启战斗，并击溃了敌人，杀伤了他们大量人员。

与此同时，前列营的正规的长枪兵已经通过了步兵队列，如今

已有持盾兵投入战斗了。你们看，他们是何等地勇敢，士气高昂而又轻松自如地在歼灭敌人呀！难道说你们没有见到队列在战斗中已经紧紧地挤靠在一起，以致士兵们费了好大力气才能操剑拼杀吗？你们再看呀，敌人是以一种多么愤恨而又无奈的神情在死去啊！这是由于他们的装备只有长枪和剑，他们没有盾。长枪这时是没有用的，因为太长，而对付我军的强大装备，剑又无能为力；敌人的士兵一部分惨遭伤亡，一部分逃之夭夭，他们有的朝右翼逃，有的朝左翼跑。胜利属于我们！

会战不是进行得十分成功吗？我应当说，如果我能在现实中真的目睹这场交战的情景，那我会感受到大得多的幸福。请注意，我甚至用不着派出第二线、第三线的兵力就完全能够打败敌人了。这就是我能够给你们讲的全部内容，我只想问问，你们是否真的什么都明白了？ 123

路：您赢得胜利太神速了，以致我还无法从欣喜中清醒过来。我竟是那样地震惊万分，甚至可以说，我不知道究竟是否有过点滴的怀疑。我对你的足智多谋充满信心。但我还是要道出我头脑里闪现过的想法。首先，请你告诉我，为什么你的火炮只发射一次？你又为什么要把它们调到了后面去，且尔后再也没有提起过它们？还有，我觉得你调动敌人的火炮过分便当了，还逼着它们打高炮，当然这是有可能办到的；可要知道，通常的情况是，也许可以认为一般的常态是，炮弹会直接朝着你的士兵打来。那时你又会怎样处置呢？

法：你的问题涉及许多情况，因而必须作出详尽的答复。的确，我曾下令给炮兵只进行一次发射，而且很肯定。原因是我觉得保护自己免遭敌人炮弹的伤害，比之用我们的火炮去杀伤敌人重要得多。你应该知道，使自己不受火炮的攻击只有两个办法：把军队部署在炮弹打不到的地方，或者将它们隐伏在围墙和壁垒后面，舍此别无他途；且即令采用前一种办法，也需要构筑有壁垒和围墙的要塞才行。统帅若是果真已下定战斗的决心，那就既不能将自己的军队隐蔽起来，也不能将其部署在炮弹打不到的地方。

既然无法保障自己不受大炮袭击，那就必须找到将伤亡减到最小程度的办法。办法倒是有一个，那就是立即把它们抢夺过来。
124 为此，必须采用分散疏开的队形、以迅雷不及掩耳之势扑向这些火炮，而不是慢悠悠地、以密集队形发起攻击。快速突击容不得敌人实施第二次射击，而采用散开队形便能减少伤亡。这样的运动方式对于按常规战斗队形编成的部队来说是办不到的。这样的部队只要奔跑起来，队列就会陷入混乱；而一旦纵队出现无序状态，敌人也就无须再动用兵力去打乱它：它自己不就已经先乱起来了吗？

我作出这样的部署要达到两个目的：在两翼配置好 1000 名韦利特之后，我下令他们在我们的炮兵发射之后，立即同轻骑兵一道扑向敌人的大炮。我不给炮兵下达第二次射击的命令的原因是不想给敌人留出充裕的时间：既然自己无法赢得时间，那我也不能让别人赢得时间。

我中止射击同一开始就犹豫要不要开炮出于同一个原因：担心敌人会首先开火。要知道，如果你想使敌人的炮兵丧失杀伤力，那就必须去攻击它；要是他们保不住自己的火炮，那就把这些火炮夺过来；要是他们想守住这些火炮，你就应当向前冲过去，而当敌我双方已经扎成一堆混战起来之时，那就谁也无法再开炮了。

我觉得，这些理由颇有说服力，本已无须再列举什么实例了。不过，古代史为我们提供了某些范例，我倒很想引用一下。文迪蒂乌斯在与帕提亚人交战之前，帕提亚人已经作好了准备，即所谓全体人员都已将箭搭在了弓弦上；他在下令自己的部队出战之前，让帕提亚人几乎靠近了自家营帐的土墙。他之所以这样做只有一个目的，那就是：立即展开白刃格斗，不给敌人以再次射击的时间[①]。 125

凯撒曾讲过，高卢征战中，在一次会战时敌人疯狂地向他扑过来，以致他的士兵们根本来不及将标枪投出去，当时罗马人都是这么认为的[②]。现在明白了，在野外作战，要想从敌人远处射来的炮弹中获得自救，只有一个办法——以迅雷不及掩耳之势将敌人的大炮抢夺过来。

我不启用炮兵，而是直向敌人扑去，还有另外的原因。你们也许会觉得可笑，可我认为对这个原因不可小视。就部队而言，在很容易遭到挤压的情况下最大的危险莫过于看不到敌人。一支相当强大的军队之所以也会常常遭粉碎，就因为士兵们被尘土和太阳遮住了双眼。更何况射弹时释放出来的烟雾真可以说是漆黑一片呀；因此，我认为，与其要我们在什么也看不见的情况下去寻找敌人，还不如让敌人自己瞎了双眼更好些。

据此，我宁肯不开炮，或者说为了避免因炮兵获得巨大的荣誉而受到谴责，我宁肯把火炮部署在两翼，目的就是为了不让烟雾迷蒙了士兵们的眼睛。

---

① 可参阅弗龙蒂努斯的《谋略》卷二第二章之例 5，第 67 页。

② 可参阅凯撒的《高卢战记》卷一第五一节，第 41 页。

为了向你们说明破坏敌人在会战战场上的能见度是多么有利的一件事，我再举埃帕米侬达的例子：他正是以此为出发点，派出自己的轻骑兵去抵御来袭的敌人，希望由轻骑兵掀起的浓浓的尘
126 埃能隐蔽他的部队，使之免遭拉西第梦人的攻击。计谋终于实现了，并使他赢得了胜利[①]。

接着，你又说我按照自己的意思去指挥人家的炮兵，迫使他们把炮弹打得从我方步兵的头顶上飞过去。应当说，多数时候有这种情况；其实重炮兵的火力对于步兵来说并没有什么危害，造成危害反倒是偶然的事。步兵属于低位的靶子；重炮射击的难度又大，稍出差错，比如瞄准目标微微高出一点，炮弹就会飞过头顶，要是瞄准目标比实际所需低了，炮弹也就入地了，压根儿就到不了要炮击的点位。

此外，任何一种凹凸不平的地形都能使步兵摆脱困境：小小的一片灌木丛或者一个丘埠便能将他们和火炮隔开，从而破坏大炮射击的准确度。当然，炮弹掉进骑兵群里的可能性较大，尤其是重骑兵，一般说来他们的高度要比轻骑兵高，其编成又更加密集，但这也并非无法对付：如果炮击不停止，你就可以把骑兵调到后方去嘛。

无疑，小炮比之火枪危害性大得多，对付它们的最好办法也还是白刃格斗。如果说在初次接战时就有许多人伤亡，这并不是说伤亡便是必然的常态。好的指挥官和好的部队所惧怕的并非局部的损失，而是整体的覆灭。在这方面我们应当仿效瑞士人，他们从来不因害怕火炮而临阵脱逃，而是要对在火炮的威力面前惊慌失

① 可参阅弗龙蒂努斯的《谋略》卷二第二章之例 12，第 69 页。

措，进而离队出逃或者表现出小小的害怕征象的人处以极刑。

如是，我在第一次炮击后将炮兵撤到后面去，目的是给各营腾 127
出地盘来。而在其后我不再提起它，那是因为随着总决战的开始火炮就没有用了。

你还说，许多人认为，由于现在火炮的杀伤力大，古时的武器和战斗队形已经没有什么用处了。从你的话中可以得出结论，我们这一代人为了战胜炮兵发明了某种新武器和新的战斗队形。假如你确实知道这个秘密，那我真要为这一重大发现向你表示感谢，因为时至今日我还不知道有这种武器，我也不认为有可能找到它。真的，我很想听到这些人能告诉我，为什么我们的步兵穿着铠甲和胸甲，而骑兵往往要裹上一层铁甲。要知道，如果说由于古时的武器面对火炮毫无用处而应予以否定的话，那现在的武器岂不同样应该舍弃了吗？

我还想知道，为什么瑞士人在完全认同古代希腊、罗马的战斗队形的情况下，还编出一个旅团有 6000—8000 名步兵的密集的纵队队形，而别的国家的人民还会去仿效他们，甚至置炮兵火力对这种队形和对任何其他从古人那里引用来的队形一样具有危险的实情于不顾呢？

我想，答复是找不到的。但假如你去请教某位有见地的军人，那他会这样回答你：首先，穿上铠甲是为了保护自己，即使不是防炮弹，那也是为了防弩弓、防矛、防剑、防石头以及防敌人投射过来的任何别的武器。继而，他还会告诉你，如果按瑞士人的例子编成密集队形的话，那就比较容易击溃敌人的步兵，粉碎骑兵的袭击，与此同时还能给敌人突破我方的作战线造成困难。 128

这一切使我们明白，部队受到的威胁不仅来自大炮，还来自许多别的东西，这也正是铠甲和我所提到的战斗队形所要防备的东西。故而，部队的装备越精良，它的队列越密集、越坚挺，其防卫也就越可靠。据此，可以说，凡支持你在这里所说的意见的人要么缺少经验，要么考虑问题欠彻底。那么，既然至今还在使用的古时被认为最差的武器，比如矛，和那时以为最不完善的战斗队形，若瑞士的旅团，都还在广泛使用，且尚能确保部队占有巨大的优势，那为什么要认为古时其他的武器和现在已经被人遗忘了的战斗队形竟然会毫无用处了呢？还有，如果我们置炮兵于不顾，仍然维持密集队形的部署，就像瑞士人的做法那样，那么还会有哪一种古时的队形会给我们带来更大的危害呢？众所周知，炮兵火力对于用人海战术发起进攻的部队是最可怕不过的。最后，炮兵对于围城起不了什么作用，不过由于他们隐藏在围墙后面，倒是能够相当安全地向我的部队实施炮击，并按其所需加强火力的；这样我也就无法去抢夺他们的火炮，而且在我的大炮还没有作出应答式的回击之前，我也只好等待时机了。对于野外的炮兵，没有什么好害怕的，因为随时都可以把它们夺过来的。

从以上所说，我可以得出结论，火炮是断不会阻扰古时各种军事制度及其英勇精神之复兴的。其实，要是我不跟你们谈论关于这种武器的话，我也许会更详尽地展开来谈谈我的想法；可现在我就只是谈了上面所扯的那些话。

129 **路**：我完全听懂了你关于炮兵的想法。据我看，总的说来，你的看法是：在野外，在敌人的眼皮子底下与炮兵作斗争，最好的办法就是在战斗刚开始之初，就以迅雷不及掩耳之势把大炮都夺过来。不过，我总还有点疑虑。我觉得，敌人可能从两翼掩护炮兵，他们的部署将以能够杀伤你的士兵为基点，而你夺取他们的大炮的想法是实现不了的。记得你曾经说过，在部署战斗队形时，你在各营之间留有 4 肘大小的自由空间，而在各营和后备的长矛兵之间你又把这空间扩展到了 20 肘。如果敌人也照你的样式部署他的部队，把火炮都安置在这些间隔里，那我觉得他倒是完全能够稳稳当当地向你开炮，因为你已经再也无法突入敌人的作战线去抢夺他的火炮了。

法：你的疑虑，理由很充足，我现在就尽力来把它驱散掉，并努力找出与这类险情作斗争的方法。我已经跟你们讲过，那些营无论在行军时还是在战斗中都处在不断的运动之中，而队列也就自然而然地在不间断地合拢起来。如果你在他们之间留出的间隔太窄，随后又把你的火炮放到那里去，那队列立马就会感到非常拥挤，以致火炮根本就无法射击了。相反，要是你留下的间隔宽了，那即令你摆脱了一种危险，却又引来了另一种更加严重的危险，因为敌人得到了一次极好的机遇，他不仅可以夺走你的火炮，而且还能突破你的正面。

不过，我还是要提醒大家注意，火炮，尤其是有轮子运载的火
炮，千万不可置于队列之间：问题在于大炮射击的方向并不是它向 130
前运动的方向，而是相反的方向，于是要开炮的时候它就必须转上一圈；这就需要一片空地。这 50 来台运载炮车在那里转圈开炮，那还不使整个部队乱了套呀。所以，火炮只能部署在队列之外，也只好让它们冒被抢走的风险了。这一点我已经给你们讲过了。

现在，让我们来假定，火炮被置于队列之间，再假定敌人成功

地得以避免了两种极端：既避免了队列过度拥挤而影响射击，又没有出现间距过宽的情况而为对方提供突破的机会。我相信，在这种情况下，只要在自家军队各部队之间留出一片自由空间，炮弹就会落到那里去，你也就会很容易地使自己得到安全保障；这样一来，即使最猛烈的炮击也只是徒劳而已。这样做没有任何困难，因为敌人为了自家炮兵的安全，会将火炮配置在后面，在间隔的底线位置；而出于不让炮弹打到自己人考虑，它就不得不始终朝一个方向——直接向自己的前方射击；因此只要开始为火炮腾出地方来，那它也就没有什么用了。

有一条普遍的规则：要为某些不可阻滞的力量让出自由通道；当古人遭遇到大象和战车时，他们就是这么做的。我想，甚至我还深信，你们会这样去设想：我是在随心所欲地要弄一场交战，所以我才会打赢。可是，如果我所讲的一切还不能使你们信服，那我就得再重复一遍：按照我的方式装备起来并实施编成的军队，在初次接战时就一定能把敌人打败，因为对手是按当代军队的方式部署的，他们的大多数部队都拉成一线，没有盾，装备很差，因而无法在
131 白刃格斗中保护自己。

我们常见的一些战斗队形并不总是适用的：一个营如果排成一条横线，那就没有纵深了；而要是他们一个接着一个地排下去，那当一支部队无法通过另一支部队时，就很容易引起混乱。诚然，我们为自己的部队起了各种名称，把它们分为先锋、主力和后卫，但这种区分只适用于行军和宿营；交战中所有的部队都是一下子同时冲向前去的，他们的命运就取决于第一次打击。

路：在你写的有关交战的记叙中，我注意到你的骑兵被敌人的

骑兵打败了；后来受到后备长枪兵的掩护，再后来他们在后备长枪兵的支援之下恢复了战斗，进而打败了敌人。我相信，如果长枪兵编成密集的纵深队形，就像瑞士人那样，那是能够阻滞骑兵的；可在你的军队中正面上只有 5 列长枪兵，侧翼是 7 列，这样我就不明白了，他们是怎样制住敌骑兵的攻击的呢？

法：我已经给你们讲过，在马其顿方阵中能够同时行动的只有前面的 6 排。现在，我还要给你们讲，在瑞士人的旅团里，即使有 1000 行的纵深，能够拼杀的也就是最前面的 4 行或者 5 行。这是因为枪的长度是 9 肘，枪柄有 1.5 肘是向后伸展用以单手握把的，所以第一排的长枪实际上向前伸出的只有 7.5 肘。第二排也要减去这 1.5 肘的长度，还要再减去它与第一排之间相隔的那点空间距离；这样，第二排所持枪的枪尖由于有第一排在前面挡着而只剩下 6 肘长。第三排的枪长应减去前排的阻挡而只剩下 4.5 肘，第四排剩下 3 肘，第五排是 1.5 肘长。 132

所有其余各排都是不参与战斗的；他们只是为顶替前排中伤亡人员的位置，也就是为了构筑起一道道类似于带枪眼的人墙一般的设施。所以说，既然 5 排瑞士兵能够顶住骑兵的攻击，那我的长枪兵为什么就做不到呢？他们不是也有后面的部队在支撑着吗？只不过他们的装备不是长枪，而是剑罢了。如果你们觉得配置在两翼的后备长枪兵的队形，纵深还不够的话，那是可以将其变换成方阵，并配置在位于作战线后部两个营的侧翼。从这里他们很容易向部队的前方或者后部运动，去支援我们的骑兵。

路：你是否总是只使用你给我们讲述的那种作战部署呢？

法：当然不是啰！作战部署是要根据地形和敌军的数量和质

量作变更的。关于这一点，下面我还会给你们举例子的。我举我们自己的例子并不是说我们的部署比别人的都厉害，尽管它确实是最强的，而是为了给你们提供一些规则和指示，借助这些规则和指示你们就能够了解一些别的样式的战斗队形。每门科学都有它的大部分内容赖以作为准则的基本原理。有一点你们应当始终牢记，永远不要编成这样的队形：在前面厮杀的部队得不到后面部队的支援；犯有这种错误的人，必然会使他的多数部队无所作为，要是遇上强大的敌人，那他是永远也打不了胜仗的。

路：我又想起来一个问题。在我们的部署中，你是在前面放 5
133 个营，中间 3 个营，最后一线放 2 个营。我倒觉得应当反过来才对；照我看，突破是比较难的，因为随着越来越深入到我们队伍里边来，进攻者遇到的将是更加密集的部队。采用现在的方式，我认为，进攻越是猛烈，防御会变得越来越弱。

法：如果你能记起，组成罗马军团第三条作战线的后备兵不会超过 600 人，而他们的位置是在最后，那么你的疑虑也就多少会消减一些了。根据这个例子，我在后面一线放上 2 个营，也就是 900 名步兵。据此来看，我从第一线上拿下来的士兵不是太少了，而是太多了。

我也可以就这样举一个例子算了，但我还是想向你解释一下我这么做的原因。第一线的部队应当是强大的、密集的，因为他们必须顶住敌人的冲击，而在他们的前面又没有己方要穿越他们的防地后撤下去的部队。这里甚至最好还是多一些多余的人，否则作战线的兵力必然会由于队形的纵深不够或者士兵的数量不足而嫌少了呢。

反之，第二线在遭遇敌人之前一定是已有准备的：它的队伍会有己方的后撤部队涌入。因此，这里必须留出较大的间距，而它原本的人数也就应当比第一线少些。要是它的兵力强于或者等同于第一线，那就必然会出现要么缺乏间距，以致引起混乱；要么让它们从两翼前出到第一线部队的界线之外去，这就会使整个作战部署遭受破坏。

如果你认为，敌人越是深入我旅团的行列里面来，我们的抵抗会越来越弱，那你就错了。要知道，敌人在我们的第二线兵力还没
有和第一线兵力会合之前，一般说来是到不了第二线的，而当他们 134
会合之后，那这第二线就会更强，而不是更弱了，更何况这时敌人就不得不立即同两条线作战了。

至于敌人进抵第三条作战线的问题，情况也会同此无异。这时，与之作战的将不是面前的两个新锐的营了，而将是整个旅团。这最后一道作战线上的兵力会更多。所以，在各营之间的自由空间应该是更加宽阔，而部队的人员倒是会少一些的。

路：你已经完全把我说服了，不过还要请你再回答我一个问题。如果第一线的5个营要穿过队列撤下来，然后第二线的8个营还要再退到第三线的2个营那边去，那么前面的5个营原来所占据的那片地盘怎么能装得下这8个营，而随后又是10个营呢？

法：首先，这并不是同一块地盘，因为第一线的5个营是由四个间距隔开的，这些间距会随着部队撤向第二线、第三线而被逐步填满。到后来就只剩下两个旅团之间，以及各营和后备长枪兵之间的间距了，正是这些间距构成了从整体上看应当是相当大的一片空间。

还有一点，已编成战斗队形，但还没有伤亡的各营，他们所占据的不是战后队伍变得稀少时的那块地盘。伤亡使他们要么收拢，或者相反扩展开去。如果人们被一种大家都应该分散跑开的感觉所控制，那么队伍就会扩展；相反，这种感觉要是迫使他们不是从逃跑中，而是从自卫中去寻找脱险的办法，那么队伍就会收拢
135 起来。在这种情况下，你们总是会看到队形将越来越合拢，而不是越来越散开。

现在，请你们注意，位在前列 5 排已经开始战斗的长枪兵，后来为了守住最后的作战线会穿过各营的队列，并为持盾兵清除出地盘。当他们撤退时，总指挥官可以酌情为他们安排其他的任务，因为在白刃格斗中长枪兵已经没有什么用了。

所以，早先确定的那些间距是完全装得下剩下来的士兵的。即使这块空地不够宽阔，那还有两翼的部队在；要知道这可并不是真正的墙壁，而是人，他们是可以相互谦让，也可以清理出地盘的，需要多少就能清理出多少。

路：那么你是怎样对待部署在两翼的后备长枪兵的呢？他们是否应当在第一线诸营后撤时留在原地，以构成两个突出部，还是跟随各营一起后撤呢？假如他们应当后撤，那他们身后并没有别的营所占据的间距，又怎样去履行这一任务呢？

法：如果敌人逼迫我们的营后撤而不攻击他们，那他们就可以坚持原有队形留在原地，在一线营已经要后撤的情况下可以从侧翼对敌人构成威胁。而如果敌人攻击他们（这种可能性似乎更大些，因为他们有足够的力量去挤兑其他部队），那就应该撤下来。尽管他们身后没有空地，履行这一任务并不困难，只要按一个方向

合并队列，也就是把一列并入另一列就行了。关于这一点，我们在前面讲到两行合一行的时候不是已经讲过的吗？

当然，在后撤时两行合一行的实施办法，应该跟我给你们解释 136
的有所不同，我在前面给你们讲的是：第二行并入第一行，第四行并入第三行，以此类推。而现在不是要向前走，而是要向后退，不是从前行起步，而是从后行起步，因此在两行合一行时所实施的不是正向朝前的运动，而是逆向倒退的运动。

不过，为了答复你对我所导演的这场交战的一切可能的异议，我要再重复一遍：我给你们讲布阵、讲会战，目的是要对你们解释两件事，即部队除了应该怎样布阵之外，还有一个怎样实施训练的问题。你们对我所部署的战斗队形似乎已经完全清楚了；至于训练，各营的集结应当经常进行，以便长官们习惯于，并且能够亲自就我们所谈到过的各种作战行动实施训练。士兵应当熟悉营的一切行动，而营长则应当懂得营在整个部队中的作用。只有在这种情况下他们才能够真正地去完成指挥官的号令。

他们应当善于在同一时间调动若干个营，并迅速占领布置给他们的点位；为此，在每一个营的旗帜上必须明显地标出它的番号，这样就能使传达指挥官的命令更加方便，而营长和士兵也能更容易按照番号辨别出自己的旗帜。旅团同样应该在帅旗上标出特殊的代号。必须让每一个人都知道位于左翼或右翼的旅团的代号，以及第一线和第二线各营的番号。

部队的各级长官也要按代号来加以区分，比如，一号表示十人
长，二号——50名正规的韦利特的长官，三号——百人队长，四 137
号——第一营营长，五号——第二营营长，六号——第三营营长，

依次类推直至第十营营长，再往上就是旅团长了。只有从最底层一级一级升上来的人，才有可能得到这最高的官衔。

除此之外，还有三名后备长枪兵的长官和两名后备韦利特的长官，照我的意见，他们的官衔应当相等于第一营营长的官衔。对于有六个人领有同一等的官衔，我丝毫不感到为难：这样，他们每个人会更加努力地工作，以求超过其余的人，进而成为第二营营长的接班人。每一位营长都要知道自己的营的位置，当军号响起、帅旗飘扬的那一刻迅疾地站到那里，并编成战斗队形。这样的训练必须天天搞，甚至一天要搞它几回。

路：除了代号之外，旗帜上是否还需要标上其他的符号呢？

法：在帅旗上缀上君主的纹章；其他的旗帜可以根据指挥官的裁夺在旗边上加上同样的纹章或者别的符号。这并不重要，主要是应有明显的能够相互区别开来的标志。

现在，让我们转到另一项训练上来。当部队编成之后，就要训练他们学会以整齐的步伐行进，同时能够严格地保持好匀整的队形。

第三项训练是战斗动作。炮兵应当学会射击和离位向后；后备韦利特要练习前出，并在佯攻之后撤下去；第一线的营练习撤到第二线的间距内，就像他们被击溃了一般；两个营撤向三线，随后
138 再回到自己的位置上。应当这样去训练士兵学会这些动作，使这些动作成为他们极自然的日常活动；在积累了一定的经验并已成为熟巧的情况下，这是很容易做到的。

第四项训练要教会士兵按照音乐的节奏或者旗帜的飘动去理解指挥官的号令，口头指令是不需要任何解释就能理解的。用音

乐下达的号令特别重要，我就来给你们讲讲古人的战时音乐的事。据修昔底德所讲的故事称，在拉西第梦人那里主导的乐器是长笛，因为他们认为，在长笛吹奏的音乐声中部队前进的步伐匀称而稳健，不会突发不必要的冲动。迦太基人通过齐特拉琴达到同一目的[1]。吕底亚国王阿利亚特在战争中既用齐特拉琴，也用长笛。亚历山大大帝和罗马人则采用号角和喇叭[2]，他们觉得这些乐器能激励士气，致使军人以双倍的力量勇往直前。

在这方面，两国人民的做法都是我们学习的范例，就像我们在选择部队使用什么武器时把希腊模式和罗马模式结合起来一样。指挥官手下应配备号手，因为喇叭的声音不仅能燃起士兵的勇气，而且即使在最厉害的噪音中也比任何其他乐器听起来更清晰。营长和旅团长属下则应有鼓手和长笛吹奏手；他们不是像现在这样演奏，而是要像通常在宴会上那样去演奏。指挥官通过喇叭声告示部队应不应该原地停步，是向前进还是向后退，炮兵该不该发
射，韦利特该不该奔跑；各种不同的喇叭声清晰地告诉士兵们一切 139
必要的运动方式，号声之后便由鼓声再重复同一项命令。

这种训练相当重要，应该经常反复练习。骑兵也要配备喇叭，但吹奏起来音量要放小一些，是另外一种声调。这便是我所能给你们讲述的有关战斗队形和部队训练的全部内容了。

路：还有一件事情我想要请你作一番澄清。为什么你的轻骑兵和韦利特在扑向敌人时总要大声吼叫，而其余的部队在迎战敌

① 请参阅修昔底德的《伯罗奔尼撒战争史》卷五第六章第404页。

② 最早使用齐特拉琴的很可能不是迦太基人，而是克里特人。

人时却是沉寂无声的呢?

法:古时的统帅对于部队在冲向敌人时,究竟应该大声叫喊呢,还是默不作声的问题持有不同的意见。寂静无声便于更好地保持队形,更仔细地听清长官的指令;喊声连天却能燃起火热的战斗激情。我认为二者同样不可小视。所以,我下令一部分军队要吼声震天地向敌人发起冲击,另一些部队则应悄然无声地前行。

不过,我并不认为,不停地叫喊始终是有益的:喊声会把命令湮没掉,这是非常危险的。很难设想,罗马人在初战之后还会不断地叫喊下去。在他们的史书上经常提到奔跑中的士兵会根据统帅的吩咐和意图突然停顿下来,还提到他们怎样在交战正酣之时按照统帅的命令变换队形。如果喊声连天盖住了长官的声音,那这些变动是断然不可能实行的。

卷　四

路易吉:座谈在我的主持下取得了很大的成功。我知道,运气 143
这东西变幻莫测,少有常态,所以我就宁肯不再继续体验下去了。现在,我要把这份大权让出来,按照我们约定的从最年轻的人起始的规矩,我要把提问者的责任移交给扎诺比。我知道,他对于这份荣誉,说得更实在些,对于这件活儿不会拒绝,因为我们俩是好朋友,更何况他生来比我胆大;面对既能带来胜利,也会招致失败的事情,他总会以毫无畏惧之心去妥善处置的。

扎诺比:我准备服从,尽管我希望作为一名听众参与座谈。你的那些问题直到现在比座谈时我脑子里想到的问题更使我感到满足。不过,法布里齐先生,你不过是在浪费时间罢了,为此我们应当请求你原谅:我们的好奇心拖累了你,使你疲惫不堪。

法布里齐:相反,你们使我感到很愉快,因为变换提问者能使我更好地了解你们的思维方式和你们的倾向性。我是不是还需要对我所讲过的内容再作些什么补充呢?

扎:在继续进行下去之前,我想先向你提两个问题:第一,你是否承认还存在别的作战部署的可能性;第二,统帅在定下决心开战之前,应该采取一些怎样的预防措施;如果会战时发生什么意外,他应当做些什么?

法：我会尽量设法使你感到满意，但我不想分别来回答你的问题，因为第一个问题的答案在许多方面会使第二个问题也得到澄清。我已经给你们讲过，我曾经提出过一种著名的布阵样
144 式；只要以此为基础，你们就能自如地根据地形条件和敌人的行动方式对其实施变换。要知道，你们的一切行动无不取决于地形和敌情。

只是要请你们注意一点，只要你们所指挥的并不是在兵力和规模方面都非常突出的军队，那么拉大正面的作战线就是最大的危险。在任何其他的情况下，密集的纵深队形始终比拉得很宽、拖得又细又长的队形要好。要是你的军队比敌军的少，那就务必要力求将这个不利因素抵消掉，要依托江河或者沼泽地使两翼得到保障，以求不致遭敌围困[①]，抑或像凯撒在高卢所干的那样，挖堑壕以求自卫[②]。

你们要知道，有一条普遍适用的规则：正面的拓宽或收缩要以敌我双方的兵力状况为转移。如果敌人比较弱，而你的部队训练有素，那就要选择开阔的平原地作战，因为此时你不仅可以包围敌人，而且还能任意展开你的兵力。在陡峭和艰难的地形上是不可能收拢队形的，在大多数情况下这不会成功。因此，罗马人几乎总

① 韦格蒂乌斯在其《兵法简述》一书中介绍过七种布阵法，其中第七种阵法“用在参战者有地形条件护佑的情况下。即使你的军队兵力不足，也不见得精锐，但你仍能顶住敌人的攻击。这时你的一翼应有比如山岭、大海、江河、湖泊、城池、沼泽地或陡峭的山崖作掩护，敌人从这个方向无法接近你。你可以将部队布成一条直线，在没有自然屏障作掩护的那一面配置上你所有的骑兵和轻装兵。这样你就可以安然而大胆地投入与敌人的战斗了”。

② 见凯撒：《高卢战记》，卷二之第8节、卷七之第72节。

是设法避开崎岖的地形，宁愿在开阔的平原上进行交战。

如果军队的规模不大或者训练较差，那行动起来就完全不
同了；那时需要用有利的地形条件去弥补人员不足和经验缺乏 145
的不利因素。应当设法去占领制高点，从高处攻击敌人比较容易。在任何情况下都要力避将军队部署在斜坡上或者临近山麓的地方，特别是如果那里有敌人在等着你的话。那时，阵地的高度反倒会有害，因为占据着顶部的敌人可以在那里安上大炮，就能够不间断地、安安稳稳地歼灭你，不必担心你会反击；而你的士兵们这时候却只能挤作一团，根本无法对敌人的火力实施回击。

正在布阵准备战斗的统帅还应该关注不让太阳和风正对着他的脸[①]。无论是太阳还是风都会让他看不清敌人：太阳用光刺他的眼，风则刮起尘土挡住他的视线。除此之外，风还会减弱投掷武器的攻击力；至于太阳，还应该注意：仅仅关注战斗开始时不让它直射部队官兵的脸面还不够，这种关怀应当延续下去，一直到太阳高高升起。

最好的办法是部署军队时力求让他们背朝太阳；这样，等太阳
升至他们头顶上真还需要很长一段时间呢。这种办法汉尼拔在坎 146

① 韦格蒂乌斯在其《兵法简述》卷三第 14 节中指出："布阵之前应当预先关注的事项有三：太阳、尘土和风。阳光直射双眼使人看不清东西；逆风会吹偏和阻滞你投射出去的矛和箭，这对敌人有利；尘土扑面飞来会迫使你睁不开眼。当需要排列作战线时，即使缺乏经验的人通常也要力避此类因素的作用。审慎的将帅总应当有点先见之明的本领。拿阳光来说，在一天中可根据日照的不同方向背朝太阳，那就不致危及我方；在战斗中的某一时刻也许不刮逆风。据此，要设法按照顺风背阳的原则来排列兵阵，只要有可能还应当想方设法使敌阵逆风朝阳。"

尼之战[①]，马略在与辛布里人作战时[②]都曾使用过。

如果你的骑兵不多，那就把军队部署在葡萄园里、灌木丛中以及诸如此类的地方。当代西班牙人在那不勒斯王国的切里尼奥拉城下击溃法国人时[③]就是这么干的。常常会遇到这样的实例：同一些士兵由于地形关系变换了作战部署之后，便由战败者变成了胜利者。迦太基人也曾有过这样的事，他们曾多次被马尔库斯·雷古卢斯击溃，但后来却在克桑提普斯的指挥下取得了胜利。克桑氏把军队部署在山谷里，依靠骑兵和大象战胜了罗马人[④]。

一般说来，当我深入思考这些古代的战例时，我发现几乎所有的古希腊、古罗马的统帅在弄清敌方军队的主要优势之后，往往把己方的主要弱点拿来与之作对比，或者相反。在战斗之初，他们常
147 常下令最强的部队只需牵制住敌人，而给比较弱的部队下达先冲击，再后撤到最后一道作战线之外的号令。

这样的交战方式会从两个方面瓦解敌人：其最精锐的部队将陷入被包围的境地；另一方面，看不到胜利的曙光常常会导致部队混乱，甚至遭致突然被歼的结果。科尔内柳斯·西庇阿在西班牙与迦太基人哈斯德鲁拔作战时，通常总是把他的军团部署在中央；

① 在坎尼，汉尼拔注意到清晨从沃尔图诺河吹来的风跟从别的河上吹来的风不一样，那风裹着沙粒和尘土滚卷而来。他部署他的作战线时因而力求使部队背向那狂怒的风沙。于是卷风便径直朝罗马人的脸面和眼睛扑去，这灾难对罗马人来说实在太严重了。借此，汉尼拔赢得了重大的胜利。

② 当马略确定了与辛布里人和条顿人作战的日期之后，便让他的士兵吃饱喝足，把他们配置到他的正前方去，这就使敌人在穿越两军之间被隔开的这段距离时耗尽精力。除此之外……他还利用部署的作战线迫使敌人面临又一个困难：使敌人面向烈日，受风尘袭击。

③ 此战发生在1503年4月28日。

④ 此战发生在公元前255年，见弗龙蒂努斯《谋略》卷二之第二章第11例。

当有人告诉他，哈斯德鲁拔摸透了他布的阵，并准备部署出同样的阵势时，他便在临战之前迅速变换队形：把他的军团部署到两翼，而把最差的部队调至中央。

当战斗开始时，西庇阿只是缓慢地推进中央的队伍，而给两翼下达了迅猛地向敌人发起攻击的命令；这样，交战只是发生在两翼的部队之间，而位于中间地带的部队则无法接战，因为彼此相隔得太远了。与西庇阿最强的部队对垒厮杀的是哈斯德鲁拔最弱的队伍，那他还有不败之理呀！[①]

这样的谋略在那个年代很有用，可时至如今就不再适宜了，因为现在有了炮兵，它是能够利用双方军队中央之间的那片空旷地块开火的，这就非常危险，我曾经指出过这一点。所以，应当否弃罗马方式，把所有的部队全都调动起来，同时将其最弱的一翼逐步向后撤去。

如果统帅手里掌握着一支很强的部队，并想出其不意地包围 148
敌人，那他就应当使其正面的宽度与敌人正面的宽度相吻合。随后，当战斗炽烈起来时，就要逐步地让其中央向后收缩，而将两翼的部队延伸开去，这样一来，敌人就会不知不觉地被围住了。

如果统帅想在几乎没有任何风险的情况下投入战斗，那他就应当把队伍部署在近处有沼泽地、山丘或者堡垒等能作为可靠的掩蔽部的地形上：这是敌人无法追踪他，而他却能够追踪敌人的地形。当汉尼拔开始运交华盖，当他与马尔库斯·马尔切卢斯遭遇时总是抱着小心翼翼，十分谨慎的态度，那时他就曾经采用过这种办法。某些指挥官估计敌人那边会出现混乱，便下令轻装部队打

① 此战发生在公元前206年。

响战斗，然后又立即命令他们撤下去；当双方的部队开始接触，并在整个正面展开会战时，集结在两翼之外的轻步兵会再次投入交战，以对敌翼侧的突击使之大惊失色，进而赢得胜利。

在骑兵不足的情况下，除了我已经讲过的那些行动之外，还可以将长矛营隐蔽在马背后面，并在战斗最炽烈时下令骑兵给他们让出一条通道来，这时胜利就已经在望了。许多人已使轻步兵养成了在骑兵部队中间厮杀的习惯，这就使骑兵占有了对敌人极其巨大的优势。在所有统帅中，布阵艺术最出色的要数阿非利加战争时的汉尼拔和西庇阿了。

汉尼拔的军队由迦太基人和各国的辅助部队组成。在第一线他往往部署 80 头大象；把辅助部队放在第二线，随后是他的
149 迦太基人；他将意大利人摆在最后面，因为他并不指望他们能有什么作为。他之所以这样布阵，意在不让辅助部队跑散。要知道他们面对的是敌人，而迦太基人则在他们后面堵住了退路，所以，不管愿意不愿意，他们必须实实在在地去拼杀。汉尼拔希望他们能击溃或者至少能疲惫罗马人，到时他再以自己的新锐兵力去攻击他们，不就很容易把已经很疲惫的罗马军队粉碎殆尽了吗？

与此相反，西庇阿仍然按照常规排出主力兵、剑矛兵和后备兵的三线队形。在这种队形中，一部分队伍可以汇合到别的部队的队列里去，并实施相互支援。在第一线他留出许多间距；为了隐蔽，不使敌人知情，并使之确信他所面对的是一堵铜墙铁壁；西庇阿让韦利特去填满这些间距，命令他们当大象出现时务必迅速地把道路清除出来，并通过队列撤下来。这样，大象的攻击就只能扑

空；交战中，还是罗马人赢得了胜利[1]。

扎：你使我想起这次会战的故事，当时西庇阿下令他的主力兵不要撤到剑矛兵一线的间距中去，而是将他们分成两路，直去两翼，为剑矛兵清除道路，以便时机来到时他们能够向前运动。你可不可以告诉我，他为什么要偏离通常的布阵方法呢？

法：当然可以。事情是汉尼拔把他的最强的部队集中在第二 150
线。西庇阿不得不也用同样的兵力与之对峙，为此他把剑矛兵和后备兵汇集起来。剑矛兵一线的间距便由后备兵占据了，如是也就没有了主力兵的地盘。这就是为什么西庇阿不将他们隐藏在剑矛兵中间，而要命令他们兵分两路，配置到两翼的道理所在。

你们要注意，用这种方法展开第一线以为第二线扫清地盘，只有在己方优势明显的条件下才能实施。这一运动当时是在整个队形中进行的，就像西庇阿当年实行的那样。一旦失利，这样的行动就会以如数被歼告终。所以必须为自己留下能将部队调往第二线的机会。

现在让我们返回到主题上来吧。在亚洲民族为恐吓敌人而想出来的各种手段当中使用两侧带有轮子的战车便是一大发明。这些战车不仅能够突破队列，而且还能够用轮子碾杀敌人。罗马人用三种办法同他们展开斗争：配置有纵深的队形；面对战车，就像面对大象一样，让部队散开，为敌战车让出通道；或者采取其他手

① 这次战争即发生在公元前 202 年 10 月 19 日的扎马之战。扎马是在距迦太基西南 120 公里处的一座北非古城。此战中军队第一次实行了布阵的梯次配置，扩大了机动能力。西庇阿在该城附近粉碎了汉尼拔的迦太基军。迦太基军损失达万余之众，仓皇逃窜；罗马方面仅损失 1500 人。扎马之战最终决定了第二次布匿战争的结局。

151 段，就比如苏拉在与拥有很多这类战车的阿尔凯劳斯的战争[①]中所干的那样：罗马统帅在第一线部队后面往地里打进许多桩子，以此阻滞敌人的战车狂奔而来。

请你们注意，苏拉这时按新的样式编成自己的队伍：他将韦利特和骑兵放在后面，而整个重装兵都部署在前端，而且留出相当宽大的间距，以便必要时让后备兵力占据其间。一俟交战激烈展开，骑兵便能穿越这些间距冲向前去，就此夺取胜利。

如果你想在战斗中陷敌于混乱之中，你就应当琢磨出一些足以惊吓敌人的招数，比如，去传播消息说，我方的增援已经抵达；再设
152 法欺骗对方，令其似乎窥探到了这些增援的踪影，以促使惊恐万状的敌人更容易涣散而投降。罗马的执政官米努奇乌斯·鲁福斯[②]和

① 公元前86年，苏拉和米特拉达悌手下的大将阿尔凯劳斯战于凯洛尼亚。阿尔凯劳斯把他的装备有长柄大镰刀的战车配置在第一线，用以混乱对方的阵脚；在第二线部署了马其顿人的方阵；第三线则是按罗马式样装备的辅助兵。他在最后一道作战线上还部署了轻装兵，两翼则是数量可观的骑兵，用以包围敌人。针对这一布势，苏拉在每一侧翼构筑了很宽的壕沟，并在壕沟末端建造了坚固的棱堡。他用这种办法消除了被敌人包围的危险。其次，他把步兵分三道线排列开，中间留出一定距离；一旦需要，可穿越这些空间把后卫线上的轻装兵和骑兵拉上去。随后他又指挥第二线上的后排兵把大量的桩子密密地、深深地扎进地里。待战车接近过来，他就让前排兵隐蔽到这些桩子中间去。然后，令游动部队和轻装兵一齐高声叫喊，一面投掷标枪。采用这种战术，不是敌人的战车撞到桩子上被绊住，便是敌人的车手在一片喧嚣声中胆战心惊，受标枪威胁而掉转车头往回走，因而撞击自己人，搅乱马其顿人的阵容。当敌人夺路而走时，苏拉便指挥他的队伍冲进；阿尔凯劳斯调他的骑兵前来迎战。这时罗马骑兵突然猛扑过去，把敌人赶了回去。这一战苏拉大获全胜。

② 公元前109年的一次战斗中，米努奇乌斯·鲁福斯受到兵力大大超过他的斯科迪斯奇人和达西亚人的重重逼迫，他派他的兄弟和一小队骑兵带着喇叭到前边的某个地方去，并指示他只要一听到战斗打响，他们就要突然从另一个方向显现，而且要吹起喇叭。如是，山谷里到处响起喇叭的回声，敌人以为对方人数众多，因之惊恐地逃遁而去。

阿奇柳斯·格拉布利奥曾使用类似的办法赢得胜利①。另一位统帅盖犹斯·苏尔皮奇乌斯在与高卢人作战时让不适合战争的非编人员骑上骡子和其他的牲口，把他们配置成类似于重骑兵的队形，随之命令他们登上邻近的一座小阜；这一计谋使他赢得了胜利。马略在与条顿人作战时采取了同样的办法②。

如果说在战斗中佯攻确有用处的话，那么真正的攻击更会有效得多，尤其在战斗正十分紧张的当口突然从后方或从侧翼发动攻击的话。但这样的攻击必须有良好的地形条件予以配合，否则断难成 153
功。这是因为实施如是行动肯定有一部分部队要隐蔽起来，而在光秃秃的大片平原上这是做不到的。反之，在便于设伏的森林或者山冈上就可以很好地把部队隐蔽起来，并给予敌人以毁灭性的突然袭击，这样的袭击总会使你赢得可靠的胜利。

有时候，在战斗时散布有关敌人统帅阵亡或者他的部分军队临阵脱逃的谣言也会很有用的，这样的计谋往往会导致胜利。敌军的骑兵很容易受到某种突如其来的响声或为某种场面所惊吓。克罗埃苏斯就曾用骆驼去对付敌人的马匹；皮洛士则用单一的大

① 公元前191年，阿奇柳斯·格拉布利奥与安条克国王的军队相对抗，后者在希腊的德摩比利山口布阵；执政官受到不利地形所牵制。这时加图把守卫着卡利德罗米山顶的埃托利人撵走，然后突然从敌人背后出现在俯临着国王营帐的一座山顶上。安条克军中乱成一团。这时罗马人前后夹击，挫败了敌兵，把他们打得四处逃散，夺占了他们的营帐。

② 公元前102年，在阿基塞克斯蒂，马略派马尔切卢斯于当夜带领一小队骑兵和步兵深入敌后。为了造成他带领的是一支大部队的假象，他下令武装的马夫和随营成员也随队一起出发，还牵了许多配有鞍垫的驮畜，使人觉得这确是一支骑兵部队。他命令这些人只要发现战斗一打响，就从背后袭击敌人。这一计谋在敌人中间造成了极大的惶恐，以致尽管他们十分凶猛，还是转身逃跑了。

象便使罗马人的整个骑兵乱了阵脚，四处逃散。在我们当代，土耳其人[1]击溃了波斯的将军和叙利亚的苏丹，所依凭的就是火器的轰隆声：这种声响是他们的战马从未听到过的，从而使之陷入了极度的惊吓之中，此时将其战而胜之也就成为轻而易举的事了。西班牙人在与哈米尔卡争战中，将装满在战斗开始时即烧着了干秸的牛车部署在第一线，受惊的牛直奔哈米尔卡军队的作战线，一举冲垮了他们的队伍[2]。

许多将帅，当他们占据有利地形时，都喜欢欺骗敌人，将其诱入为之设置的埋伏圈。在广袤开阔的平原上挖坑掘洞，在上面铺
154 上枯树枝和浮土；再在它们中间留出通道；战斗一开始，己方部队便朝后撤退，而追击过来的敌军就会纷纷掉进沟壕而身亡。

如果战斗时发生足以震惊人们的事件，则善于隐影藏形，甚至将其转化为于己方有利的因素，就显得十分重要，即如图卢斯·霍斯蒂柳斯[3]和卢奇乌斯（科尔内柳斯）·苏拉所作的那样。苏拉发现自己的一部分士兵背叛投敌，并已对其他人产生严重影响的时候，便立即下令公告全体官兵说，他们都是按照他的命令行事的。他的这一做法不仅起到了安抚军人的作用，而且还大大地振奋了

① 指1512年登基的土耳其苏丹塞里姆一世。

② 本段中所提及的吕底亚国王克罗埃苏斯、伊庇鲁斯国王皮洛士，以及西班牙人反对哈米尔卡的战争中所采用的战法，《谋略》卷二之第四章第12、13、17等例均有记载，可参阅。

③ 罗马国王图卢斯·霍斯蒂柳斯有一次参加同维爱人的交战。阿尔班人丢下罗马军队不顾，冲上附近的山丘。这一行动使罗马军处境险恶。图鲁斯于是高声呼喊，说是他下命令让阿尔班人这么干的，目的是把敌人包围起来。这吼声在维爱人心中引起恐惧，可却给罗马人增添信心。他用这个计谋扭转了交战的局面。

罗马人必胜的信心。就是这同一个苏拉,有一次给一小队士兵下达命令,当他们完成使命时,所有的人都牺牲了。为了不致惊扰部队,他下令宣布被歼部队中尽是些叛徒,他是故意让他们陷身敌手的。塞多留在西班牙战争时将前来向他报信的军人杀了,他之所以如此做是怕他的副将阵亡的消息一旦扩散出去,会惊吓整个部队[①]。

最困难的事莫过于制止部队逃跑,并强使他们再次投入作战。155
必须马上弄清楚,逃跑的是整个部队,还是一部分队伍:如果是整个部队,事情就麻烦了;要是部分队伍,那还可以试着想办法补救。许多罗马将帅就常常对逃跑者实施拦截,迫使他们停下来,并十分严厉地羞辱他们是胆小鬼,即如卢奇乌斯(科尔内柳斯)·苏拉所做的那样。当看到他的部分军团被米特拉达悌的士兵击溃的时候,他手执利剑向逃跑者冲去,并高声喊道:“如果有人问,你们是在哪里离开你们的长官的,那你们就回答说,我们是在彼奥提亚之战中离开他的。”[②]执政官阿蒂柳斯把一支坚定的部队调来挡住逃跑者,并下令宣示,如果逃跑者不转身返回,那就要将他们和敌人一起消灭[③]。马其顿的腓力深知,他的士兵惧怕西徐亚人,便将最精锐的骑兵部队配置在后排,并命令他们截杀所有的逃跑者。于是,

① 图卢斯·霍斯蒂留斯的故事,以及接着的苏拉的两则故事和塞多留在西班牙战争中一剑刺死他的传令兵的事都记载在《谋略》卷二以“不露败绩”为标题的第七章中,例号依次为1、2、3、5。

② 这事发生在公元前85年(一说前86年。——译者注)的奥科梅努斯会战中。当时,苏拉的军团正面对阿尔凯劳斯指挥的米特拉达悌的军队开始溃退。

③ 这事发生在公元前294年的萨谟奈战争中。《谋略》一书曾两次提及此事,但情节稍有出入。请参阅该书卷二之第八章第11例和卷四之第一章第29例。

他的士兵们宁肯在战斗中阵亡，而不愿在逃跑中被击毙。这样，他们最终赢得了胜利[①]。

许多罗马将帅会从掌旗手手中把军旗夺过去，将其扔进敌方
156 密集的军士群中，并即时宣布：谁能将旗帜抢回来，便能受到重赏。他之所以这样做，与其说是对逃跑者发出预警，不如说是为了激励众人奋勇杀敌的气概[②]。

我觉得现在有必要用几句话来说说战斗之后经常会遇到的一些现象。这些话要说得简短明了，当然不能离我们谈话的主题太远。一场大战的结果无非是：要么失败，要么胜利。

如果你得胜了，那你就应当尽一切可能快速地去追击敌人。在这一点上，你要向凯撒学习，而不能去学汉尼拔的样：汉尼拔在坎尼之战取胜以后停顿下来，由此而丧失了统治罗马的良机[③]；凯撒则在获胜之后片刻不歇地继续追击敌人，其速度之迅捷、强度之猛烈不比在其与极具威力的敌手对阵拼杀时减弱分毫。

如果你被击溃了，那作为统帅首先应当估摸一下，你还能否从失败中挖掘出某些有利的因素，特别是当你的有些部队还保持着

---

① 腓力的事发生在公元前 339 年。这三个注释（18、19、20）在《谋略》卷二第八章中均有记述，例号依次为 12、11、14。

② 塞尔维乌斯·图利乌斯在与萨宾人交战时发现那些旗手作战很不像样，于是便从一名旗手手中夺下一面旗帜，朝敌人堆里扔去。为了夺回这面旗帜，罗马人凶猛地战斗，以致他们不仅夺回了这面旗帜，而且还打赢了这一仗。此种计谋用的很多，同类例子在凯撒的《高卢战记》卷四之第二十五节中亦有载，可参阅该书第 92—93 页。

③ 公元前 226 年，在布匿战争期间，汉尼拔的骑兵战术棋高一筹，他统率的迦太基军队包围、击败了由卢奇乌斯·埃米柳斯·保罗斯和盖犹斯·泰伦蒂乌斯·瓦罗指挥的罗马军队。但是，战后汉尼拔到卡普阿过冬，富裕、奢华、懒散的生活场景销蚀了他的意志，致使他如文中所说丧失了统治罗马的良机。

一定的战斗力的情况下。这种机会是可能出现的，原因在于敌人在赢取胜利后往往会变得无所顾忌，这就为你造成了打击他们的 157
机遇，就像罗马执政官马尔切卢斯打败迦太基人那样：迦太基人在两位西庇阿阵亡，并歼灭了他们的部队之后居然一点也没有去关注团结在马尔切卢斯周围的罗马军团的残部，相反马尔切卢斯却即时向他们反扑过去，并完全打败了他们①。

要让敌人认为你已完全失去机会，就在他们最不重视你的一刻去攻击他们，那可是再容易不过的事了。如果真的什么也做不成了，那将帅的本领就在于将失利的后果减小到最低限度。为此应当采取措施不让敌人来追击或者将他们牵制住。有些将帅一旦预见到失利已属必然，便下令所辖各部之头领迅速朝不同方向、走不同途径分头撤兵，事先还应指定好会合的地点。这样做会使敌人因惧怕分散兵力而疑惑不决，致我方有可能大部乃至整军安全脱险。

还有一些将帅为了阻滞敌人，将自己最珍贵的财物留给他们，寄希望于因敌人迷恋于抢夺财宝而使他的部队得以乘机撤离。提 158
图斯·狄第乌斯为了隐瞒战斗中己方部队的伤亡，表现出了非凡的聪敏。一场直打到夜幕降临才收场的恶战，使他蒙受到巨大的损失；他随即下令当夜便将大部分尸体掩埋起来。翌日凌晨，待敌

① 西庇阿系古罗马一名门望族，尤其在共和时代名将迭出。公元前212年，罗马人在西班牙与迦太基人争战中有两位西庇阿战死沙场。他们是格奈乌斯·科尔内柳斯·西庇阿和他的兄弟普布柳斯·科尔内柳斯·西庇阿，后者还是小西庇阿·阿非利加努斯的父亲，两人都是前222年同一年的罗马执政官。同时失去两位领军人物，对于罗马军来说自然是很大的打击。当时有一位人士出来接替率军的重任。此人究竟是谁，说法不一：李维在他的《罗马史》第二十五卷第37节中说是卢奇乌斯·马尔切卢斯；弗龙蒂努斯则认为是蒂图斯·马尔切卢斯，但两人都说他是一名罗马骑士。而马基雅维利却认为此人应是执政官马尔切卢斯。

人发现战场上尽是他们一方士兵的尸体，而几乎极少见到罗马人的尸体时，便断定事态于他们不利，于是仓忙逃遁而去[①]。

我觉得，我已经大体上对你们的问题作出了答复，剩下的就只是布阵的问题了。有些将帅喜好将自己的部队编成楔子队形，希望借此较易于突破敌方的阵线。另一些将帅却与之相反，愿意编成凹陷队形，就像一把钳子那样，将敌人的楔子紧紧地夹住，并从四面八方压逼它[②]。我想用通常的规则就这一点告诫诸位：瓦解敌人的最佳方法是将敌人希望你通过暴力强使你做的事情变成由你自觉自愿地去做。如果你的行动是出于自觉自愿的，那你便会在一种充分有利于你自己，而又极其有损于敌人的气势之下去实施你的事业；若是被强迫着去做这些事，那你就必败无疑。

为了证实这一想法，我要再次向你们提及我在上文中已经讲过的某些道理。敌人布下楔形兵阵，旨在突破你的队形。你就只
159 需等着他们自己散开，到时你就能使他们的部队去混乱自己的阵脚，而不由他们来搅乱你的阵势。汉尼拔把大象布于阵前，企图搅乱西庇阿的军团；而西庇阿散开队列，让出通道，以此法奠定了自己取胜的基础，并置敌人于败北的境地[③]。哈斯德鲁拔将自己最强大的部队部署在中央，以求击溃西庇阿的士兵，可西庇阿却下令主动为他们让出大道，从而赢得了胜利[④]。

---

① 提图斯·狄第乌斯，公元前 98 年罗马执政官。此战发生在前 98—前 93 年与西班牙的一次会战中。见弗龙蒂努斯的《谋略》，卷二之第十章第 1 例。

② 见韦格蒂乌斯的《兵法简述》，卷三之第 19 节。

③ 此例发生在公元前 202 年的扎马之战中。

④ 公元前 208 年，西庇阿在贝库拉击败哈斯特鲁拔，将迦太基人赶出了西班牙。

总之,如果有人把攻击的矛头指向你,而你却能够猜透其人的意图,那你就有了赢取胜利的可能。要是我没有记错的话,现在的事情就是应该向你们解释清楚,将帅在临战之前必须采取哪些预防措施。首先,军事首长切不可在他手中尚未掌控明显的优势或者还未显现出非如此不可的急迫性的情况下投入战斗。所谓优势指的是地形特点、战斗列阵、参战部队的数量和质量。而所谓非战不可的急迫性的含义,便是你已看清无为会给你造成毁灭:或许这是因为你钱财匮乏、粮秣不敷,如是你的军队随时都有发生溃败的可能;或许敌人正等待着援军到来。但凡出现这样的情况,就必须定下决心一战到底,哪怕对己不利,也当在所不辞,因为拼死一搏,总要比畏敌不前、坐以待毙的结局好得多,此时只有和命运相争方
有改变局面之可能。怯战而避之,在这种情况下于将帅而言,可称 160
罪孽,其严重程度不亚于错失战机或临阵逃脱。你之所以能掌控优势,或许是敌人的失误所致,也可能是由你自身的洞察力所造就。

许多将帅常常会在涉渡江河时被击溃,工于心计的敌人一直等待着对方的军队被河流分割成两部分的那一刻,这是实施攻击的好时机。凯撒就是这样歼灭了海尔维第人的第四支队伍的[①]。

同样,决不可错失以新锐的、得到良好休整的兵力去攻击因突然实施追击而被搞得精疲力竭的敌军士兵的战机。如果敌人

---

① 有一条河叫做厄拉味尔河(Elaver),……海尔维第人用连结在一起的木筏和船只,渡过这条河去。当凯撒接到侦察人员的报告说,海尔维第人的部队四分之三已完全渡过,大约还有四分之一留在厄拉味尔河这边。这时,他就在后半夜带着三个军团离开营寨,直扑向敌人尚未渡河的那一部分兵力。他在他们都身负重荷,猝不及防之中攻击他们,杀掉他们一大部分,幸存者四散逃走,躲进最近的森林里去了。见凯撒的《高卢战记》卷一之第 12 节。

力求在凌晨时分将你引入战斗，你就应该尽量在营地内多待一段时间，直等到敌人因长时间处于手持武器的状态而感到劳乏难耐，从而失去起始时那股求战心切的热诚时，你就可以主动出击了。西庇阿和梅特卢斯在西班牙作战时都曾施用过这种办
161 法。西庇阿在与哈斯特鲁拔，梅特卢斯则是在与塞多留争战中如是作为的[①]。

如果敌人的兵力减少是由他们的部队分散部署所致，就像西庇阿起先在西班牙所部署的那样，或者出于别的原因，那就是你的运气来了。谨慎的将帅仅限于用大部队去击退敌人的攻击，而少见其主动出击对方的情形，因为坚定的精兵要顶住对方猛烈的攻击并不是什么难事，可无胜利把握的炽情却很容易转化成胆怯。费边在与萨谟奈人和高卢人作战时就是这样做的，从而赢得了胜利；可是他的同事德奇乌斯却牺牲了。

有些军事首领出于畏惧敌方兵力众多而定在傍晚时分开始战斗，以求一旦失利尚可借助于夜幕之暗黑而获逃生之机。另一些将领则获悉敌人因迷信而拒绝在某些日子会战，于是偏偏择定这样的日子出战，因之胜利而归。凯撒在高卢打败阿廖维斯图斯[②]，

① 大西庇阿是在公元前 208 年击败哈斯特鲁拔的(见弗龙蒂努斯《谋略》卷二之第一章第 1 例)。但著作家在那里所注的时间是前 206 年。按所说，另一例发生在梅特卢斯和塞多留的部将伊尔图莱乌斯之间的另一场会战中(前 76 年)。马基雅维利把这里的实例同弗龙蒂努斯在下一节里记述的实例搞混了：梅特卢斯击溃伊尔图莱乌斯之后，参与了庞培反塞多留的作战。梅特卢斯发现塞多留的部队士气高涨、求战心切，决定避过这股狂热，于是把他的队伍撤走了。见《谋略》卷二之第一章第 2、3 例。

② 凯撒在高卢时获悉，日耳曼国王阿廖维斯图斯定下一条规则：月亏时节不出战。于是，凯撒就专门找这样的时候出战，终于打败了这位受迷信束缚的对手。详见凯撒《高卢战记》卷一之第 50 节。

韦斯巴芗在叙利亚击溃犹太人都渊出于此[1]。对于任何一位军事 162
首领而言，最最不可或缺的条件便是身边应有一批忠诚的、善动脑且积有丰富的作战经验的智囊人物，要经常同他们商议敌我双方军队的状况。尤其要紧的是应知晓优势在哪一方：谁的武器装备精良、训练有素；谁的骑兵更强、经历过更多的实战锻炼；是步兵、还是骑兵更加可靠、更值得依仗。

随之，还必须议论地形条件，要搞清楚这些条件是有利于你还是有利于敌人；谁更容易征得给养；是应当将交战拖延一段时日，还是迅速接战，时间对你究竟有利还是有害：拖延战事常常会使士兵感到疲惫，于是他们便会设法逃避军旅生活带给他们的令人厌恶的重负。

有一件事很重要：了解敌军的将帅及其周围的人是些怎样的人，他们的特点是轻率冒进呢还是谨慎稳重，是英勇无畏呢还是贪生怕死。还应当了解，对辅助部队能否信任。有一条规矩比其他规矩都更重要，必须遵循：不要让惧怕敌人或者对胜利稍有疑惑的部队参战，因为对胜利缺乏信心乃是一支部队打败仗的首要缘由[2]。在这种情况下，应当千方百计避免战斗，效仿费边·马克西穆斯的做法：占据难攻易守的地形，加强戒备，以此打消汉尼拔寻找与
他交手的一切愿望[3]。如果你担心阵地的兵力不足使你无法摆脱已 163

① 神话人物韦斯巴芗于安息日进攻犹太教徒（犹太人认为在这一天干任何大事都是有罪的），韦斯巴芗就这样打败了犹太人。

② 此处马基雅维利所论及的见解大体多出于韦格蒂乌斯的告诫，可参阅韦氏《兵法简述》一书卷三之第 9 节。

③ 费边·马克西穆斯在与因胜利而冲昏头脑的汉尼拔作战时，决意摒弃任何冒险性决战，专心致志固守意大利一策。他因此赢得了谨慎者、稳健派大将军的雅号。

经下定决心要与你一战到底的敌人，那你就应当停止野战，而将军队部署在工事里，以攻城的难度疲惫敌人。

扎：除去分散部署军队，将他们置于工事之中以外，还能有别的方法避免战斗吗？

法：我好像跟你们当中有的人谈起过在野战条件下要力避同斗志十分坚定的敌人交手的想法。此时，只有一个办法——与敌人保持不少于 50 里路的距离[1]，以便可以适时后撤。要知道，费边·马克西穆斯并不是要完全回避和汉尼拔一战，他所希望的是让一切有利因素都能转到他一边。汉尼拔在这样的情况下是无法指望击败费边的。如果说迦太基统帅对胜利充满信心，那费边就唯接受交战是从，否则也就只好逃跑了事。

马其顿国王腓力（佩尔修斯之父）在与罗马人的一场战争中也曾想避战，他还有意将军队部署在一座高山上，但罗马人逼近了他们，并将其击溃了。高卢将领维钦格托列克斯力避与凯撒交战，因而率领他的队伍后撤了好几里地，可凯撒却一反高卢将领之愿，出
164 其不意地渡过了横亘于他们之间的一条河流[2]。在我们当代，威尼斯人要是不想同法国国王交战，就应当效法他，不能等着法国人渡过阿达河，而是应当撤走。更何况他们的行动已经迟缓了，既已无法避免交战，也已失去了在有利条件下渡过河去的机会。法国人本来就在近处；当威尼斯人撤退时，法国人便向他们发起攻击，

① 英译本此处为 50—60 英里。

② 这一段中的前两个例子，作者意在再次议论一下费边·马克西穆斯的谨慎作风。腓力与汉尼拔之战发生在公元前 197 年，地点在 Cynocephalae，可参见《李维史论》卷三之第 10 节；维钦格托列克斯与凯撒之战发生在公元前 52 年，凯撒渡过的河流称厄拉味尔河，可参见凯撒著：《高卢战记》卷七之第 35 节。

并将其如数歼灭。整个事情就在于：如果敌人已下定决心要找到你，那战斗便是回避不了的。但愿人们不要去学费边·马克西穆斯的样，因为在这种情况下他不出战的可能其实同汉尼拔本人的意愿不相上下。常常会遇到这样的情况，你的士兵在向前突进；可你很清楚，无论从部队的人数、地形的特点以及许多其他的因素着眼，毫无胜利的把握，那你就应当尽力设法去阻止他们。有时候也会出现相反的情形，客观上存在战斗的必要，或者说形势要求一战，可士兵们对自己没有信心，他们丝毫没有拼杀的愿望。在前一种情形下，应当恐吓他们；在后一种情形下，则应激励他们。

当需要士兵们冷静下来，而信念又帮不上忙的时候，最好还是让一支小部队去与敌人周旋；这样，所有其他的人无论作过战的或者没有作过战的，大家很快就会信服你的。这时，经过仔细思量之后，你就可以采取费边曾经采用过的办法。你们都知道，他的部队中有不少人，其中包括骑兵队长，是要求同汉尼拔决一死战的。而费边本人却并不想打这一仗，但既然出现了分歧，他就把部队分成两部分。他自己跟支持他的人在自家营地留守，而让骑兵队长率领他的队伍出战。结果，骑兵部队遭到夹击，大败溃输，而费边也并没有去救援他。这个实例既使骑兵队长受到教育，也使整个部队深信费边的主张是对的，是应该听从的①。

相反，当需要激励士兵们投入战斗时，最好设法惹怒他们，把敌人的谩骂说给他们听；同时要暗示，并使他们相信，在敌人的营垒里有你的人，靠着这些关系有一部分敌军已经被你收买过来。

① 此战发生于公元前217年，那名骑兵队长名叫米努奇乌斯·鲁福斯。

应当将部队部署得离敌人近一些，以便同他们发生一些小摩擦；人们对于每天都在重复着的东西很容易司空见惯的，适应之后，也就不会再怀有惧怕心理了。最后还应当勾勒出一些受到侮辱的迹象来，适时地让士兵们听到指责他们是胆小鬼的说法，说他们因为不跟你一起去出征，致使你只好独自一个人战斗而感到羞耻。

为了煽烈士兵们的怒火，还可以采取这样的措施：禁止他们在战争结束之前将掳获品弄回家去；至于他们将这些东西藏到哪里去，你大可不必追究。这样，他们就会明白，逃跑可以救他们的性命，但并不是能保护他们同样十分珍惜的那些东西的上策。于是，
166 他们就会为此而英勇地去拼杀，因为那也是为了他们自己的利益而战么[①]。

扎：你说，可以用言词去激励士兵们投入战斗；那么，依你之见，这些话应该对所有的人员说呢，还是仅仅对军官层说？

法：说服少数人，增强他们的信心，或者瓦解这些人，涣散他们的斗志，这是比较容易做到的事情，因为这时候起作用的并不是那些言词，而是权势和力量。但是要动摇一大群人，强迫他们拒绝与你个人的主张相左或者有害于整体事业的决定，那就非常困难了。这时候，只有言词才能发挥效应。要是你真想说服人家，你就必须面对他们讲清道理。所以说，杰出的将帅，还应当是演说家：若是你不具备在整个军队的大众面前发表充满激情、极具煽动性的演说的能力，那就很难如你所愿了。时至今日，这项艺术已经不再有用。你们不妨考察一下亚历山大大帝的一生。你们会从中发现，那时候他常常不得不面对全军以讲演去开导人们，舍此他永远无

---

① 可参见韦氏《兵法简述》一书卷三之第 12 节。

法在通向印度的阿拉伯荒原上率领那些已经卤获到大量战利品，但却始终跋涉于极度艰险之中的士兵们。要知道，战争是由各种各样偶然事变串联而成的一条没有尽头的铁索；如果将帅不善于或者不惯于跟士兵们推心置腹地交谈，这条铁索的每一节都有可能置军队于死绝之境地，而言词足以驱散恐惧，温暖心灵，加固斗志，揭开迷雾，许以奖掖，排解险情，指明救亡之路，激奋希冀，勉励 167
抑或斥责，一般说来会调动起既能燃起、也能熄灭人的欲望的一切力量朝向光明的一面转化。

因此，君主或者共和国若想建立一支新型的军队，就应当教育自己的士兵认真听取领袖的演讲，同时要使领袖学会和士兵们谈话的本领。古时，驯服士兵的强有力的工具是宗教和出征前的效忠誓言；他们的任何一个罪过都将不仅受到肉体上的惩罚，还会受到被激怒了的神所可能降予的全部恐怖惩戒。这种力量合同其他的宗教仪式经常能向古时的统帅伸出援助之手，并在但凡神威犹在、信仰受到推崇的地方减轻其执行任务的难度。塞多留说服自己的军队，使大家深信，胜利是那头白鹿领受了诸神的旨意而赐予他的①；苏拉告诉大家关于他同从阿波罗神庙请来的一尊神像谈话的事②；而在我们的父辈时期，正在同英国人作战的法兰西国王

① 塞多留雇用了一支智能低弱的异邦人部队，他在卢西塔尼亚总是随身带着一头美丽的白鹿。他常常对别人说，这头白鹿能告诉他什么是应该做的，什么是要竭力避免的。通过这个办法，使异邦人深信，他的一切命令都是神灵所授意的。

② 苏拉为了使他的士兵更好地做好战斗准备，装作诸神已经预先告知他这次战斗的结局。他在投入作战之前的最后一个行动便是在他的军队面前对着一尊小小的神像做祈祷。他说这尊神像是他从德尔斐城阿波罗神庙里请来的，他祈求诸神尽快地兑现向他许下的夺得胜利的诺言。

查理七世说，神派遣一位姑娘下凡人间，各地都称这位姑娘为法兰西之女，她给国王提出忠告，使他赢得胜利[①]。

168 让你的士兵视敌人如粪土，能做到这一点很有裨益。斯巴达人阿格西劳斯就是这么干的。他下令剥掉几名波斯俘虏的衣装，让他们赤身裸体站立在他的士兵们面前。当士兵们看到那些人松弛的躯体时，顿时引发起对敌人的蔑视[②]。另一些将领则强使属下投入战斗，告诫他们，唯有夺得胜利才是获救的指望。最后还有一招，也可以说是最强有力的一招，那就是增强每一名士兵坚定的斗志。这样的斗志因对祖国的热爱而得以强固，因对领袖的忠诚和无限信仰而更加坚定。武器精良、布阵巧妙、连战连胜、对统帅的高度评价构成了这种信任的基础。对祖国的热爱是天生的，对领袖的爱戴则是由他的天才造就的。在这一点上，天才较之其他任何恩赐更加重要。当眼前出现生死抉择之时，尽管必然性异彩纷呈，可它终归是绝对的、无异议的。

① 法国历史上确曾有过这样一位姑娘，她的名字叫贞德。

② 见弗氏《谋略》一书卷一之第十一章第 17 例。

卷　五

法布里乔：我已经给你们解释过，为与攻击你们的敌人展开会 171
战，你们的军队该怎样布阵的问题，也阐述过有关夺取胜利的途径，附带着还介绍了交战中可能出现的偶发事件的一些细节。现在，我要向你们讲清针对随时可能向你们发起攻击的隐蔽的敌人的布阵问题。这种情况经常发生在军队在敌方的土地上或者在潜在的敌人所控制的范围内实施运动的时候。

首先应当告诉你们，罗马人通常会派出一部分骑兵前去勘察道路。跟随其后的是携带辎重的右翼。接着是同样携带辎重的两个军团，后面又是带有辎重的左翼，最后是剩下的骑兵。这便是通常的行军队形。如果队伍在行军途中遭遇到来自正面或者后方的攻击，那么所有的辎重都必须立即疏散远离，或者向左，或者向右，以当时所在的地形特点而定。其余的部队在摆脱了物资的重负之后，应迅速变换成战斗队形，去迎战敌人。

如果攻击来自侧翼，辎重应当朝相反方向撤走，那样比较安全，也便于部队击退敌人。我认为这样的队形是好的，是经过深思熟虑的，很规范。我将继续将轻骑兵派到前面去侦察地形；尔后下令我的四个旅携带辎重鱼贯而行。辎重可分成两部分：一部分运载供士兵用的物品，另一部分装的则是属于全军的财物。据此，我把部队的辎重又分成四份，每个旅一份；炮兵和非战斗人员也一律按旅来划分。总之，这批物资都要一视同仁地分配给大家。但是，有时候部队行进的路线不仅必须在令人生疑的国家里，而且还会
172 在敌情严重，使你非得时时防备受到攻击的地方。此时，出于安全考虑，就应当变换行军队形；要保持一种既能使你避免当地居民骚扰、又能防备敌军突然来袭的前进队形。

在这种情形下，古代的统帅们指挥军队运动时往往采取方阵队形，之所以如此称谓并非因为它外观上完全呈四方形，而是因为它适合于四面作战的要求。这四个面说明，以这样的队形开进，无论对于行军或者作战来说都是有着充分准备的。我很看重这种队形；在组建构成我的军队的两个旅时，我将遵循这一做法。

如是，我会采取一切措施，以求取即使在敌对国家里运动也能确保军队安全的效果；同时我还要随时准备击退不管来自何方的突然袭击。遵循古人的规矩，我将军队部署成方阵，阵中留出每面各有 212 肘的空间。首先，我的两翼相互间的距离为 212 肘，每一面配置 5 个营的纵队，他们各自之间相隔的距离为 3 肘；每营占据的纵深为 40 肘，合计 212 肘，含留于他们之间的间隔在内。

在两翼之间，在头部和尾部各配置 10 个余下的营，每面配 5 个营，其中 4 个营要挨着右翼的先头那个营，并以同样的数目挨着左翼殿后的那个营，间隔为 4 肘。继而，要在左翼之头部和右翼之尾部各安排一个营紧随。这样编成的各营有宽度，而无纵深；加上间隔，他们所占据的空间计 134 肘，而两翼之间的间隔距离合计等于 212 肘。这样一来，挨着右翼头部的四个营和紧随在左翼头部
173 之后的第 5 个营之间留下的间隙为 78 肘。同样的间隙也留存于

配置在尾部的各营之间，区别仅在于后部各营之间的间隙在右翼，而前部各营之间的间隙则在左翼。

整个左翼那78肘的间隙将由一千名作战用的后备韦利特占据，而右翼那边则由另外一千名后备韦利特占据。我已经讲过，在我的方阵内部每一面的间隔都是212肘，因此配置在头部和尾部的各营都不应该再去占据连接两翼的任何一部分空间了。这样，就必须使后面的作战线再朝后退，一直到它最前端的那一列同侧翼的最后一列取齐为止；而头部则应推进到使最后一列能接上侧翼的最前一列的处所。如是，在整个编成的诸边沿地段都会有进入口，其间都能容下一个营的兵力，也就是说，总数会达到4个后备矛兵营的规模；余下的2个矛兵营将置于方阵之内，全军的司令官和他的精锐部队的位置也将设在方阵内。

如是编成的各营都向着一个方向开进，但却又能在不同的方向作战，所以应当将军队部署成使所有受到攻击威胁的部队都能得到掩护。除去正面之外，各个方向都有责任保护头部的5个营。因之，按照我们的战斗队形，矛兵的位置在他们那里总是排在前几列；后面的5个营对于攻击来说，只是从后面看才是暴露的，据此，在这里矛兵就总是在最后几列了，这一点我在先前曾经跟你们解释过的。左右两翼的10个营只能在两翼的外侧等候敌人的攻击，也正因为如此，在编成战斗队形时，就应当将矛兵部署在最危险的方向上。

行进中，十人长走在头部和尾部，以便一旦发生战斗，各部都 174
能按照他们的指示各就各位。当我们在议论营的战斗队形编成时，我曾谈及过有关方面的细节。我觉得炮兵应该分开配置，将其摆在左右两翼。轻骑兵应派到前方去搞侦察，重骑兵则走在左右两翼的后部,与最后几个营的尾部相隔约 40 肘的距离。

你们要注意,有一条共同的规则必须遵循:在任何战斗队形中骑兵的位置始终应当在后面或者在两翼。如果你要把它放在前部,那就必须让其前出到很远的位置,以便一旦失利,还能够撤得下来,而又不致搅乱步兵的队形;或者在各营之间留出足以让骑手们顺利穿越的宽敞的通道。千万不要小看这一条规则:许多将帅忘记了它,从而遭致败北,这是因他们的过失而造成的失败。辎重和非战斗人员要摆在方阵以内,且必须留出间距,以便他们能从一翼通达另一翼,或者从军队的头部撤向其尾部。没有炮兵和骑兵的诸营要部署在每一翼的外侧,其所占有的空间为 282 肘。整个方阵由两个旅团组成,必须十分精确地明确他们各自的位置。旅团要编号,这一点你们应该是清楚的;每个旅团编成 10 个营,由旅团司令长官统一指挥。第一旅团的诸营部署在正面作战线和左翼,司令长官的位置在正面的左上角。第二旅团在右翼和后部作
175 战线,司令长官的位置则在右下角,履行罗马军队 tergiductor(殿后)的职责[①]。

如是编成的军队便可以出征了,在运动中必须严格坚守这一足以保障其安全,使其免遭当地居民骚扰的战斗队形。指挥员不必对肇事居民采取任何特别的措施;有时给轻骑兵或者韦利特的某个小队下达一道命令,让他们将居民驱散,最多再往远处赶一赶,足矣。乌合之众的一堆人从来不敢在一剑之隔或一矛之遥的地方与军队对峙的。这是因为散乱的人群对严阵以待的部队总怀

① 以上 6 段所述的有关旅团和各营的编成和布阵内容,可参阅图 5。

有几分畏惧之心，其实他们只会像是受了惊吓一般连叫带喊地朝叫带喊地朝部队所在的方向跑去，只会虚张声势地吓唬一下部队 176

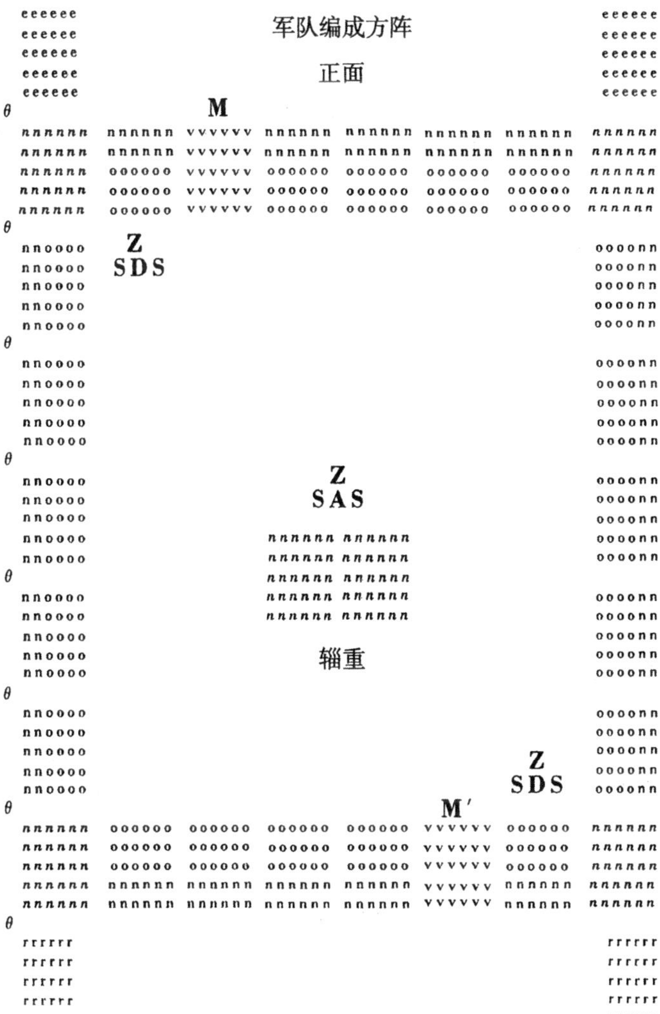

图 5　军队编成方阵

e—轻骑兵，θ—炮兵，n—持矛兵，o—持盾兵，r—重骑兵，

v—韦利特(轻装兵)，Z—掌旗手，S—乐手，

D—旅长，A—总司令

官兵，但始终不会靠他们太近。当汉尼拔进入意大利之后（算是罗马人倒霉），这位迦太基统帅居然势如破竹地穿越了整个高卢，根本没有把当地人放在眼里。

行军时，应当派出工兵修路，受命实施侦察的骑兵小分队要确保工兵的安全。部队以这种队形行军每天只需走 10 里路，这样他们便会有足够的后备时间用于扎营、进晚餐：通常军队的行军速度可以达到每天走 20 里路的水平。

现在让我们来想象一下，有一支正规的敌军向你们发动进攻。这样的情况一般说不会突然发生，因为任何一支真正的部队都会按正规的军人步伐行进，这就使你有时间照我前面所叙述过或者与此相近似的格式排列好战斗队形。假定攻击来自前方，那就只
177 需要将部署在两翼的炮兵和随于其后的骑兵前调，令其占领原已指明的空地。位于前端的 1000 名韦利特，按每 500 人为一队分成两部分，并前出到位于骑兵与侧翼的步兵部队之间的他们自己的地盘上去。余下的空地则由部署在方阵以内的两个营的后备长矛兵来填补。走在后部的 1000 名韦利特，则应在各营的两翼散开，以掩护他们。辎重和非战斗人员要穿越业已形成的通道在后方部署好。当内部的空间已清除利索，各部人员都已各就各位之后，后面的 5 个营就应向前挪动，穿过分开两翼的间隔向头部的诸营靠拢。前面的 3 个营与第一线之间要保持 40 肘的距离，他们自身之间也要保持同等的距离；另外的 2 个营则留在后面，同样应相隔 40 肘。

这样的编成进行起来会很快的，这一队形跟我给你们解释过的第一种队形很相似；它的正面较窄，但两翼受到的护卫更好些，这就能使之更觉安全些。后面的几列都由后部战线 5 个营的长矛兵占据着；现在需要将他们往前调动，去加强前面的战线。为此，

要么逐营实施反转行进，要么让长矛兵迅速穿越留在持盾兵之间的间隔，将其向前调动。这个方法更简单、更方便些。后排诸营之向前调动，在任何一种攻击中都是必不可少的，这一点我在后面还会再给你们解释的。

如果敌人从后方来袭，那你首先必须让全军向左转，变方阵的后部战线为前部战线；接着你就要按我已经讲过的那样作出部署。如果敌人攻击你的右翼，整个部队就要向右转身，此时受到威胁的一面就变成了正面；为保护正面，应当采取我方才所讲述的一切措 178
施。显而易见，此时骑兵、韦利特和炮兵应该占据与正面的新的战线相应的点位。区别仅在于，在变动正面时一部分部队理应加速推进，而另一部分队伍则相反要放慢脚步。

如果右翼成为正面，那么韦利特应当穿越边缘的步兵营和骑兵之间的间隔，比谁都要更近地向左翼靠拢。他们原有的点位将由部署在方阵以内的两个营的后备长矛兵来占据，但要让辎重和非战斗人员先行撤到左翼去，因为如今左翼已成为后方了。按原有排列，居于尾部的余下的韦利特仍将留在原地，以便不致使部队后方出现真空。其余的一切都不会有什么变动。[①]

我所讲述的有关如何击退敌人对右翼的进攻，同样完全适用于对左翼的攻击，因为他们在两种情况下所采用的是同一种队形。要是敌人以优势兵力从左右两翼同时向你发动进攻，那你就得以方阵中未受攻击的一面的几个营去加强正在拼杀中的部队，将队形的列数增大一倍，把炮兵、韦利特和骑兵统统部署到敌人攻击的地带。如果敌人从三面、甚至四面来袭，那就是说，要么是他，要么

① 有关方阵战斗队形之编成，可参阅图6。

179

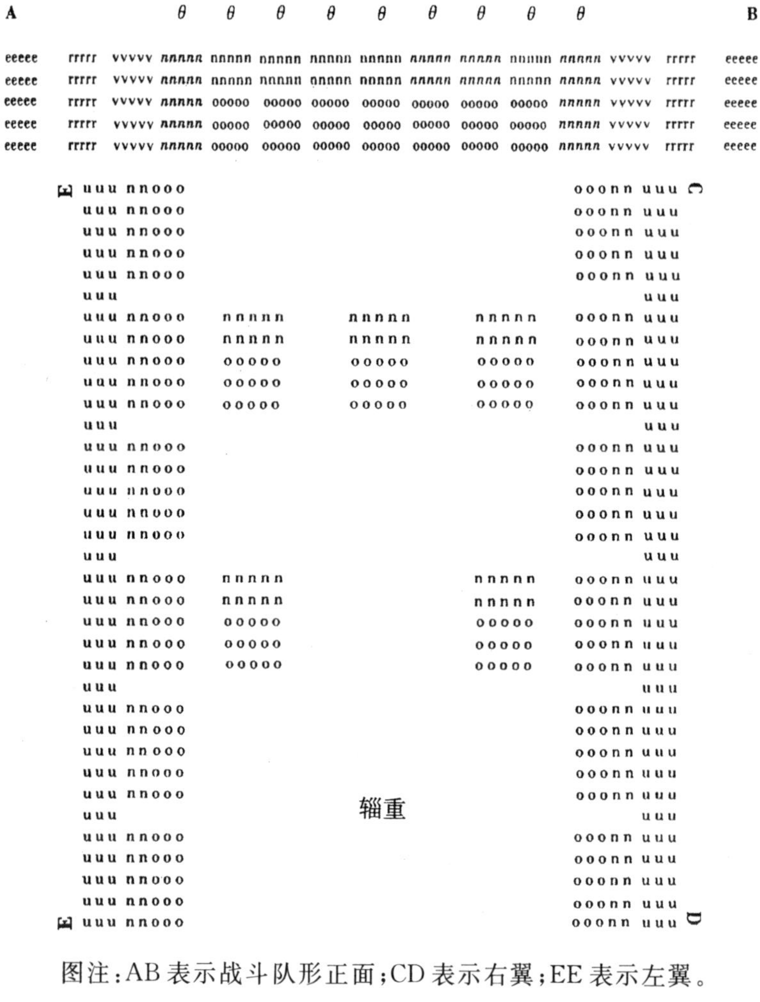

图注:AB 表示战斗队形正面;CD 表示右翼;EE 表示左翼。

图 6　由方阵编成战斗队形

θ—炮兵,e—轻骑兵,r—重骑兵,n—持矛兵,

o—持盾兵,v—正规的韦利特,u—后备的韦利特

是你根本不懂得自己在干什么。聪明的将帅从来不会让敌人以大量训练有素的部队从四面八方来攻击他的。只有当敌人的兵力拥

有巨大优势，这种优势起码要能够达到攻击你的方阵的每一面的兵力相当于你的全军的数量时，他才敢于满怀胜利的信心这么去干。而如果是你如此轻率从事，在己方兵力仅三倍于敌的情势下 180
贸然深入敌境，那你尔后的处境必将十分地糟糕，及此你也就只好归咎于自身了。假如这一切并非由于你的罪过所达致，那你也只能光荣地殉国捐躯，就像西庇阿之在西班牙、哈斯特鲁拔之在意大利一般[①]。

反之，若敌人兵力并不比你强多少，而他却偏要从几个方向向你发起攻击，企图搅乱你的部队，那他就在干蠢事了，这种做法只会对你有利。要知道，这时候他必然会在各个点位上削弱自己的力量，而你却能轻而易举地先击溃他一个面上的进攻部队，同时保持其余各面的力量，进而在短时间内将其全歼。

我要向你们讲一讲：面对看不见的、但却使你们受到攻击威胁的敌人时，部队该怎样布阵的问题。了解这种方法十分必要，这对于你想教会士兵们使用这种阵法去编队、去运动，对于在行进中部署前方战斗、随后再次变换成行军队形、将后部作战线变更为前方作战线、为实施侧翼作战重新编队，乃至最后返回到原先的编成状态，都是很有好处的。

如果你想要建立一支训练有素、适于作战的军队，那这些演习 181
就是绝对必要的。将帅和统治者理应对此勤加操作：所谓军事无

① 西庇阿战死西班牙疆场见本书第 132 页之当页注①；公元前 211 年，哈斯特鲁拔是西班牙战争中的得胜者。后来，前 207 年罗马人在意大利中部的一次战役（梅陶罗战役）中大胜迦太基人：罗马执政官萨利内托和尼禄截获了哈斯特鲁拔前来驰援他哥哥汉尼拔的信件，击溃了从西班牙赶来的援军；哈斯特鲁巴拔本人在这次战役中被杀。

非就是正确下达命令，不折不扣地执行我所叙述的那些行动的一种艺术。一支军队之所以称得上训练有素，就是因为它在各种演习中掌握了很好的技能和熟巧。所以说，我们当代的将帅只要能够使他的部队受到地地道道的军事训练，那他便将是不可战胜的。诚然，我给你们讲述的排列方阵事宜要比其他科目复杂一些，但其间的复杂性也仅仅是就演习而言；一旦部队习惯于这种队形，并学会将其保持下来的技巧之后，那大家在学习别的不那么困难的课目时，就会感到轻松多了。

扎：我赞成你的观点，所有这些课目都是绝对必要的；你讲得非常贴切，我没有任何补充或异议。不过，有两件事我还想再请教阁下：当军队受到来自后方或侧翼的攻击，而须转身面向敌人之时，是用喊叫还是用战斗音乐来下达口令更好？第二个问题是：当你派遣工人去修路和铺路时，你是从你的非战斗士兵中抽调呢，还是另外从别的地方去招募人员？

法：第一个问题很重要，因为经常会遇到这样的事：由于传达或者对命令的理解错误，部队里会出现混乱。所以，尤其在危急时刻口令必须简短、明确、易懂。如果使用音乐，则其音符一定要能够确切地区分得清楚，切不可模棱两可，引起混淆。要是使用口传的方法下达口令，那就务必要使用意思固定的、避免出现涵义笼统的语汇，一定要从中只挑选不致引起歧义的语汇。像“后退”这个词就曾多次导致部队失利，所以不能用，而应当改用“向后转”。如果你想变更正面作战线的朝向，让队伍面朝右方或者转过身、脸朝后，你就千万别喊“转身！”，而应喊：“向右转！”、“向左转！”、“向后转！”，“开步走！”所有其他的口令都应该做到：简短、明确。比如：

“靠拢！”、“立正！”、“前进！”、“向后转！”一般说来，只要有可能还是以喊口令为好。有些难以用声音下达的口令才借助于音乐。

至于你的第二个问题，也就是关于工人的问题，我还是喜欢用自己的士兵去做这些事。首先，这是因为我们的先辈一直是这么做的；其次，因为这么做可以减少我的部队中的非战斗人员的名额，从而也就减轻了多余的负荷。我按需要从每个营抽调人员，发给他们必要的工具；武器只发给走在各营头里的人。只有当敌人出现时，这些人才能把武器发还给工兵们，并让他们归队。

扎：那由谁来携带这些工具呢？

法：这些东西会被装上专门的车辆。

扎：我担心你将无法让你的士兵们去干土工作业。

法：到时候我再来回答你这个问题吧。现在我不想谈这件事，我要给你们谈谈别的事，就是有关部队的食品供应问题。看来，我们好像把士兵们搞得很疲惫，是到了让他们的精神饱满起来，改善他们的伙食，增强他们的体质的时候了。

每一位统治者都应当竭尽全力保障自己的部队具有极其灵活 183
的机动能力，为此必须排除足以影响他们，以致给军事行动造成困难的一切因素。供应部队充足的酒类和食品，便是最大的困难之一。古人对酒类倒并不十分在意，即使没有也不足虑，不妨以水代之；有时为了变变味道，就往水里稍稍掺些醋。所以，对于他们说来，供应部队食品的主要品种倒并不是酒类，而是醋。他们不像我们如今的城里人要吃烤制的面包，他们只要把面粉储存起来就行，每个人都可以按自己的意愿去糅合，也可以再拌上食油和猪油。这不仅会使面包的味道更香，而且也对增强士兵的体力有益。

如是，部队的粮食供应也就是面粉、醋、食油、猪油以及喂马的大麦饲料。通常，随队总还会跟着若干群大小牲口，所以不存在运输问题，也就不会发生什么特别的困难。有这样的习俗，部队即使在荒漠和难以通行的地方跋涉好几天都不会出什么事的，因为所有的食品供应都能在自家后勤那里得到解决。

在如今的军队里，情况就完全不同了，要是没有酒，他们似乎根本就活不成，非得吃用家里的方法烤制出来的面包不可；这样的食品是无法长时间保存的，所以士兵们常常会挨饿。而想要保证这样的供应，那就得付出大量的劳力和无数的钱财。因此我就对我军的食品供应办法实施改革，只提供他们自己烤制的面包。至于酒类，我是既不禁止他们喝，也不实行供给，总之我不会为了去弄酒而耗花精力。在其他用品的供给方面，我所采取的也是类似
184 的办法。如果你们能够仔细地思量我的这些想法和做法，你们就会发现，一个将帅、一支部队若采用这样的办法可以免去多少困难、不便和重负，他们的任务将达到何等单纯、何等简化的程度。

扎：我们在战斗中击溃了敌人，随后横穿过他们的国土。很自然，在这种时候缴获少不了，俘虏一大堆，许多城市遭到横征暴敛。我很想知道，古人在这种情况下会怎么做。

法：这一点很容易回答。我记得曾经要你们关注过这样的情形：在现代战争中无论是战胜者还是战败者同样都会遭受损失，一部分人会失去权力，另一部分人则将失去金银和财产。而在古时，情况并非如此，只要是得胜者都能发大财。其中的道理就在于如今在处置战利品的做法上已和当年大不相同，那时候是听任士兵们去抢掠的，甚至会把城市洗劫一空。这种做法危害极大，可以说

会造成成倍的灾难。这一点我刚才已经说过了。其另一种恶果便是人们会变得越来越贪婪，越来越不去考虑自己的责任问题。这就是为什么已经到手的胜利转眼就会转而成为失败的原因——士兵们都去洗劫、掠夺的恶果！

罗马人是我们的兵法老师，为防止这种双倍的危害，他们首先采取的措施是凡战利品依法皆属国家财产，由国家按规定实施分配。再一点，军队内部设有度支司法官，相当于我们的司库一类官员，其职责便是汇拢所有缴获的财宝和战利品。执政官就是用这些钱财给士兵们支付日常的薪饷，帮助伤病员治病养伤，抵补军队的其他开支。当然，执政官可以，而且也常常会把战利品分发给士兵们，但这种恩赐丝毫不会引起混乱，因为战后所有的战利品都已集中到一处，并已根据官职分发到了每个人手里。

这一制度规定有助于士兵们去为夺取胜利而战，而不是去为抢掠钱财拼命。罗马军团击溃敌人之后，并不尾随其后实施追击，因为士兵们是始终不能离开他们的队列的。追击敌人的任务由骑兵、轻装兵以及其他的士兵承担，而与军团战士无涉。如果说谁夺得战利品，谁就可以随便据为己有，那军团就无法掌控，即使掌控了，也没有意义，这就会招致数不尽的危害。反之，罗马人所采用的办法，致富的是国家；每一位凯旋的执政官都会从战争中带回来大量的金银财宝，这些都是从敌人那里缴获到的战利品。

罗马人还采用另一种同样相当聪明的办法[①]。每一名士兵都

① 韦格蒂乌斯的《兵法简述》中对此也有一段叙述。不过，他在该书的卷二第二十节中所说的是 dimidiapars（即当军士得到有人馈赠的金钱时，要拿出所得的“一半”）；在马基雅维利这里却是 laterzaparte（三分之一）。

必须将自己的薪饷的三分之一交给本大队的掌旗手，只有到战争结束后才能取回这笔钱。这样做有两个目的：其一，让士兵们养成从薪饷中存一部分钱的习惯，因为军队中的大部分人员都是年轻人，没有家庭负担；他们收入越多，胡花乱用、挥霍浪费的毛病就越
186 厉害。其二，罗马人认为，如果士兵们知道掌旗手手里还保存着他们的钱财，那他们就会更加关心军旗的命运，也就会更加顽强地去保卫这面旗帜。这样一来，他们就会同时养成节俭和勇敢两种良好的品德。如果你真想为一支军队打下扎扎实实的根基的话，那所有这一切都是必须遵循的规则。

扎：我觉得，没有突然性和险情，也就谈不上什么行军征战；而排除这两种因素，保障部队的安全唯将帅之运筹高超和士兵之英勇无畏为要。如果你在这次谈话时记起有关实例，我真希望你能给我们讲解讲解。

法：我乐此不疲，尤其这对于充分理解军事非常必要。行军征战时，指挥官最为顾忌的莫过于遭伏击；之所以会中敌人埋伏，或许是发生于无意之中，再就是突然遭遇，输在了敌人的一个“诈”字上。如属前一种情况，则应当派遣双倍的小分队严行侦察、严加防备、谨慎从事；再，若地形条件适于埋伏，即如在多林和多山的国家里，敌人就常常会藏匿于森林之中或岗丘背后的某个地方。

对于敌人设伏，如果你不能及时看清，将贻害全军；一旦你能事先识破，则不致造成危害。有时候，鸟类，甚至尘土都会成为帮助你发现敌情的良友。前方有敌情，往往会伴随尘土飞扬的景象；行军时发现有成群的鸽子或者别的鸟类在空中盘旋，但又从不落

下。这些都可能就是敌人已在近处的信号。如是，将帅心中理应作出各种推测：近处是否有敌兵埋伏；此时可往前方派出小分队，结果发现确有敌情。于是部队得救，还能狠狠打击敌人。

另一种情况是：你陷入敌人埋伏，是中了敌人的圈套。要避 187
免受骗上当，必须始终保持警觉，切莫轻信任何不实之情、虚幻之事。譬如，如果敌人轻易让你掳获到某些战利品，那就是说，你很可能会上钩了：这里面隐伏着奸诈。要是敌人人数颇多，而你们不过寥寥士兵若干，他们见到你等，却反身逃逸；或者相反，一小撮敌兵竟然向你部的大队人马直扑而来，而倏忽之间却又冒冒失失地逃之夭夭：这其间必有诈，千万不可以为敌人不知道发生了什么。即使只想部分地避免这些陷阱，尽量少冒些险，办法只有一个：敌人越显得实力微弱，越显得大大咧咧，你就越要小心谨慎。此时，你的行动务必注意两点：你思想上要有敌情，要采取一切必要的措施；但口头上、外表上要装出若无其事的样子，因为这样你就能鼓舞士兵的气势，增强他们的必胜信念。思想上有敌情可以教会你多长一个心眼，减少陷进人家布下的圈套之虞。你应该知道，在敌方的土地上行动，其中潜伏着的险情要比一场会战的危险更大①。

① “有些对兵事相当有研究的人认为，军队在转移时遇到的危险通常比直接战斗时更大。交战时大家都携带着全部武器，敌人就在你的对面，看得清清楚楚，双方都是在充分准备之后才投入战斗的。可是部队在转移时，战士们一般都轻装，他们的注意力不那么集中；一旦遭到突袭或者预设的埋伏，会立即显得惊慌失措。因此，将帅应当十分认真、十分细心地预见到可能出现的情况，力避行军途中遭袭击；要是真的发生这种情况，也能较容易将其挫败，而不致受损。”这是韦格蒂乌斯在他的《兵法简述》卷三第六节里所写的一段文字。可参阅。

188 所以，军队的司令官这时必须加倍地小心谨慎。首先，他必须备有经精确绘制的即将在那里回旋驰骋的战场地形图，以便借此能知悉一切，包括：居民的人数、距离、道路、山岭、河流、沼泽地以及它们的特性。

为了更好地熟悉情况、灵通消息，将帅身边应当有几个了解边区状况的当地人，这样他就可以随时就近向他们探询，核实他们的指点，判明其中有用的素材。他应当派出骑兵分队带上头脑清醒的长官，他们的使命不仅要探明前方有无敌人，还要研究这一大片地方的真情实况，以使司令官能够确信他们所搜集到的消息和地图上所标示的，以及从其他渠道获知的信息是否一致[①]。此外，下一步的行动将在向导的引领下进行，必须让这些向导明白，他们的前程：或者受到奖励，或者因叛卖而受到严惩，完全取决于他们自
189 身的作为。

不要让部队知道，下一步他们将干什么。这一点非常重要：战争中最为要紧的事情就是善于隐蔽自己的意图。为使士兵们在遭遇突然袭击时不致惊慌失措，应当时时提醒他们，战斗随时都会发

① 关于地形学知识的重要性，马氏在他的《君主论》一书的第十四章中是这样写的："……君主自己必须……认识各处的地理状态，了解山脉是怎样起伏的，峡谷是怎样凹陷的，平原是怎样展开的，还要明了河流沼泽的特性，而且必须对于这一切予以最大的注意。这种知识有两种用处：首先是他学会怎样了解自己的国土，就能够懂得怎样保卫它；其次，如果此后他有必要了解任何其他地方时，由于他对那个地方的知识和经验，他就能够很容易了解那个地方。因为，举个例子，在托斯卡纳的丘陵、山谷、平原、河流和沼泽同其他地区这些地方有某些相似之处，从而一个人由于了解一个地区的地势，就能很容易地了解其他地区的地势。君主如果缺乏这种专长，也就是缺乏了一个首领应该具备的头一个条件，因为这种专长告诉他怎样发现敌人，选择根据地，率领军队安排作战阵地，以及利用条件围攻目的地。"可参阅该书第 70 页。

生，务必做好充分准备，所谓预则无畏，有备无患么。行军时，为了防止出现混乱，许多将帅都习惯于将辎重和非战斗人员编成单独的组合安置在每个营的军旗周围，并命令他们要紧紧跟随军旗前进，如是也便于部队途中休息或者后撤。这样的部署是有益的，我赞成这么安排。

行军中，还必须采取一切措施，使各部队之间不要脱节，要让士兵们走得匀称些，因为如果有的人走得太快，而又有人走得慢了，纵队就会显得凌乱、无序。因此，各队的指挥官应当走在两侧，随时观察队伍是否齐整，注意那些步速过快的，让他们放慢些；督促那些掉队的，叫他们走快些。一般说来，走步子还是踩着音乐的节奏为好。

还必须拓宽道路，以便能让至少一个营的队伍通过。应当认真研究敌人的习惯和特征，也就是要了解什么时间发起进攻最适宜：是凌晨、午间，还是傍晚；他们的优势在哪里：是步兵，还是骑兵。根据这些情报来拟定号令，决定采取所需的措施。

让我来举一个实例吧。譬如有一次，你遭到敌人攻击。由于对方十分强悍，你就竭力避免与他交战而后撤。当你退到一条河的岸边时，流水挡住了你的去路。想涉渡过河，很费时间；等敌人 190
赶到，你的部队又会受到攻击。有些将领在陷入这种险境时下令挖掘壕沟，再把麻絮放到沟里，点火烧起来。此时开始涉渡，部队就这样顺利地过了河：那是一堵火墙阻滞了敌人。

扎：我不相信这样的火势能阻滞敌人的追击。我曾经听说过，迦太基将领汉诺遭敌人包围，他下令就在他准备突围的那个方向上点燃火种。敌人认为在这样的地方无须防备，可汉诺下令部队用盾遮住脸，以免灼伤和窒息，随即率领部队穿越火带，成功逃逸[①]。

法：你说得对，但是请注意在我所说的和汉诺所干的之间存在着差别。我说的是，有些将领让部队先挖一道壕沟，再在里面放上易燃物；这样追击者就既要对付火焰，还要设法填平壕沟。汉诺则什么壕沟也没有挖，只是下令把火点着。因为他是意在逃跑，那火也就不会搞得太猛烈，否则即使没有壕沟，那火势岂不同样会妨碍他自己的行动吗？难道你忘记了斯巴达国王纳比斯被罗马军队困住之后，下令烧毁部分城市，以求阻止已经冲进城里来的罗马人了吗？[②] 火势不仅会阻碍他们的道路，还会迫使他们出走。

现在让我们回到谈话的主题上来。罗马执政官昆图斯·卢塔
191 提乌斯·卡图卢斯遭辛布里人追击，逃到一条河边。他想赢得渡河的时间，便摆出一副要跟对方决一死战的样子：他装做似乎要安营扎寨，下令挖沟掘壕，还支起来若干座营帐，又派出骑兵小分队到临近各地去筹集粮秣。辛布里人以为，他真要驻守下来了；于是跟着也安顿部队就地歇息，还将队伍划分成若干部分，以便于补充粮食等用品。卢塔提乌斯目睹这一切之后，立即在敌人的眼皮子底下开始渡河，对此敌人已无法进行任何干扰了[③]。为了涉渡水面上没有桥梁的河流，有些将领便设法分流河水，将其引入自己后

---

① 弗龙蒂努斯的《谋略》一书卷一第五章之第 27 例所介绍的即汉诺借火突围的事。可参阅。

② 斯巴达国王纳比斯焚城御敌之举发生在公元前 195 年。

③ 此例发生于公元前 102 年，可参见弗氏《谋略》卷一第五章第 3 例。

方的新河床;这样一来河水变浅了,士兵们也就容易蹚水过河了。

如果想让步兵渡过水流湍急的河面,一部分重骑兵就得在稍高于渡口的地方下水,以便减缓水流的速度;另一部分重骑兵则应守在低处,随时准备救援被流水冲下来的士兵。要是河太深无法蹚水过去,那就只好从桥上或者搭小船、划皮筏子过河了;但一定要事先保证这些运输工具达到必需的数量才行[①]。

常有这样的事,当你在涉渡江河时,往往会发现在河的对岸有敌人,他们会阻止你过河。这时,你最好学凯撒的样:当年他在高卢作战时,有一次,他率领队伍来到一条河流的岸边,可在对岸却出现了高卢领袖维钦杰托列克斯和他的部队。凯撒已经沿着这条
河连续走了好几天,而敌人也这么干着。最后,他在密密的森林里 192
停了下来,这是一个很容易隐蔽部队的好处所。他从每个军团里抽出三个大队,命令他们留在原地,在他离开之后立即在河上架起一座桥梁,并设置防御工事,加强戒备。他自己则率领其余的部队继续前进。维钦杰托列克斯也就跟着他继续前进,因为他看到在他前面的队伍仍然是那么几个军团,而没有想到他在后面已经留下了一部分兵力。凯撒计算一下时间,估计桥已经架好,便掉转头来,等一切就绪之后,毫无障碍地渡过了这条河流[②]。

扎:你有没有什么办法找到能够蹚水过河的浅滩?

法:是的,河里的死水和流动的活水之间总会有一段特别的地带相隔开;在这样的地方河流一般较浅,可以蹚水过去,因为这里

① 韦氏《兵法简述》卷三第七节专门叙述涉渡问题,可参阅。

② 见凯撒的《高卢战记》卷七之第 32—35 节。

有水流把沙子从河底翻上来，继而淤积成浅滩。这种断定是否浅滩的方法曾无数次地通过实践进行检验，证明是可行的。

扎：要是碰到河底是黏性的，那些马匹已开始挪不开步子了，那时你该怎么办呢？

法：在这种情况下，就朝河里扔柴束，再踩着这些柴束过河。但我们不能偏离主要的目标。有时候会遇到这样的境况，将领率领自己的队伍进入了两座高山之间的峡谷，这峡谷只有两个出口，而且都已被敌人占据着。这时候就只能靠在同样情况下
193 曾施用过的计谋取胜了：在峡谷后侧重新开挖一条深深的难以靠近的壕沟。要使敌人觉得，你将竭力在这地方坚持下去；在后方的安全得到保障之后，你就会竭尽全力穿越那条自由通道突围出去。

受骗中计的敌人会针对峡谷的自由出口那个方向加强防御，而不再密切注意由壕沟掩蔽着的那段峡谷了。这时，你就可以在壕沟上支起一座事先早已准备好的木桥，顺利地通过木桥，摆脱掉敌人。当年，罗马执政官卢奇乌斯·米努奇乌斯在利古里亚作战时被敌人赶进一个峡谷。尽管所有的出口全都被敌人堵住了，但执政官还是决定要突围出去；他往敌人占领的方向派去一些过去曾经在他的部队里呆过的努米底亚的骑手，他们的装备很差，骑的都是些又小又瘦的马驹儿。敌人发现了他们，起先还准备加强对通道的防卫，后来看清他们连骑马都不成个样子，便觉得，这些人根本不适合作战；于是心定下来了，也就不再注意他们了。努米底亚人立即利用对方的这种疏怠，策马向前冲去，狠狠打击敌人，其行动竟如此之迅捷，以致敌人根本无法招架。当他们冲出峡谷之

后，对当地大肆掠夺，使之成为一片废墟，并以此强迫敌人撤离，使卢奇乌斯的部队摆脱了罗网[①]。 194

有些将领在大敌当前之际，为了保护自己，将己方的所有兵力集结在一个不大的空间里，把自己围在中间；然后，当找出敌方作战线上最薄弱的点位时，立即对其实施主要打击，打开一条通道，扬长而去。

马尔库斯·安东尼正遭到安息人追击。他注意到，每当破晓时分，他拔营启程时，总会受到他们的攻击；接着，一路上都会接续不断地来袭扰。一天，他下令全军直到正午之前一概不作为。安息人觉得，这一天他不会再有什么行动，也就返回了各自的营帐；可就在这一天，安东尼却安安稳稳地开走了[②]。也就是这位统帅，为了免遭安息人的箭矢之害，想出了一个办法：他下令当敌人出现
时士兵们单膝跪地，同时第二排的士兵举起手中的盾遮挡住第一 195
排士兵的头顶，第三排用盾遮挡住第二排，第四排遮挡住第三排，以此类推；全军就是用这种好像掩护在屋顶之下的方法抗住了敌

① 弗氏《谋略》卷一第五章第16例与这里的叙述雷同，公元前193年，“罗马执政官米努奇乌斯的军队陷进了利古里亚的一个峡谷。米努奇乌斯下令努米底亚人的辅助部队驶向敌人据守的谷口。他们长相粗俗，坐骑又很难看，并未引起对方更多的注意。一开始，敌人还是比较警觉，生怕遭到袭击，派了岗哨。努米底亚人为了进一步造成对方轻视他们的印象，故意装作从马背上跌落下来，并做出许多滑稽可笑的动作。异邦人觉得这一切很新鲜，他们完全被这一场面迷惑住了，于是队伍乱了。努米底亚人看到这种情形，便慢慢靠近过去；接着便用靴子和马刺踢马，策马穿过了敌人的防线。随后就在附近的田野里放起火来，以致利古里亚人不得不撤回去防卫自家的领土，这样，也就使被围困在隘口的罗马人得到了解救。”不过，《谋略》一书所指的米努奇乌斯是昆图斯·米努奇乌斯，而本书所说的却是卢奇乌斯·米努奇乌斯。请参阅该书有关章节。

② 见弗氏《谋略》卷二第十三章第7例。

人的箭矢之袭[①]。有关行军中可能发生的突然性事态，我所能讲的也就是这么多了。如果你没有什么问题了，那现在就让我们转到另一个主题上去吧。

① 作者在这里举出的安东尼免遭安息人箭矢之害的办法也就是摆出了一种叫做龟甲掩蔽阵的队形，所谓龟甲掩蔽阵即士兵们互相蹲靠在一起，将手中之盾举过头顶，依次连接成大片，犹如龟背一般，以防箭矢中的。见弗氏《谋略》卷二第三章第 15 例。

卷　六

扎诺比：我觉得，现在我应当卸任了，要将这份差使移交给巴蒂 199
斯塔，因为我们的谈话即将转到别的主题上去。在这一点上，我们应当效法杰出的将帅们的榜样；照法布里齐阁下的说法，他们总是将最优秀的士兵摆在先锋和殿后的位置上，以求第一线能英勇地打响战斗，而最终同样能够英勇地结束这场战斗。科西莫很有智慧地拉开了这场谈话的帷幕，而巴蒂斯塔将同样会很有智慧地将帷幕降落下来。我和路易吉尽我们所能支持这场谈话。我们每一个人都十分乐意承担自己的一份责任；我想，巴蒂斯塔也一定不会拒绝的。

巴蒂斯塔：迄今为止我一直遵奉着朋友们的旨意，接下去仍然准备这样做。好吧，阁下，现在谨请继续你的演说，我们的这些客套话打断了你的讲话，这一点还要请你原谅。

法布里齐：我曾经给你们讲过，这使我感到愉快。你们打断我的话不会疲惫我的思维，相反会使它更加活跃。

那就让我们回到谈话的主题上来吧。这主题便是如何为部队构建军营。你们都知道，天地万物皆须歇息、力求安全；缺少安全，何来充分的歇息。也许你们认为，我最好还是先讲军队安营扎寨的事，接着再谈行军队形，最后谈战斗队形的问题，可实际上我却是反其道而行之。我之所以这么做，实在也是出于无奈：如果我要给你们讲述行军队形以及将行军队形变为战斗队形的问题，我必须首先告诉你们，战前军队是如何建设的。

200 在回到谈话之初的内容以前，我应当先说一说，这军营只有在当它构建得牢固、设施齐全的时候才谈得上安全。设施齐备是将领指挥管理能力高超的表现，所谓牢固则分自然和人为两个方面。希腊人喜爱防备严整的环境，他们永远不会在没有悬崖、没有峭壁、没有森林、没有其他自然条件护卫的地方安营扎寨。在这方面，罗马人不仅看重自然环境，更十分在乎人工的着力，他们从不把营帐扎在按他们通行的规矩无法将全军展开的地形上。这就使他们只有一种格式的构建营帐的可能：他们不会去迁就地形的自然条件；相反，他们要让地形条件隶从于他们自身的旨意。[①]

希腊人不会这么干，因为地形条件是他们的首选，而地形的特点又是各不相同的，所以他们就一定要随之变更他们部队的营寨配置和营帐本身的格式。罗马人的做法不同；如果自然条件对他们的护卫起不了太大的作用，那他们就用技巧和知识去弥补这个缺陷。

在我们的整个谈话过程中，我的本意是以罗马人的做法为准绳；现在要讲到军营的构建问题，我同样会追随他们的榜样。但我也并非不分青红皂白地照抄照搬，而只是按我的看法取我们现时用得着的那些东西。

201 我曾经给你们讲过多次，执政官所掌控的军队辖有两个由罗马公民组成的军团，也就是说，约有 1.1 万名步兵，600 名骑兵；外加 1.1万名联盟辅助部队的人员。联盟各国的兵力数量上从来不会超

① 这种类比希腊人和罗马人构建军营思路之不同主要来自波利比乌斯，他的《通史》卷六第 42 节有述。

过罗马人自己的人员，只有骑兵属例外，因为在这些部队中联盟各国的员额甚至比罗马人还多。还有一点：交战时，罗马军团的位置总是在中央，而盟国的辅助部队则在两翼；在宿营地，正如你们在古代史学家的著作中所能读到的那样，军队的配置大体也是如此。因此，我不准备给你们叙述罗马军团安营扎寨的全部细节，我只想告诉你们有关我现在，在我们这个时代会怎样构建部队军营的问题。到时候你们会发现，我是在怎样的程度上追随着罗马人的模式。

你知道，当我仿照两个罗马军团的兵力组建自己的军队时，实行的是两个步兵旅，每个旅团有步兵 6000 人，骑兵 300 人的编制。你一定还记得，我们把一个旅团分成若干个营，还有他们的装备和符号等等的事宜。你也知道，在叙述行军队形和战斗队形时，我是从不会增加任何新的兵力；最多不过说明一下，如果兵力增加一倍，那队形中的排数也就可以翻上一番。

如今，当我想给你们展示军营的配置时，我就不会仅仅局限于两个旅团了。我要的是按罗马的先例由两个旅团和同等数量的辅助部队组成的一支真正的军队。我之所以这么做的原因在于：能够容纳整个军队的军营格式，才是更加合乎规范、更加完备的。以前我们在思考这个问题时却并不曾有过这样的要求。

如是，我们要构建的军营应该是全建制的，也就是说要容得下 203
一支拥有 2.4 万名步兵和 2000 名骑兵，分成四个旅团，其中两个是辅助部队的旅团[①]。这座军营的地址一旦选定，我就会立即下令

① 马基雅维利有关构建军营的论述的依据似是波氏的《通史》，其卷六之第27—32 节论及此题。当然，马氏同时还参照了韦格蒂乌斯的《兵法简述》的有关章节，如卷三之第八节。再则，马基雅维利对色诺芬的《远征记》应该也是十分熟悉的。

202

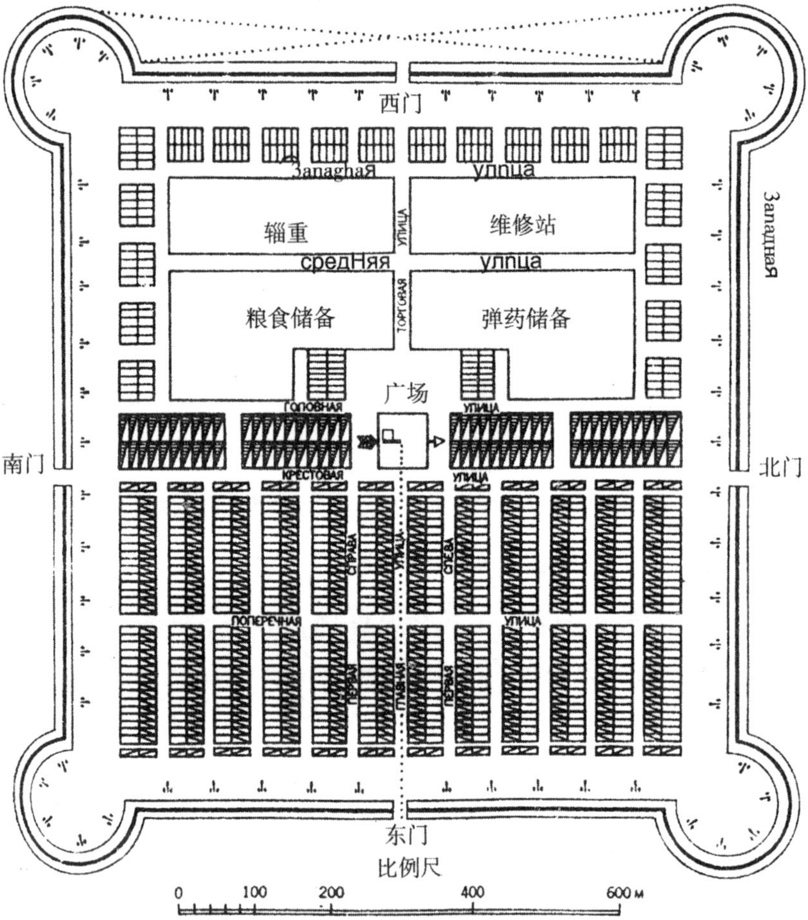

图 7　营地平面图

主干道，главная улица，Main Street；十字干道，крестовая улица，Cross Street；横向干道，поперечная улица，Traverse Street；右干道头条，первая справа，First Street on Right；左干道头条，первая слева，First Street on Left；前街，головная улица，Head Street；中街，средняя улица，Center Street；西街，западная улица，Western Street；商业街，торговая улица，Market Street.

将一面帅旗立于中央；其周围将画出一个正方形，每一边离旗帜 50 肘，朝向东、南、西、北四个方向；司令官的大本营应该设在这个空间以内。在这方面我们将部分地仿效罗马人的做法：把战斗部队和非战斗人员及辎重分开，这样做是正确的。所有的战斗部队或者其中的大部分，应部署在军营东部，非战斗人员和辎重在西部；同时，东部将成为正面，西部作为后方，南、北两部构成两翼。（可参阅图 7）

现在，我要谈谈战斗部队所占地段的状况。这里，朝向东方，起自帅旗延展出一条长 680 肘的线；其两边相隔 15 肘还有两条长度相同的平行线，两线的终点乃东门的位置，当中的空间内有一条从东门直通司令官大本营的干道，道面宽 30 肘，长 630 肘，因为 50 肘大小的空间是通向大本营的，这条干道取名主干道。另一条干道的走向由南门向北门延伸；在同主干道的末端衔接之后，经过大本营门前便折向东去，就在这里穿过整个军营，这条干道称作十字干道：其长度为 1250 肘，宽 30 肘。

在我如是标示出大本营的地点，并设置好两条主要的干道之 204
后，就要来部署我这支军队的两个旅团了：其中一个将配置在主干道的右侧，另一个在左侧。穿过十字干道之后，我将在主干道的左右两侧各配置 32 座营帐，而且在第 16 和第 17 座营帐之间留出一块 30 肘的空间，构成一条新的干道，新干道要穿过部队各营帐所在的整个空间，起名横向干道。这一点可以从各营帐的分布配置状况中看出。

在十字干道两侧最前面的是两个重骑兵队长的营帐，干道两侧各 15 个其余的营帐里是武装卫士，每个营帐 10 人，因为每个旅团的这类人员总计150人。卫士长的营帐宽40肘，长10肘；照我的概念，南北向的线条谓之宽，东西向的线条谓之长。武装卫士的营帐长15肘，宽30肘。

在横向干道两侧排列着新的营帐，每侧都是15座，其大小跟重骑兵的营帐雷同，由轻骑兵居住。每座营帐也住10人；第16营帐是一座空帐，供轻骑兵队长使用，其大小跟武装卫士长的一样。这样，两个旅团的所有骑兵的营帐就设置在主干道的两侧，它们将是安置行军营地的基础，下面我还会再讲到的。请你们记住，我在这里将每个旅团的300名骑兵，外带他们的队长安顿在沿主干道的32座营帐里，从十字干道起始，在第16和第17营帐之间留出30肘大小的空间，其间形成一条新干道——横向干道。

现在，让我们再谈谈有关我那两个旅团的20个营的部署问题。我将在骑兵之后给每两个营分配一片驻地。步兵营帐的大

205 小，长15肘，宽30肘，也就是说同骑兵营帐的规模雷同。他们两家实际上是紧靠在一起的。每一方向的第一个住所都以十字干道为起点，同武装卫士长的营帐并排，这是营长的营帐。其延展的规模，宽20肘，长10肘。其他15座营帐从每一面看上去都是独立的，一直延伸到横向干道，总共要住上450人：一个行军营的员额，这就是说每座营帐里将安置下30人。

后随的15个分队是和轻骑兵部队的营帐相连相接的，他们的规模大体雷同；这里部署着步兵的另一个营。最后边的一座营帐是属于步兵长官的，跟轻骑兵长官的营帐并排着；其长度为10肘，宽20肘。这样，前面的两排营帐一部分属骑兵，一部分属步兵。我认为，所有的骑兵都应该是战斗人员，我不再为他们配备清洗和

照料马匹的人员，而把这项任务交付给步兵士兵去承担：他们两家的营帐邻近；此外，我还会按照罗马的实例免除他们军营中所有的其他勤务。

在最靠前的两排营帐之后，在主干道的两边各有一个30肘的自由空间，会形成两条新的干道，其中一条叫右干道头条，另一条叫左干道头条；在这两条干道的两侧，将再部署一列32个分队中的双行相连相接的营帐，其大小跟前面的营帐雷同，而第16和第17分队之间就由那条横向干道隔开。

在这些列阵中每一面都将部署四个步兵营和他们的长官，其所列的队形，我已经讲过了。在他们后面的又是从主干道的每一
面拓展出去的30肘大小的自由空间，其中又会形成新的干道，我 206
们管它们叫右干道二条和左干道二条。其两边配置着32个营帐中的一列双行营帐，每行的这些营帐中还得安置四个步兵营和他们的长官。

如是，干道每一边的三列双行住地都将住满骑兵和步兵，这些兵力合在一起便构成两个常规旅。建制相同的另外两个辅助旅，跟前面两个我们自己的旅一样部署，也就是在同样的双行住地里，而且为步兵和骑兵准备的基干旅的前几排和后面的几排之间要有一个30肘大小的空间隔开，其中还要形成右干道三条和左干道三条。其后的每一边还要部署和基干旅各部的营帐结构完全相同的两排住地，进而形成另外两条干道，并按序号和在主干道左右的位置分别取名。

如是，整个军队的部署要求有12列双行的营帐和包括主干道和十字干道在内的13条干道。最后，在那些边缘的军营和围墙之

间要空出 100 肘的自由空间，而部队所占据的空地，从司令官大本营到东门要达到 680 肘。

现在，我们还有两块空地，位置在司令官大本营到西门和南门之间，每一块均有 625 肘。如果从这里算上司令官大本营的 50 肘空间、在主营帐两侧留下的 45 肘空间、把这些空间分成两半的那 30 肘的干道，以及在边缘营帐和围墙之间的 100 肘，那么主营帐的每一面还都留有宽 400 肘、长 100 肘的地方可以支架其长度雷同于司令官大本营长度的营帐。我要把这片空地从中间一分为二，在每一边各建 40 座宽 50 肘、长 20 肘的营帐，也就是说，我将
207 从中得到总共 80 座营帐，以供各旅团司令长官、司库、设营员和所有的职员居住，还要留出一部分营帐供来访的外国客人以及受司令长官庇护来到前线的志愿者使用。

在主营帐后面，顺着整个这 80 座营帐还延伸出一条由南向北、宽 30 肘的街道，起名叫前街；这样一来，司令长官的大本营及其两侧的这 80 座营帐就处在了前街和十字干道之间了。自主营帐对面的这条前街为起点，还延伸出通向西门的、宽 30 肘的另外一条干道，它是主干道的延续，起名叫商业街。

接着，我要在商业街的起点处和司令长官大本营的对面开辟一个广场，作市场用；这广场要紧靠前街，而且要呈每条边均为 121 肘的正方形。市场广场左右两侧建两排住处，每排要有八个双行营帐，其长度为 20 肘，宽 30 肘。如是，这广场的每一面均需设置 16 座营帐，合计 32 座营帐。其中可住下辅助旅多余的骑兵，如果地方不够，还可以拨给他们和主营帐并排的，首先是靠近围墙最近的那些营帐。余下的就只有为隶属于每个旅团的后备矛兵和

后备韦利特设置营帐的事了。你们要记住，按我们的规矩，每个旅团除去十个营之外，还有1000名后备矛兵和500名后备韦利特。如是，两个旅团加起来就有2000名后备的矛兵和1000名后备的韦利特，此外还得加上辅助部队的同样数目的后备矛兵和韦利特。所以说，还真的必须考虑这6000名步兵的住处问题呢；这个地点就定在
军营靠西边那一带吧。为此，顺着围墙我还必须留出100肘的自由 208
空间，我将从前街北端起设下一列双行五座营帐，共计长75肘，宽60肘。这样，就横向而言，平均起来，每座营帐的长宽分别是15肘和30肘。在这十处住所将安置上300名步兵，每处平均30人。

在距离第一排31肘处，将部署另一列双行营帐群，同样是五座大小雷同的营帐，如此一直延伸到五块，离围墙100肘，呈一直线排列，其间将安置步兵1500人。然后，我向左转身，转向西门，从军营一角沿围墙再建五块完全一样的双行营帐群，区别仅在于各块块之间的空间不大于15肘。于是，又可以取得能容下1500名步兵的住所。这样一来，我在北门与西门之间顺着围墙足可以再建造100处住所，将它们部署成每一块有五座双行营帐的十个块块，以容下我自己各旅团的所有的后备矛兵和后备韦利特。

继之，在西门和南门之间还会伸展出十列为辅助部队的后备矛兵和后备韦利特准备的住所。他们的长官，特别是那些营长也许会挑选朝向围墙的营帐，因为他们觉得那里更方便些。火炮要配置在整个掩体沿线，而在军营西半部其余的所有空地都将划拨给非队列人员和辎重队使用。

你们都知道，古人将随队的所有不可或缺的人员，除士兵之外统统称作非队列人员。这里包括木匠、钳工、铁匠、石匠、工程师、炮

手(这后一类可能已经在编了)、为保证部队膳食所需的看管牛羊的牧人,以及辎重队所属专事弹药和粮秣等各行各业的能工巧匠。我不想在这里详谈有关安置他们的细节,只是指出他们所不应当去占
209 据的那些地方。非队列人员应该去的是各干道之间的所有空地,这些空地可以分成四部分。一部分给牧人,另一部分给能工巧匠,第三部分给载粮秣的大车,第四部分给弹药。如今还没有被占据的就只有商业街、前街和另一条将称为中街的街道,这是由北向南穿越商业街,和军营东部的横向干道完全重合的一条干道。最后,在后面,顺着后备矛兵和后备韦利特的住地伸展出来的几条宽 30 肘的特殊的干道。火炮,正如我已讲过的那样,要配置在围墙内侧一线。

巴:我承认,在这些事情上我是个门外汉,我这么说并不感到羞耻,因为兵法从来都不是我之所长。更何况你在这里所讲的一切使我深觉满意,我只想问两件事:第一,你的军营中的干道和空地为什么都那么宽;第二,有一点使我困惑,人们在划拨给他们的空间内是怎么配置的?

法:我把干道的宽度定为 30 肘,是为了让已排成战斗队形的步兵营能够自由地顺着这些干道通行(步兵营正面战线的宽度为 25—30 肘);围墙和营地之间留有 100 肘的空地是必要的:只有这样才有利于部队和火炮的自由运动、有利于战利品的输送、有利于必要时第二排掩体的建构。

除此之外,最好还是让营地离围墙远一些,以求给敌人的射击或者用其他办法危害我方制造点困难。

关于第二个问题,我完全没有考虑在作为军营住所的每一方土地上只架起一座帐篷;人们可以在那里多搭几座或者少搭几座

帐篷，这方土地的使用以其中的居住者觉得方便为准则，只有一点要明白：不能越过给他们划定的界线。

一般说来，为了支起一座军营，需要经验丰富的人和出色的建 210
筑师，他们要能够迅速地根据司令长官的指示确定下军营的样式、规划出各个区域、铺设干道、用绳子和小木桩标示出住所，并以飞快的速度即刻将一切都准备停当，把这项工作做好。

为了避免混淆，始终必须按一个模式建造军营，以便每一名士兵都能知道在哪条干道上和哪个区域内可以找到自己的帐篷。这一点必须随时随地严格遵奉，俾使军营犹若一座可移动的城市，不管它搬到哪里，干道还都是那样的干道，房舍还都是那样的房舍，外形还都是那样的外形[①]。有些将领希望为军营寻找难以抵近的营址，其实这样做反会使它们失去上述的好处，因为这就务必要根据地形特点改变其外形。如果罗马人准备在一个地方长期驻扎下来，或者防备敌人来犯，可以用沟壕、壁垒、土堤加固军营的防卫，用尖柱工事将军营围起来，并在其周围挖掘宽 6 肘、深 3 肘的沟壕，以求扩大军营的范围。

我个人现在只有当我必须在某个地方驻上一整个冬天的情况下才会去构建支柱工事。可我那里的沟壕和壁垒不会少于罗马
人，甚至还会比他们的更多一些，这要看有无必要而定。此外，我 211
还会在军营的每个角落里为火炮构建起半圆形的掩体，这样我就赢得了向冲击我壕沟的敌人实施直线射击的机会。

① “整个军营便是一方大广场，有道路进出，其间路网密布，各种设施一应俱全，活脱一座城镇再现。”这是波利比乌斯在其《通史》卷六第 31 节中所说的一席话，转译自“洛布古典名著丛书”中佩顿的英译本。

必须教会部队建造军营的这些工程作业，要让长官们学会迅速地制订方案，让士兵们知道怎样找到自己的帐篷。做这样的练习不会太困难，这个问题下面我还会详细讲到。现在我要讲一讲营地的保卫事宜，因为没有明确规定的哨兵职责，我们的一切辛勤劳苦都会付诸东流。

巴：在你转而谈论哨兵问题之前，请你告诉我，如果要在离敌人较近的地方构建营地的话，必须采取哪些防范措施。我难以想象，那时候怎么能安全地从事这些必要的工作。

法：首先你应当知道，将帅一般不会在敌人近处部署军队，只有当他想打这一仗，而且敌人也有意接受挑战，那才会这么做。这时候，危险性和平时相比大不到哪里去，因为三分之二的部队都在准备会战，而去搞营地住所构建的人员充其量不过三分之一而已。罗马人在这种情况下只用后备兵去做加固营地的工作，而主力兵和剑矛兵则都已在整装待战了。

他们之所以能这么做，是因为后备兵是最后参战的部队；因此，当敌人出现时，他们还来得及放下工程，站到自己在队列中的点位上去。根据这一实例，我们同样应当使用类似于后备兵那样的部队去从事建构营地的工作，他们也应当站在作战线的最后一排。

212 现在，让我们回到哨兵问题上来吧。我好像还从未遇见过哪个古希腊、古罗马的作家曾指出，军营的夜间保卫工作一定要由站在壁垒外边的前沿哨所去执行，就像我们现时的哨兵所干的那样。古人也许认为，这样一来部队可能很容易被搞得措手不及，因为监督哨兵是很难的；除此之外，他们还可能被收买或者被敌人抓走。因此，对这种保卫措施不可全信，甚至连半信都不可。所有的哨兵全都应该集中在军营以内。执行警戒勤务务必十分把细，丝毫马虎不得：对于任何玩忽职守者，均将处以极刑。

有些细节，如果你们至今尚未读到过的话，可以自己去熟悉熟悉，我在这里就不再唠叨了。我只想简单地说说，眼下我要采取的措施。夜间，三分之一的部队要枕戈待旦；其中四分之一的人甚至不能躺下，而应当分布在壁垒沿线，在军营所有重要的站、所、点上，严阵以待。在营地的每一个角上都要派出双岗的警戒小队：一部分小队负责站岗放哨，另一些小队执行巡逻，要不间断地从军营的一端巡逻到另一端。如果敌人即在近处，这一制度在白天同样也应该照办不误。

我不想再多谈口令、多谈每天晚上都要变更口令的必要性，以及一些通常的预防措施，因为这些都已是众所周知的事情。我只想提醒大家一点，因为这项措施是最重要不过的：按此办理，得益匪浅；在这方面若有疏怠，则可能遭致不幸。请以最细致认真的态度密切注意晚间擅自离开营地以及重新来到这里的所有人员的情
况。我们的制度很有利于实施这种监视，因为每一处帐篷都有精 213
确规定的入住人数。所以，很容易确定：里面是否有多余的人，或者少了些什么人。擅自离队者要作为逃兵受到惩处，而对多出来的人则应严加审讯，弄清楚他们是什么人、为什么来到军营，以及有关他们的全部情况。

这样的警惕性会制止敌人和你们部队里的某位长官建立关系，并借此摸清你的意图。迦太基人的警惕性要是高一点，克劳狄乌斯·尼禄就永远无法把他的部队几乎在汉尼拔的眼皮子底下从卢卡尼亚的军营里悄悄地拉出去，完成了去皮岑的行军，再又重新

返回来，竟然丝毫没有引起敌人的怀疑[①]。不过，所有这一切良好的措施，如果不能得到极其严格的遵循执行的话，那也还是不够的，因为没有哪个地方会像军事部门那样要求得如此精确。所以说，一切军纪法规都必须极其严肃、甚至可以说严肃到残酷的程度才行，而执行者更应该做到铁面无私才好。

罗马人对于以下人员一律处死：执行警戒勤务时出岔者、偷东西出军营者、谎报吹嘘战功者、未经长官下令私自出战或者因贪生
214 怕死而丢弃武器者[②]。如果这类罪行是大队，甚至整个军团一起犯下的，为了避免普遍受刑，就要把全体士兵的名字写在一张张纸条上，装进一个口袋里，再从中抓阄，有十分之一的人会中阄被处死[③]。你们会看到，如此惩戒，虽然并未达于全体人员，但必然会使每一个人普遍受到震慑。

不过，凡惩戒严酷的地方，奖赏亦必厚重，这是因为当人们内心惴栗不安的同时，却也怀抱着一份期望。故此，罗马人对建有战功者，譬如给予在战斗中拯救过同胞的性命、第一个登上敌城墙、第一个杀入敌营垒、战斗中击毙或杀伤敌人、将其拽下马背的士兵的奖赏总是十分慷慨的[④]。执政官会大张旗鼓地举行庆祝会，以

---

① 克劳狄乌斯·尼禄和李维乌斯·萨利纳托同是前207年的罗马执政官。当年，克劳狄乌斯正在卢卡尼亚附近的阿普里亚与汉尼拔交战；李维乌斯则竭力在拦截率部从西班牙穿越意大利前来支援其兄的哈斯特鲁拔。克劳狄乌斯秘密地催促他的部队向北移动，并在梅陶罗之役中击败并杀死了哈斯特鲁拔。执政官割下哈斯特鲁拔的脑袋，将其扔进了汉尼拔的营地。

② 所列诸种罪祸均见波氏《通史》卷六第37节。

③ “十死一”的处死刑法见波氏《通史》卷六第39节。

④ 关于重奖厚赏之说亦见诸波氏《通史》卷六第39节。

表彰这些功臣，会授予他们奖励和称颂。军人们将因作战勇敢而得到奖品。除去在部队里沐浴到的荣誉之外，当他们荣归故里时，还有权将他们受到的嘉奖隆重地向亲友们昭示。

大众对于谁做好事该受奖、谁干坏事当受罚的方式心知肚明，他们的呼声影响甚大，这不足为怪。一切有关规定，在一定程度上我们这里同样应该遵照执行。

罗马人那边还有一种惩戒方法也不得不提一下。那就是，当执政官或保民官确认受审人已遭揭发时，他们就会用拐杖轻轻地敲打他一下。此后，罪犯就可以拔腿逃跑，而士兵们可以将他击毙：他们可以朝他扔石头或者射箭，可以从四面八方给他以打击。215
在这种情况下，罪犯活下来的机会微乎其微；要想回到自己家里，也几近梦幻，因为等待着他的只有蔑视和耻辱，那可是一种生不如死的境遇呀。这种刑罚一部分是从瑞士人那边传过来的。瑞士人下令自己的士兵们当着全军的面鞭笞犯罪的弟兄[①]。这种方式构思甚佳，执行起来更妙。如果你不希望有人把罪犯隐藏起来，那最佳的办法就是强使大家都去惩治他；当人们自己成为执法者之后，他们对于受审者的兴趣以及对惩治人的渴望已经完全不同于将惩治交付别人去执行时的那种状态了。

所以，为了不使人民成为罪犯的帮凶，最好的办法就是让他们担负起罪犯的审判者的角色。我可以举出曼柳斯·卡庇托利斯基作例子，以证实我的话：卡庇托利斯基忠诚于元老院法庭，他从人民那里找到庇护；但当他成为命运的主宰之时，也正是人民判处他死刑的时刻。你们看到了吧，这便是镇压叛乱和遵守法制的有效手段啊。

① 此类被称作“夹道鞭笞”的刑罚可见波氏之《通史》卷六第37节。

罗马人懂得，人们面对法律所怀有的恐惧心理是微不足道的，想以此掌控武装起来的人群很难办到；所以，他们竭力借助宗教的威势去加强法律的影响，千方百计地强化其在士兵意识中的地位，并迫使他们以极其虔诚庄重的心态立下不折不扣地遵守军纪的誓
216 言；一旦违背誓言，将不仅会受到法律和人们的威胁，更会横遭神的制裁[①]。

巴：罗马人让不让女人待在军队里，允不允许她们去取悦于士兵，就像现在我们这里的情况那样？

法：这两件事他们都是禁止的。这种禁令很容易得到贯彻，因为整个部队或者个别士兵每天都安排有很多的军事演习和勤务，军人们根本无暇去想什么女人、想什么寻花问柳的事儿，也不可能让他们游手好闲，更谈不上去琢磨什么兴风作浪干坏事的份儿了。

巴：这就太好了。现在再请你告诉我，军队是怎样从军营里出发的？

法：为此，要吹三次号[②]。听到第一次号音，就拆营帐，并把它装上大车；第二次号音响起时，要给牲口装上驮子；听到第三次号音，就按我已经跟你们讲过的队形出发，也就是说，辎重队走在纵队的尾部，军团则在部队的中央。而在我们这里打头的同样也是辅助部队的旅团，他们带着自己的辎重和安置在四个营地广场中的一个上面的供全军使用的辎重的四分之一，走在队伍的最前面，这一点我方才已经给你们指出过了。必须让每一个团队带上他们自己的辎重，以便部队出发时，能够正确地知道自己在纵队中的位

① 在这里，马基雅维利又一次强调宗教作为发挥社会监督作用的重大意义。

② 见波氏《通史》卷六第 40 节。

置。如是，走在团队尾部的便是他们自己的辎重队和属于全军的
四分之一的辎重；他们行进的队形也就是罗马军队运动的队形。 217

巴：除了你给我们讲过的那些规则之外，罗马人在部署军队的时候，还有没有别的规则？

法：我再重复一遍，罗马人总是尽力使军营保持同一种格式，这对他们来说是再要紧不过的事了。另外，他们所关注的还有两件事：其一，营地周围的地形良好；其二，把营地建立在敌人既无法对之实施包围，又不能截断其水源和粮道的地方①。为了预防疾病流传，罗马人回避在多沼泽或无法阻挡凛冽的狂风肆虐的地方建营。在这种情况下他们作出判断的依据与其说是土壤的性质，倒不如说是当地居民的外表：如果发现当地人脸色苍白、骨瘦如柴，或者整个一副病恹恹的模样，那就远远离去，另择别地建营。

至于会不会遭敌军包围的问题，应当一如既往地好好研究敌人或者盟军所据地形的特性，并提出敌人有无可能将你闭锁在军营之中的看法。据此，司令官应当是极富经验的地形专家，他周围还应当有一批跟他一样熟悉这个国家实情的人员。防止疾病、避免挨饿的事宜可以要求士兵严格奉行正确的生活方式来解决，比如：强迫他们一定要在营帐里面睡觉，搭建帐篷务必要在有树影遮
阳、有柴火煮食品的地方，暑气极盛的地方不可去。夏季，天一亮 218
就得撤帐；冬季，当暴风雪侵袭、严寒来临时，要在休息地点燃篝火，要关心士兵们的衣装，关心他们喝的水是否清洁。要让病员得到治疗，而且要始终牢记，如果一个将领要同时与疾病和敌人开

① 以下的一些注意事项，大多可从韦氏《兵法概述》卷三之第二、三节中见到。

战，那他的自卫能力将会遭致削弱。

不过，对于部队人员的健康来说，最为有利的途径莫过于加强训练；无怪乎古人多每天坚持锻炼。其价值再好不过地体现在：平时，在军营中能保证人们有健康的体魄；而在战斗中则能使你赢得胜利。还有一点，务必要想方设法不使部队饿肚子。为此，如果仅仅监视敌人，防止他们截断你的运粮通道，那是不够的；必须保证有储备粮食的处所，然后再加强监管，绝不允许挥霍滥用储备粮。你手中一定要保持一个月的用粮储备。接着你还要商请邻近的盟邦承担每天给你输送部分粮食的义务。必须在要塞里把粮库建起来，主要的还在于节约用粮，要给士兵们按标准发放每日的口粮；总之，在这件事上无论如何不能出现差错。在战争中，所有的艰难困苦都是可以随着时间的推移而得到克服的，唯独在这件事情上时间是你所对付不了的。

任何敌人，只要他能够用饥饿击败你，他就绝不会动刀动枪地来跟你拼杀，因为这样的胜利虽然不那么光耀，但毕竟还是比较安全、比较稳当的。军队如果不严守规则，毫无节制地消耗掉他手中所掌控的一切，那他就无法避免挨饿的境遇。要是在筹粮方面不守规矩，那是筹不到东西的；而如果在发放粮食方面再不守规矩，
219 那么仅有的储备粮很快就会坐吃山空。所以，古人对于存粮的数量和用粮的时间都有严格的规定，而且将帅不进食，没有一个士兵会张口。大家都知道，如今的军队是怎么遵奉这条规矩的，他们是品德不完美、头脑不清醒的队伍，今非昔比啦，完全可以称他们为一群好逸恶劳、贪杯狂饮的酒色之徒呀。

巴：你在谈及构建军营时曾说过，你将在里面部署的不是两个旅团，而是四个旅团，以证明一支真正的军队的配置状况。在这

里，我想请教你两件事：要是这支军队的士兵人数更多一些或者少一些，你的部署方法会有不同吗？若要与任何敌人展开斗争，一支部队究竟需要多少人？

法：对于第一个问题，我的答复是，如果一支部队的士兵多于或者少于 4000 到 6000 人，那就应当增加或者减缩配置营帐的队列行数，而且这种增减可以是无限的。但是如果罗马人将两支执政官的军队汇合在一起的话，那就应当构建由若干空地相连接的两座军营，这些空地将划拨给非队列人员使用。

关于第二个问题，我要说，一支普通的罗马军队约有 2.4 万人；当必须与相当庞大的敌军作战时，罗马人的军队可以扩展到 5 万人。他们的这样一支队伍足可以去和第一次布匿战争之后来犯的 20 万高卢人较量；也就是用这样一支军队，他们抗击了汉尼拔[①]。你们要注意，罗马人和希腊人作战时常常用很少的兵力，他们的主要依托便是强有力的战斗队形和机巧的兵法。其他的国 220
家，不管是东方的还是西方的，都喜好使用庞大的军队：西方国家的主要力量在于与生俱来的那种奔放的激情；而东方国家的力量源泉则在对帝皇的盲目隶从。在希腊和意大利则既没有那种天生的狂热，也没有盲目的隶从；因此就必须求助于纪律，而纪律也真能使人数不多的精干的军队赢得胜利，纪律使他们战胜了庞然大物的疯狂和天生的所谓坚定性。

所以，我要说，按罗马人的实例，军队的士兵不应当超过 5 万名。但愿这个数字最好再减少些，因为人数太多会导致混乱、导致纪律之涣散和战斗队形之不整。皮洛士喜欢说这样的话：他准备

① 这些入侵者被击退是在公元前 225—前 222 年间。

率领1.5万名士兵走遍全世界。

现在让我们转过来看另一种情形。我们在战斗中取得了胜利,这表明在交战过程中存在着多少机遇啊。我们看到部队在行进中,我们给大家讲明了他们可能遇到的各种各样的困难。最后,我们把部队安置在军营里,这时他们已经很疲劳,要在营地稍事休息;与此同时,也需要考虑一下结束这场战争的方式。在军营里安顿下来之后,要做的事情真还相当多,尤其当周围还有敌人在活动,而附近几座城镇的态度尚在举棋不定的情况下。我们必须保障自身的安全,防止遭到他们的暗算;对于那些可能成为我们的敌人的城镇,则必须将之攻克。

我还必须向你们表明,在所有这些情况下应该怎样行动;既然我们在战斗中是胜利者,那我们就要带着胜利者的荣耀去克服这
221 些困难,其中包括:比如说,一个国家的大多数居民,甚至全体人民都作出对你有利,而于他们自身却有害的决定,像捣毁城墙、驱赶平民这样的决定。在这种情况下,你就应该欺骗他们,使大家都觉得你不会做出伤害他们的事情,唯有如此才能使他们不再抱成一团;若果真如此,那他们便将完全陷入你的掌控之中。不妨就在这同一天强迫所有的人接受某种相当沉重的义务;而且要使每个人都深信,这项义务只关乎他们个人,以致他们脑子里所想的就是如何去完成这项命令,而不是怎样进行自我保护的问题。如是,你下达的这道命令便会毫不声张地得到执行。如果你怀疑当地的居民怀有敌意,你想要使自己的安全有所保障,或者准备出其不意地占领它,那为了把你的意图隐藏起来,最好还是告知他们你的某一个与此毫不相干的别的想法,请求他们给以帮助,并装出一副你没有丝毫反对他们的样子。他们就不会去考虑加强防备的事,因为他

们完全相信你压根儿就没有攻击他们的意思，这样，你的事情就很容易取得成功了。

如果你觉得你的部队中出现了将你的计划通报给敌人的叛徒，那你就要竭力从他的背信弃义中去汲取到好处，给他来个将计就计。你可以告诉他虚构的意图，以此将真正的谋划隐蔽起来，或者对他讲一些并不存在的险情，而对你所实实在在害怕发生的事情只字不提。敌人自以为对你的意图已然了如指掌，很可能会迈出错误的一步，而你却很容易为他设下套，将其粉碎殆尽。

假如你想象克劳狄乌斯·尼禄那样，在敌人毫不觉察的情况 222
下分出一部分军队去支援盟军，那你就不能缩小军营的规模，要把所有的军旗和原有的营帐如数保留在原地，不要减少火把和岗哨的数目[①]；反之亦然，要是你得到增援，并希望将此情封锁起来，那就不可扩展军营的地盘。始终将你自己所要做的事情和你头脑里的想法深藏不露，这才是最大的利益所在。

梅特卢斯在西班牙统率着军队，有人向他提出一个问题，你明天想干什么。梅特卢斯回答道："要是我的战袍能告诉你，那我就立刻把它烧掉。"[②]有人问马尔库斯·克拉苏，他准备何时下令开拔，

① 克劳狄乌斯·尼禄应当在哈斯特鲁拔与他的兄长汉尼拔会师之前消灭哈斯特鲁拔和他的部队，但他对自己的部队缺乏信心，很想同他的同事、受命指挥战役的李维乌斯·萨利纳托联合起来。同时，尼禄为了不使对面扎营的汉尼拔窥透他的行动，乃挑选出一部分勇士留下，并下令临时指定的统领务必一如既往地派出警卫和岗哨，点燃同样数目的灯火，使营帐外观跟过去毫无二致，以使汉尼拔不致产生怀疑。当尼禄秘密地去翁布利亚与李维乌斯会合时，他不许扩展营帐，免得迦太基统领获悉他已到达的消息：对方一旦知道执政官的兵力已经会合一处，肯定会避战而去。就这样，尼禄用他的增援部队出其不意地攻击而获胜。当汉尼拔得知这一消息时，尼禄已回师去对付他了。见弗氏《谋略》卷一第一章第 9 例。

② 昆图斯·凯奇柳斯·梅特卢斯的这一席话见弗氏《谋略》卷一第一章第 12 例。

他的答复是:"你是不是在担心有人会听不到号音啊?"[①]

为了刺探敌人的秘密,有些将领向敌方派遣使者,还选取几名
223 富有经验的军人作为侍从随使者同往,其使命就是要摸清敌军的建制,了解他们的实力和弱点所在;掌握了这些情报,对于夺取胜利十分有利[②]。有些将领则故意冷落某些亲信,而被疏远者便假装投诚到敌人方面去,然后再揭开敌人的意图[③]。有时,类似目的也可以通过俘虏达到[④]。马略在与辛布里人作战时想试探一下居住在如今伦巴第一带的、已与罗马人民结了盟的高卢人的忠诚程度。他给他们同时寄去若干封信件,其中有的已经加了封,有的则没有加封。在没有加封的信里他作出规定:只有到了指定的时间,才能打开那些加了封的信件;接着,他提前要求送回所有的信件。当他收到这些信件时,竟发现所有的信件全都被拆开过了,于是他
224 明白对高卢人再也不能指望什么了[⑤]。

有些将领不去迎战来犯之敌,而是前去掠夺敌方的土地,并以

① 马尔库斯·李锡尼·克拉苏幽默的答话也载于《谋略》卷一第一章第 13 例。

② 显然,马基雅维利脑子里对西庇阿·阿非利加努斯的诡计印象深刻。公元前 203 年,西庇阿·阿非利加努斯利用往西法克斯派遣使节的机会,下令保民官和百人队长装扮成奴隶跟随拉埃柳斯一同前往,他们的使命是刺探国王的兵力。为了更加便于探听出军营的部署状况,他们故意放跑一匹骏马;装作去追赶那匹马,他们乘机跑遍了大部分筑垒营地。当他们把侦察结果汇报之后,战争也就以火烧军营而告终。

③ 公元前 331 年,迦太基人发觉亚历山大的实力发展过大,已构成对阿非利加的威胁;于是,便派出一名叫哈米尔卡·罗狄努斯的自由民装作被流放者逃到国王那里去,千方百计地去讨好国王,博取信任。得手之后,罗狄努斯即刻将国王的计划泄露给了他的同伴。

④ 公元前 195 年马尔库斯·加图(大)在西班牙期间,对于截获敌方的计划一筹莫展;他下令三百名士兵同时对敌人的驻地发起袭击,从敌群中抓获一名俘虏,将其带回本营。经过拷问,此人吐露了彼方的全部秘密。

⑤ 此例载于《谋略》卷一第二章第 6 例。

此迫使他们返回去保卫自己的边境[1]。这一办法常常奏效:它教育士兵要去夺取胜利,要靠卤获战利品致富,对自己应当有信心;而敌人的军队则相反,他们士气低落,感觉到自己并不是胜利者,倒像是战败者。许多将领往往采用此类突袭的方法赢得成功。但是这种办法只有当你的国家确有保障,而且相当巩固,比敌人强大时才能使用,否则结局会很糟糕。一个将领若是被敌人围困在军营里,有时也能争取到几天的和谈时间。这时,敌人反倒可能表现出无忧无虑的神态,而这就为被围困者提供了利用敌人的疏忽大意实施脱逃的机会。

苏拉就曾两度利用这种办法摆脱了敌人的围困;同样的计谋
曾帮助哈斯特鲁拔在西班牙逃出克劳狄乌斯·尼禄从四面八方将 225
他团团围住的窘境[2]。

在这种情况下,用某种出敌不意的运动陷其于不知所措的境

① 公元前 204 年,西庇阿·阿非利加努斯就曾如是对付过汉尼拔:当汉尼拔还逗留在意大利时,西庇阿就把军队运到了阿非利加。这就迫使迦太基人把汉尼拔召回。如是,西庇阿就把战争从自己的领土上转到了对方的领土上。

② 第一次,公元前 92 年,当苏拉在卡帕多基亚与米特拉达悌的将军阿尔凯劳斯作战时,因受不利地形和敌人大量兵力所困而处境窘迫,于是他要求媾和。此后,他利用休战使他的对手松懈了警觉的机会,溜之大吉。第二次,他在公元前 90 年同盟者战争中,被杜伊柳斯指挥的军队围困在埃塞尼亚附近的一个峡谷里。苏拉要求举行会晤,但关于和解的条件未取得结果。他发现敌人因休战而放松警觉,连卫队也撤走了。于是趁黑夜连忙开拔,只留下一名司号兵仍按时吹号,以造成他的军队仍留在原地的印象。他让司号兵在吹过第四遍号后去追赶他。就这样,他把他的队伍无损伤地带到了安全地带,所有的辎重和武器也都完好无缺。

汉尼拔的兄弟哈斯特鲁拔被困在一个峡谷里,克劳狄乌斯扼住了峡谷的出口。哈斯特鲁拔便同他交涉,并作出许诺,一旦让他撤走,他就离开西班牙。交涉中他在期限问题上做文章、耍手腕,尽量拖延时日,终于争取到了几天时间。就在这几天中,他赶紧让他的队伍抄小路离去,这些小路太狭窄,罗马人未加监视。最后他亲自率领余部,轻装简束,顺利地逃遁而去。见《谋略》卷一第五章第 17、18、19 三例。

遇之中常常是很有利的。有两种办法可供选用：或者抽调一部分军队去攻击敌人，以牵制其兵力，并由此使其他部队得以解脱；或者创出某种完全出乎人们意料的绝招，以前所未见的场面使敌人深感惊讶、受到恐吓，致使其无所作为。你们还记得汉尼拔遭费边·马克西穆斯围困的那则故事吧。你们都知道，这位迦太基统帅下令把一捆捆枯树枝绑在随队的公牛的牛角上，待夜间点燃树
226 枝，让牛群去冲闯敌阵。这幅前所未见的景象使费边大为震惊，以致连扼守通道的事都忘了个一干二净[①]。

力争粉碎敌人的兵力，应当说是将帅最值得关心的大事。他应该施展自己的全部计谋去做好这件事：或者采取找出使敌人不再信任他身边的亲信的方法；或者迫使他分散自己的军队，以削弱他的力量的方法。第一个目的可以通过格外关注敌人将帅身边某些亲信来实现，比如，在战争期间，设法保全他的财产，如果他的子孙或者亲人中有被俘的，可以免除赎金将其释放。你们都知道，汉尼拔烧毁了罗马城郊的所有建筑，唯独没有动过费边·马克西穆斯的庄园[②]；而克利俄雷努斯率部队抵近罗马时，很注意保护贵族的财产，但同时却烧毁并洗劫属于平民百姓的一切[③]。在与朱古达的战争中，梅特卢斯统率全军，他说服朱古达派到他那里去的所

① 这则故事发生在公元前 217 年，见《谋略》卷一第五章第 28 例。

② 弗龙蒂努斯认为，汉尼拔无论人品还是将才都不及费边。为了诋毁费边的声誉，汉尼拔未去损毁他家的土地，但却把别人家的东西洗劫一空。费边为了迎击这一挑衅，把他的全部财产的所有权都转归国家所有。如是，挽救了受他的臣民猜疑而下降的声誉。见《谋略》卷一第八章第 2 例。

③ 傲慢而顽固的罗马首领克利俄雷努斯曾被判有罪，为报受此屈辱之仇，他发动了战争。他不让糟践贵族的土地，但却烧毁和蹂躏平民百姓的土地。由此引起罗马人之间的不和，破坏了他们的一致。见《谋略》卷一第八章第 1 例。

有使臣，要他们出卖国王；他给他们写信，议论此事，但没过多久，
朱古达就不再相信他的谋士们了，并且通过各种办法将他们一一 227
处死[①]。当汉尼拔在安条克国王那里找到避难所之后，罗马派来的使者顺便也去找他议事，看来谈话还相当投契，以致引起安条克的猜忌，于是国王也就不再听从汉尼拔的建议了[②]。

为了实现另一个目的，即分散敌人的兵力，最好能突进敌方的国土，并以此胁迫敌人放弃争战，急匆匆赶回去捍卫自己的国家。费边在反对高卢人、伊特鲁里亚人、翁布里亚人和萨谟奈人的联军时，就是这么办的[③]。提图斯·狄第乌斯的兵力要比敌人少许多，他正等待着罗马军团前来增援，但敌人已准备好截断罗马军的道路。为了不使形成障碍，执政官通告全军将于次日发起战斗，并故意放走了一些俘虏。这些人回去之后就在军营里讲述提图斯的通
告，此举产生的影响是：敌人为了防止削弱兵力，决定不再派部队 228
去阻截增援部队的道路，于是罗马军团便顺利地与狄第乌斯的部队会合了。将军达到了自己的目的，虽然未曾分散敌人的兵力，但

---

① 文中所述有关昆图斯·凯奇柳斯·梅特卢斯的情节，可见《谋略》卷一第八章第 8 例。

② 迦太基人失败之后，安条克三世将汉尼拔保护了起来，本想利用汉尼拔的老谋深算去反对罗马人。因汉尼拔作战机敏，且颇有见地，他跟安条克相处甚融洽。当罗马使者被派来觐见安条克时也常常去找汉尼拔谈事，这就引起国王对汉尼拔的猜疑。李维的《罗马史》第三十五卷第 14 节和内波斯的《汉尼拔传》对此都有记载。

③ 公元前 295 年，费边·马克西穆斯在担任第五任执政官时，高卢人、翁布里亚人、伊特鲁里亚人和萨谟奈人组成联军来犯罗马人民。费边首先在亚平宁山麓森蒂努姆一带安营扎寨，抗击敌军。然后，他写信给福尔维乌斯和波斯图米乌斯，两人当时正在守卫城邦。费边要他们率军向克鲁西乌姆运动。当两名指挥官照此办理时，伊特鲁里亚人和翁布里亚人便撤兵去防卫他们自己的地盘了。于是，费边和他的同事德奇乌斯便向高卢人和萨谟奈人发起进攻，并将其击败。可参阅《谋略》卷一第八章之第 3 例。

却增强了自己的实力[①]。

有一些将领，为了迫使敌军分散兵力，有意放他们深入到自己的国土上来，甚至让他们占领若干座城市。如是，敌人就不得不在这些城市里留下警备部队，从而减少了整体兵力。而这些将领便利用对方兵力分散的机会转而发起进攻而取得胜利。另一些将领在准备进入某一地区时假装向着完全不同的方向开进，他们的作为十分机巧，其突然出现并抢占边缘地区的速度之快捷为敌人赶来营救之所不及。敌人摸不透，你还会不会重新回到起初曾经威胁过他们的地方来，于是又不得不在那里留下部队，而同时还要设法去救援别的据点，并因而常常会造成两头不着实的局面。

其次，将领还应当善于巧妙地遏制士兵的过激情绪，调解他们之间发生的争吵。在这样的情况下最好的办法就是惩戒挑头者，这时候你必须拿出快刀斩乱麻的劲头儿来，不让他们有丝毫的回旋余地。如果他们身在远处，那就不仅要把肇事者叫回来，而且还要把整个部队都调回来，以免那些罪魁祸首猜到你为他们准备的
229 结局，防止他们出逃；相反，要叫他们自己为你减轻一些对他们问责和处置时可能生出的困难。如果一切都要有你在场时进行，那你身边必须带有可靠的部队，以借助他们的力量平息骚乱。一旦士兵中间发生冲突，最佳的办法就是派他们去参加战斗：大敌当前是会立即再度团结起来的。但是，应当说，军队要保持团结一致，首要条件在于总司令的威望，唯有他的才具才是成就这种团结统

① 这事发生在提图斯·狄蒂乌斯将军在公元前98—前93年，在西班牙作战时的一次战斗中，见《谋略》卷一第八章第5例。

一的依仗：在战争中受到尊重并不是因为你出身高贵，也不是由于你权势无限，那只能是你才具出众所造就。惩戒士兵和支付他们薪饷是长官的头等大事；你要是不给他们发薪饷，惩戒也就无从谈起。领不到薪饷的士兵去抢劫，你能惩罚他吗？因为只要他想活下去，就只好去抢劫。相反，如果你给他们发了饷，但是还不惩罚他们，那士兵们就会变得蛮不讲理，从此不再尊重你；你也就无法去强迫人家一定要尊重你。而对长官不敬是会直接导致骚乱和纷争，也就是导致军队之灭亡的。

古时，将帅还关心一件事，这在现代人眼里几乎是不值一提的：要对一些不祥之兆作出于自己有利的解释，比如有一支箭掉在了军营里，出现日食或月食、地震等现象，长官从马背上摔了下来，所有这一切都被士兵们认为是凶兆。于是在士兵中间就难免弥散开一种恐惧心理，说是若在这当口发生战斗，我们必败无疑。所以，古时将帅在这种情况下每每要针对所发生的事情给士兵们作详尽的解释，强调这些事情的内在的自然由因，或者从顾及自身利益出发说明这些全属偶发现象。当凯撒登上阿非利加的海岸时，忽然跌倒在地，他连忙大声喊道："阿非利加，我终于拥有你了。"[①] 230
许多人都曾对出现月食的原因给士兵们作过各种各样的解释。到我们这一代，不可能再有这样的事情了，那既是因为现在的士兵已经不那么迷信，也是因为我们的宗教界人士对于诸如此类的现象也不再怀有恐惧心理了。如果真又出现类似的现象，那就应该仿效古时人们的做法。一旦真遇上备受饥饿、贫穷煎熬或者失去理

① 见《谋略》卷一第十二章第 2 例。

智的狂热已达极端的敌人来攻击你，那你就一定得留在军营里，而且要尽可能地回避交战。拉栖第梦人在与美塞尼亚人的战争中、凯撒在与阿弗拉尼乌斯和彼得雷伊乌斯的部队作战时都是这么干的[①]。执政官福尔维乌斯率军与辛布里人作战，连续几天同他们进行骑兵格斗，发现敌人每次都离营追击。于是，他在敌人背后设置好伏兵之后，又以骑兵去攻击辛布里人，当他们跃出战壕实施追击时，福尔维乌斯突然冲向敌营，并将其捣毁[②]。

231 另一类计谋也相当有效。当军队驻地离敌人较近，司令官给他的部队分发旗帜，这些旗帜与敌军的旗帜非常相像；继而就让他们返回去抢劫自己国家的百姓。敌人以为他们是前来增援的盟友，就去跟他们合流一起，这使敌人原有的队形大乱，也就为他们提供了粉碎敌人的机会。伊庇鲁斯国王亚历山大（二世）在与伊利里亚人战争，以及锡拉库萨人莱普廷斯与迦太基人战争时都是利用这种狡猾手段取胜的[③]。许多人的取胜之道是：假装受到惊吓，弃营逃遁，营中留有大量可供敌人吃喝的牲畜和酒类；然后，再对因暴饮暴食而弄得醉醺醺、懒洋洋的敌军士兵发起攻击，那样的军

---

① 拉栖第梦人从侦察人员处获悉，美塞尼亚人突然发怒，带着妻儿老少一起参战，因此而推迟了接战的时间。内战时，有一次，凯撒包围了阿弗拉尼乌斯和彼德雷伊乌斯的军队，并用断水的办法折磨他们。阿弗拉尼乌斯和彼德雷伊乌斯的军队因此而杀死了所有的驮兽，投入战斗。凯撒阻止他的士兵，不让他们出战。他认为，当敌人因愤怒和绝望而变得狂暴时并不是进行交战的合宜时机。见《谋略》卷二第一章第 10、11 两例；还可参见凯撒：《内战记》卷一第 80—83 节。

② 据李维记叙，昆图斯·福尔维乌斯·弗拉库斯是在公元前 181 年同克尔特伊比利亚作战时使用过这一谋略，而与福尔维乌斯同辛布里人的战争无关。

③ 见本书卷末“要目索引、译名对照，并注释”部分亚历山大二世条和莱普廷斯条，亦可见《谋略》之卷二第五章第 10、11 两例。

队岂有不败之理？泰米丽丝对付居鲁士[①]；提比略·格拉古对付西班牙人所采用的都是这种办法。给敌人送葡萄酒、送食品，迷惑他们，再打败他们的办法，别的人也用过。

我已经给你们讲过，我没有见到过古人以为要在夜间在军营的工事之外派哨兵的主张，其出发点是希望预防可能发生的危险。经常有这样的事：即使是在白天，究其失败的原因也在派出去监视敌人的哨兵身上，他们被俘虏了，敌人施暴力强迫他们发信号呼唤自己人从军营里出来，而按照这个信号出击的部队不是遭歼灭，就是被抓走。

为了欺骗敌人，有时候改变一下原已养成的某种习惯会很有 232
益处的，因为敌人既然已经熟悉了你的习惯，就会使他们的行动去适应这种习惯，并以此伤害于你。有一次，一位将领就是这么做的：他和他的部下约好，当敌人逼近过来时，逢夜间便点火，遇白天就放烟，这已成了他们的习惯。他下令不断发出信号，于是，又是火光、又是狼烟；但当敌人一出现，这一切立即就中止了。敌人没有见到通常的信号，决定悄悄地继续朝前行进，也没有采取任何预防措施，结果尽遭粉碎[②]。

罗得岛的门农想把敌人从阵地的工事里引出来，他派一名军士假装逃兵去敌人那里投诚，那名逃兵去了之后散布说，他们部队里已开始骚乱，大多数人全都跑散了。为了证实这一消息，门农在

① 希罗多德在《历史》一书中对这次战争叙述得较详细，可参见该书卷一第199—216节，第266—274页。

② 弗龙蒂努斯在其《谋略》卷二第五章第16例中认为，这种谋略只是阿拉伯人所为，而非专业的军事指挥官所为。

自己的军营里搞了一次假骚动；敌人觉得，现在已是他能够歼灭对方的时候了，于是领兵出战，结果上当受骗，大败溃输[①]。但是，也不可将敌人逼到绝望的境地；凯撒在与日耳曼人战争时明白了这一点。他发现，若将敌人逼得失去一切突围的可能，他们只好拼死作战直至极限；于是，放了一条生路给他们；他的主意是与其去追击溃逃者，还不如去击败那些仍在顽固地死守着阵地的人[②]。卢
233 库卢斯看到，原属他麾下的一部分马其顿骑兵纷纷向敌人那边跑去，他立即下令号兵吹响冲锋号，并命令所有其他的部队去追赶逃跑者。敌人以为卢库卢斯开始战斗了，便猛烈地向马其顿人发起攻击；此时，马其顿人只好设法保护自卫，也就不由自主地从逃跑者变成了斗士[③]。

如果你对眼前的城市缺乏信任感，在你取得胜利之后或者在此之前就去攻克它，那可是一件大事、要事；我们的先人在这方面不乏计谋高超的实例。庞培对哈奥森斯人的忠诚持怀疑态度，他建议当地人放罗马军的伤病员进城，实际上他吩咐将先头部队假装成伤病员，就是这些人拿下了这座城市[④]。普布柳斯·瓦莱柳斯总担心埃皮达鲁斯人背信作乱；一次，他邀请大家到远郊的一座神庙去参加宗教盛典，就像我们那里的赎罪仪式。当全体市民都在那里集合起来之后，他下令关闭所有的城门，只允许他认为可靠

① 见《谋略》卷二第五章第 8 例。

② 这是公元前 58—前 53 年的事。弗氏在《谋略》卷二第六章第 3 例中认为，这是施行暴力之必要性的又一例子。

③ 这是卢奇乌斯·卢库卢斯在公元前 74—前 66 年在战斗中处理他的同盟军马其顿骑兵突然向敌人那边跑去时采取的紧急措施。

④ 见《谋略》卷二第十一章第 2 例。

的人回到城里来[①]。马其顿王亚历山大准备动身去亚细亚；为了防止他离开后色雷斯人纷起闹事，他下令当地的显贵人士随他东行，还指派他们担任军中的各种职务，又让一些出身卑微的人替代 234
他们原来的职位。就这样，他用金钱满足了贵族的要求，而使平民百姓俯首贴耳、唯命是从：那时他们已经失去了自己的领袖[②]。

但是，能够将民众吸引到你身边来，那才是最好的办法，是高尚纯洁、公道正义的得人心的做法。西庇阿在西班牙就有过这样的例子：他把俘获的女儿和妻子归还给父亲和丈夫，他用这种办法在西班牙所得到的，要比用武器得到的多得多[③]。凯撒在高卢下令为建造军营而砍伐的树木支付赔偿金，此事使他赢得了办事公道的美誉，从而减轻了他征服这个国家的难度。我不知道，我还能不能再补充些内容；我觉得，有关这个问题好像我把所能讲的东西都已经讲出来了。现在还剩下的就是要给你们讲讲围攻和守卫要塞的方法问题。如果你们不反对，我就很乐意开讲这方面的事情了。

巴：感谢你的盛情厚意，你满足了我们的所有愿望；我们甚至有点不顾体面了，因为你慷慨地给予我们的东西比我们所要的更多更多。因此，我只想给你说一声，那就是：劳您的大驾，请继续发 235
表您的演讲吧。我还请求您首先来回答一个问题：在冬天是不是

---

① 见《谋略》卷二第十一章第 1 例。

② 这事发生在公元前 334 年，见《谋略》卷二第十一章第 3 例。

③ 公元前 210 年，当西庇阿在西班牙作战时，一次，女俘中有一名绝色的贵族少女被带到他跟前来。那女子的姿色使所有在场者为之倾倒。西庇阿极其尽心地将其保护起来，并将其送还给她的名叫阿利乔的未婚夫，而且还把那少女的父母以女儿赎金的名义送给西庇阿的钱财作为结婚贺礼转赠给这位未婚夫。整个部族深受这一慷慨的侠义行为所感动，遂决定与罗马当局结成同盟。见《谋略》卷二第十一章第 5 例。

也应该继续打仗，就像现在常见到的那样；或者只在夏季打，到冬天难道不能像古时那样休战歇息一下吗？

法：看，这是多么英明的提问者啊！要是没有他提醒，我真会忘了一个极其重要的问题呢。我再重复一遍，古人的所作所为在各方面都比我们更周到、更仔细。如果说，我们在民事方面常常会犯错误的话，那么在军事方面我们就总是错误不断。没有什么东西比之冬季战争更危险、更容易疏忽大意的了，而且这冬季战争对于进攻方来说比之防御方尤其险恶。事情在于，严格遵守军事纪律之所以必要，就是为了当交战的时刻来临时使部队保持那种严整的有序状态。这就是每一位将帅都应当竭力追求的目标：所谓战斗，就是打赢还是输掉一场战争的问题。

谁能够更好地做好战斗的准备工作，并在自己的部队中奉行严格的纪律，谁就会获具对敌人的巨大优势，对胜利也就能寄予更多的指望。从另一方面讲，对于部队的运动不存在任何比起伏不平的地形和寒冷多雨的天气更加危险的因素了。起伏不平的地形会影响部队依照兵法的规则实施展开；阴雨连绵和寒冷彻骨的天气很难使他们形成一个整体，成为一个统一的群体去与敌人抗争，反倒会强制他们根据可以接纳他们的城堡、都市和农村的条件将部队分散开来部署，而陷于无序。这样一来，为建立一支坚定完善的军队所付出的一切辛苦都将付诸东流。现在，部队在进行冬季
236 作战，因为训练很差的部队不懂得分散部署的危害，他们根本不愿意实施艰苦的军事训练、不愿意遵守严格的军事纪律，他们不具备这样的素质。他们应该好好想想实施冬季战争带给他们的危害，好好回忆起1503年在加里利扬诺城下战胜法国人的并不是西班

牙人，而是寒冷的冬天[①]。

我已经跟你们讲过了，冬季战争对于进攻方来说尤其糟糕，因为坏天气对在别人的土地上作战的人来说危害更大。要想不分散兵力，就得被迫忍受阴雨和寒冷，而如果想避开这些不利因素，那就得把军队分成若干个部分。防御方刚好相反，可以选择有利的地形，和新锐兵力一起等待，然后很快把他们集中起来，去攻击个别在你面前已经顶不住了的敌军小队。法国人以及所有在冬天去攻击小心谨慎的敌人的人都是这样被击溃的。所以，每一位将帅，只要他不希望他的部队失去力量、秩序、纪律和勇敢精神，就应当坚决奋起反对冬季战争。罗马人想要从自己的付出中有所得益，因而同样想避免冬季的征战和山地战，回避不利的地形条件，以及 237
一切妨碍他们全力施展他们的聪明才智和勇敢精神的不利因素。这一点已经足够回答你的问题了。现在让我们转到要塞防御、围困城市和修筑防御工事的技艺上去吧。

① 西班牙国王阿拉贡（西班牙东北部一地区）的费尔迪南多同意支持路易十二侵占那不勒斯的要求，并跟他一起分享1500年格拉纳达条约规定的期限。1502年7月，他们居然成功地宣称两位国王已就分赃事宜达成协议。西班牙在失地之后，于1503年4月取得了切里尼奥拉，接着在那不勒斯，又在加里利扬诺，最后在1504年新年强使法国在加耶塔作出让步。如是，西班牙征服、保护，并监管着那不勒斯和意大利南部；而法国则监管起米兰和北方。1503年12月28日在加里利扬诺，贡扎洛·德·科尔多巴便是通过在严冬寒冷的气候条件下对处于不利地形的法国实施突然袭击，使之屈尊就范的。

卷　七

241 法布里乔：首先，你们应当知道，都市和城堡的力量抑或是自然所赋予，抑或由人工所创建。如果它们被水或沼泽所包围[①]，像曼图亚和费拉拉那样；抑或建造在岩崖或者陡峭的山岗上，如摩纳哥和圣-列奥一般，那它们之坚不可摧皆由源于自然的力量。反之，如若城堡建在高地上，且是可以抵近的，那便显得十分地脆弱，尤其在已经有了现代的火炮、又能挖掘出地道的情况下。所以，如今它们大多建造在平坦开阔之处，再凭借人工加以强固围护。

第一项要求便是建造城墙，墙体应呈弯曲的线状，要尽可能增多向内和朝外的城角的数目。这样，敌人就无法接近城边，因为他们不仅会受到正面的攻击，而且还会受到侧翼的攻击[②]。城墙要是建高了，对于火炮的射击来说目标就太明显了；若建矮了，则容易爬上来。为了增加敌人攻城的难度，可以在城墙前挖掘壕沟；但如果敌人人多势众，也很容易把它们填平，进而攻占城池。

所以，我认为（当然，我也可能出错），为了避免双重危险，还是应该建高墙，而且要在城墙内侧挖掘壕沟。这是修筑工事的最佳

---

① 见韦格蒂乌斯：《兵法简述》卷四第一节。

② 见韦氏《兵法简述》卷四第二节。

方式：这种方式既能保护你不受炮火的轰击，又能防止敌人的攻城，同时敌人还无法将壕沟填掉。为此，城墙的高度务必要达到相当的水准，其宽度则不得小于 3 肘，以使之不易遭到毁坏。

沿要塞的围墙要建塔楼，其相互的间距为 200 肘；城内的壕 242
沟，宽不得小于 30 肘，深 12 肘。挖出的土整个堆放到城市的一边，从壕沟的基点直顶到城墙，堆土的高度约相当于人体即可，由此亦可升高壕的深度。在其底部每隔 200 肘，将建暗炮台，里面要配备火炮，用以消灭企图钻进壕里来的任何人。保护城市的巨炮，部署在城墙内壕的尽头，因为对于守卫外墙来说，由于城墙的高度关系，只能使用小口径的或者中型的火炮。

如果敌人决定攻城，他就会立刻遭到外城墙的阻滞。而他要是带着火炮一起过来，那他先要将外城墙摧毁掉才行；可这么一来，首先遭殃的就是他们自己，因为城墙总是先朝炮轰的方向坍塌下去，这就会形成一大堆碎块，让你搬都无处可搬；它们只会加大壕的深度。于是，连动也动弹不得了。城墙坍塌下来的瓦砾、壕沟，更加上配置在其后的火炮都会阻挡他们的行动，这些火炮肯定还会炮轰围城的部队。剩下最后的手段就是把壕填掉，可这件事是很难做到的：那壕又宽又深，想靠近它都不容易，因为墙体呈弯曲的线状，还有不少向内的和朝外的城角；由于这些原因，要想在他们之间运动就非得花大力气不可。最后，敌人还应该把他们所需要的一切穿越坍塌下来的瓦砾堆搬过来，这可又是一件难上加难的事情。所以，据我看来，根据我的建议建造起来的要塞将是根本不可抵近的。

巴蒂斯塔：假如除去城内的壕之外，再在城外也挖上壕，那我们的要塞是不是会更加坚不可摧呢？

243 **法**：这是毫无疑问的，但如果只能挖一道壕，那还是挖城里面的为好。

巴：你认为怎样的壕更可取，是灌水的好呢，还是干涸的好？

法：这个问题可谓仁者见仁、智者见智：灌水壕有利于防雷；而要填平干涸壕就不那么容易。但是，经过再三掂量，我宁肯用干涸壕，因为那样会更安全些。灌水壕一到冬天就结冰，这容易使城市被占领，就像教皇尤利二世围攻米兰多拉要塞时出现的情况那样[①]。要想防止敌人破坏，我就得将壕挖得更深一些，以使任何想再向前挖进的人遇上水。要塞墙和要塞壕的建筑应当以有利于给围城者以顽强的抵抗为出发点[②]。

对于负责城市保卫的人，我要坚定地请他们记住一点：不要在主墙之外构筑单独的棱堡。对于要塞的建造者，我的忠告不一样，那就是：不要在里面构建守备部队在丢失前沿城墙之后可以躲避进去的任何工事。我在提出第一点忠告时所考虑的是：应当避免出现立即不可逆转地损害人们先前对于你的好评的情况；要是那样的话，他们会不再重视你的号令，而你那些先前的拥戴者会害怕
244 替你辩护。如果你在离开主城墙的地方单独构建棱堡，那这样的事情就不可避免地会发生；而这种棱堡早晚会被攻克的，因为如今要想在大炮毁灭性火力的威胁下保全一些小小的工事，那是难以想象的，而棱堡的失守必将成为你个人毁灭的起点和原因。当热那亚人奋起反对法国国王路易十二时，他们在城市周围的丘阜上

① 尤利二世教皇围攻米兰多拉要塞是在1511年的冬天。

② 1506年，热那亚奋起反抗；1507年，法国人收复这座城市。关于城防中的堡垒问题，当时争论激烈，不同的人看法不同，做法各异。对此，马基雅维利在《君主论》第二十章中有详述。罗马人的办法就是夺占城市。

建造了某些棱堡,但这些棱堡几乎立即被摧毁了,它们的丢失随即导致了城市的陷落。

现在我来讲一讲第二个忠告的含义。我坚信,就保卫城堡而言,最大的危险莫过于当前沿壁垒丢失之后,城堡内存在着可以让士兵们退入的工事。如果士兵们心里想着把他们捍卫的地方交给敌人之后,可以指望得到拯救的话,那这些地方就再也保不住了;而重要据点之丢失,必然会导致整个城堡的陷落。不久以前发生的事件便是例证。想必你们还记得弗利城堡之被攻克一事吧。卡泰丽娜伯爵夫人为捍卫这座城堡与教皇亚历山大六世之子博尔贾反目,博尔贾率领法军包围了城堡[①]。城堡里有许多工事,可供陆续撤退下来的士兵们躲藏。首先,那里有用壕与城堡隔开的堡垒,壕上面架有可升降的吊桥;城堡分成三个部分,由灌水壕相隔开, 245
又由吊桥相连接。公爵的大炮集中轰击其中的一个部分,墙上已有了窟窿;而要塞司令乔万尼·达卡萨尔并不想守住这个缺口,只是一味退却,将部队引领到别的工事里去。公爵的士兵未遇抵抗便进入了这一地区,控制了连接它与其他两部分之间的多座桥梁,顷刻之间俨然成了整个城堡的主人。

被认为固若金汤的城堡就这样陷落了;之所以会如此,原因有二:首先,城内有着太多无用的内部工事;其次,城堡相对独立的各

① 1488年,弗利城的吉罗拉莫·里亚里奥(Girolamo Riario)伯爵在他自己的邸宅内遭人谋杀。他的妻子卡泰丽娜·斯福尔扎躲进城堡,等待她的叔父米兰公爵洛多维科·斯福尔扎(Lodovico)前来支援。后来,事隔多年之后,已是1499年的12月,当弗利城再次被人称瓦伦蒂诺公爵的切萨雷·博尔贾占领时,伯爵夫人再次蜗居于城堡之中,没有一个人前来营救她,结果只好在次年的1月12日投降了。

部分未能坚决地、及时地升起吊桥。建筑质量低劣的城堡和要塞司令的无能坑害了决心抵抗敌军围困的英勇的伯爵夫人，加之当时无论是那波利的国王，还是米兰的公爵都没有勇气去援助夫人与公爵的军队抗争。她的努力诚然未能奏效，但这场斗争带给她巨大的荣誉，这一荣誉在她来说因其大无畏的气概而当之无愧。当时，称颂她、褒奖她的诗篇铺天盖地，那便是佐证。

如果有朝一日我也不得不建造城堡的话，我就一定要用坚实的墙和壕，按我在前面讲过的方式建造。城堡内我只留下居民的住房，而且还故意要把它们造得不太牢固，造得矮小一些，不让它们挡住居于城中心的司令官观察城堡围墙之内的整个空间的视线，让他看清楚应该急于往哪儿派去增援。我一定要做到使士兵们都懂得：一旦墙和壕守不住，那城堡必定陷落。最后，一旦我定下决心要建立城内防御，那就一定要把桥梁部署得使城堡的每一 246 部分都能独立自主地升降桥面；为此桥体应当从壕的边沿徐徐降落到位于其中部的柱子上才妥。

巴：你说过，在我们的时代小的工事不大可能守得住。记得，我也曾听说过相反的意见，即工事越小，越容易防守。

法：你错误地理解了我的意思。我想说的是，如今能够称得上城堡的只有那些占地相当宽阔，必要时守备部队能够撤到新建的墙和壕以外去的筑垒地。现在，大炮的毁灭性火力那么厉害，把守卫任务建立在仅仅依靠一堵墙和一道壁垒的抵抗力的基础上是极大的错误。普通的棱堡是没有两道壁垒的，所以很快就会失守（我说的是“普通的”，因为规模大的就得称城堡或者要塞了）。所以，最重要的就是不要去搞这样的棱堡，要加强城堡入口的护卫，用三角堡掩护大门,堵住想取直线出入大门的人员。三角堡靠有吊桥的壕与大门相隔开;除此之外,大门上方还设有几道可以往下放的格栅护卫,以便在出击失败时可以让士兵们隐藏在后面,也可以防止敌人相互踩着肩膀爬上墙头混进城里来。这些格栅古时称作缓冲器,其用处在于将它们放下来可以截住敌人、救出自己人。问题是在这种情形下既不能指望吊桥,也无法依靠大门来发挥作用,因为那些地方早已挤满一大堆逃跑者了。

巴:我也曾见到过这种放得下来的吊门。在日耳曼一般都用一根根方木制作而成,形状颇似铁制的格栅;而我们的门则是由厚
厚的木板严严实实地拼起来的。我很想知道,这样的差别是怎么 247
形成的,哪种格栅更好些呢?

法:我再给你重复一遍,古人的军事法规和他们的兵法在全世界已无人顾及,在意大利则完全被丢诸脑后了;说实在的,倒是我们的北方人或多或少地还在学用。你也许还曾听说过,而有些人大概还记得,我们的城堡直到 1494 年法国国王查理八世前来征战意大利之前始终是不堪一击的。城墙上的雉堞的厚度不超过半个肘;射孔和枪眼是越向外越窄,越朝里越宽。自然还会有不少别的毛病,这些不足之处就不必多列举了吧。既然这雉堞造得那么脆弱,被砸个粉碎是轻而易举的事;用这种方法构建而成的枪眼一下子被炮弹轰了个大开花就更不足为奇了。

现在,我们已经从法国人那里学会了建造厚厚的、牢固的雉堞。我们的枪眼,里面宽宽的,到墙的中部渐渐变窄,然后再向两边伸展开去;借此,敌人的火炮要想摧毁我们的大炮就不那么简单了。法国人在军事方面有许多好的经验,过去我们没有发现,所以

也不知道珍惜。就比如他们用方木制作的格栅就比我们用木板严严实实地拼起来的要强得多。当我们的格栅放下来的时候，你只能站在它的后面，却无法去杀伤敌人，而敌人反倒很容易用斧子和火力把它们毁坏掉。相反，如果能放下来的门做成格栅的样子，你就能通过孔隙使用矛、自射器和任何其他的武器实施自卫。

巴：我发现在意大利还有一种舶来品：炮架的装置，其轮子的
248 轴是固定在轮毂上的。我很想知道，为什么要这样做，因为我觉
得，如果将炮架上轮子的轴就像我们的一般轮子那样直接装上去，
那它们会更加牢固的。

法：不要以为一切偏离日常规范的现象都是偶然发生的，或者法国人所以这样做全是为了外表好看。需要牢固的地方也别忘了美观。整个事情就在于法国人的炮架上的轮子禁用，比我们的更牢固。现在我来给你们解释这一点。当炮架在用前轮移动时，它可能走得很平稳，也可能会朝某一方向倾斜。如果它走得平稳，那它的重量在两个轮子之间是相等的，因此并不存在哪一边特别过载的问题。而当炮架出现倾斜的时候，其整个重量便会落在一个轮子上。如果轴是直接插入轮毂的，那它们很容易受损，因为会跟一个轮子同时发生倾斜，这时两个轮子的重量就不会均匀地分布在它们之间的那根直线上了。

所以说，如果炮架是在径直地移动着，所载之炮身的重量均匀地落在两边，那么一般的轮子也是相当牢固的；假如炮架倾向一边，重量落在了一个轮子上，那它就会差得多啰。带有斜形轮毂的法国式的炮架，那是完全不同的东西，因为整个炮身的重量全部落在一个轮子上，那时斜形的轮毂由于本身的常态反而使斜位变成

了正位，也就很容易承受住整个重量了。

让我们回到城市和城堡方面来吧。为了更好地守住大门，也为了利于部队出击和再度返回城堡，法国人常使用一种在我看来意大利人还从未使用过的方法：在吊桥的末端竖上两根柱子，在每
根柱子的中央固定下一根可活动的横梁，其一半悬于吊桥上方，另 249
一半留在桥头；那可活动的横梁向外的一面挂上若干块小方木，即可构成一道格栅，再在向里的一面钉上链子。要从外面将桥关闭掉，就将链子松开，这时格栅就放下来了，同时也就将入口封死了；反之，如果步兵或骑兵要通过，需要打开桥梁，那就卷动链子，把格栅吊起来，待他们通过之后再立即将之关闭起来：升降那道格栅就好比开关枪眼上的小门一般。

这种装置比之一般的吊门要好，一般的吊门是直上直下的，所以总是可以把它撑住的，而法国人的格栅放下来的时候不是直线式的，所以敌人就无法挡住它的活动。城堡的建筑者应当遵循所有这些规定。此外，在离城墙一里以内不允许栽种任何植物，也不允许出现任何建筑物，以确保周围只是一片开阔的平原，没有一棵灌木，也没有土堆、树或者房子，——总之，要求没有任何东西能够挡住视线，没有任何东西能够隐藏悄悄地抵近过来的敌人。请记住，外壕连同土堆的高度若超过地平面，那只会削弱城堡的自卫能力。土堆从一个方面来看能起到掩护围城者接近工事的作用，而从另一方面看，又无法制止攻城炮发挥其作用，因为它们实在是很容易被摧毁的。

现在，让我们转到城堡内部的管理方面来。我不想多谈有关城堡里必须有相当充足的粮食和弹药储备等问题，因为这是每个人都清楚的常识；没有这些，一切别的措施都是毫无意义的。总之

一句话，要设法保证自己的供应充裕，同时千方百计地使敌人无法
250 用上国家的资材。所以，要毁掉无法运回城堡去的所有的粮食，以及所有的牲畜，外加饲料。城防司令应当对维持城堡内的秩序实施严格的监督，并采取一切措施，以使每一个人在各种情况下始终清楚自己的职责。妇女、老人、孩子和病员都应当留在自己家里，不要去妨碍青年人和男子的工作。警备部队要编成几个队，分派到城堡的墙边、门边，以及一些重要的地方，以制止一切刚刚掀起的骚乱。有些小队不承担任何事先指定的岗位，而是随时做好哪里需要便到哪里去的准备。

在这样的条件下，无序和混乱就未必会发生。还有一个重要的情况值得你们注意：在围城和守城时，如果敌人知道，居民们从来没有打过仗，那他们多半会指望赢得胜利。通常情况是城市之所以会投降敌人无非出于恐惧，即使他们还没有跟对方交过手，还从未尝试过自身的力量。因此，围城者就应当竭尽全力尽可能强化对居民的威慑；而被围者则应当将自己一方最坚定的人员派到最危险的地方去，这些人最终只会败于武器，而不会屈从于流言飞语。敌人首次冲击失利会大大加强被围困者的勇气，这时候敌人应当指望的只能是自身的力量，而不是所谓不可战胜的荣誉。

为了守卫城堡，古时人们使用各种各样的武器，诸如弩炮、石弩、
251 蝎子弩、铜弩、投石带等等[①]。而为攻城则可使用攻城槌、炮塔、可移动的盾、防护篱、木制的投掷器材、大镰刀，以及布列龟背阵所用的盾。现如今，无论是围城还是守城同样都可以使用的大炮，完全可以替代

① 有关古时人们守城时所使用的武器，可参阅韦氏《兵法简述》卷四第二十二节。

所有这些家什，因而也就无须再去谈论它们了。

现在让我们来议论一下夺取城堡的手段问题。一般说来，被围困者会受到两种危险：挨饥饿煎熬和敌人前来攻城。我已经讲过，为了预防饥饿，必须在遭围攻之前就要囤积好充足的粮食。等到储备粮耗尽之时，守卫者往往还总能够通过某种非比寻常的办法从盟友那里把粮食搞到手的。这并非何等难事，特别是被围的这座城市中间有河流穿过，将其劈成两半的话。当年汉尼拔围困罗马城堡卡西利尼时[①]，罗马人已经无法再顺着河流输送其他食品了，他们就朝河里扔坚果，这些坚果毫无障碍地顺流漂到了守备部队那里，给了他们极大的支援。另一些被围困者的做法不同：他们想向敌人表明，他们手上有储备粮，以此破灭敌人慢慢降服他们的企望；他们把粮食扔到城外的土墙边[②]，或者把粮食用来喂牛，再把牛放出城去，好让敌人捉住之后宰杀掉；当他们见到这些牲口 252
的胃里还剩留着粮食，敌人就会相信城里的供给是充裕的[③]。

另外，许多围城的将领想尽各种计谋疲惫敌人。费边就曾允许坎帕尼亚的居民耕地播种，以消耗他们一部分粮食种子[④]。狄

① 这是公元前 216 年的事。当年的卡西利尼，即后来的卡普阿。

② 故事讲的是公元前 390 年，卡皮托遭到高卢人围困：当时罗马人尽管缺粮，但还是往敌人堆里扔粮食，利用这样的办法使敌人觉得他们的粮食供应还相当充足，从而顶住了敌人的围困，直到卡米卢斯前来解围。

③ 这里说的是色雷斯人的故事，但弗龙蒂努斯写的是羊，而不是牛。详见《谋略》卷三第十五章第 5 例。

④ 公元前 215 年(一说前 211 年)，费边围困了坎帕尼亚。坎帕尼亚人相信他们能够顶得下来。为了瓦解他们的这种信念，费边使他们的土地荒芜了。后来，当播种季节来临时，他离去了。于是，坎帕尼亚人连忙抢时间把剩余下来的粮食做种子下了播。不久，费边又返回来，踏平了刚刚出土的幼苗。这一做法使他成了坎帕尼亚人的主人。

奥尼西在围困雷吉翁人时假装准备与被围困者达成协议，说服他们在谈判时为他提供粮食；后来，当城里已经空无粮食时，他更加严密地封锁这座城市，要饿死他们[①]。当亚历山大准备去围困莱夫卡迪亚时，先夺占了附近的几座城堡，于是那些地方的守备部队只好跑到莱夫卡迪亚去，而那里本来就已经人满为患；这样，由于饥饿就只有投降一途了[②]。

关于攻城一事，我在上面已经讲到过了；当时，我曾对你们指出，最重要的一条是首战必胜。罗马人曾无数次地靠首战，以迅雷
253 不及掩耳之势从四面八方发动进攻，拿下城市。他们把这种方法叫做 aggrediurbemcorona[③]。西庇阿在西班牙的新迦太基城下作战时[④]所采用的便是这种方法。不过，要是首战失利，那要想攻克城市就困难多多了[⑤]。即使对方成功地控制了城墙，甚至突进到城里来了，只要保卫者不沮丧，那他们还远远没有失败。敌军已经渗入到城里，但终究还是不得不撤出去，甚至遭致全歼，这样的事例实在是屡见不鲜啊。被围者在这种情况下应当抢占重要的据点，从房屋的高处和塔楼上杀伤敌人。要是从已经攻入城里的进攻者的角度而言，他们的行动通常有两种方法：或者打开城门，为

① 狄奥尼西用饥敌之法降服雷吉翁人的事发生于公元前 391 年。详见《谋略》卷三第四章第 3 例。

② 亚历山大攻击粮食丰足的莱夫卡迪亚是在公元前 266—前 263 年间。此亚历山大并非腓力之子、马其顿王亚历山大；而是皮洛士之子、伊庇鲁斯的国王。

③ “aggrediurbemcorona”（拉丁文），“京都王位攻击战”，意在：要打，首先要打击最要害处。

④ 公元前 210 年的一次战役，新迦太基城即如今的卡塔纳赫，西班牙东部地中海沿岸一港口城市。

⑤ 以下陈述大体近同于韦氏《兵法简述》卷四第二十五节，可参阅该书相关章节。

守备部队提供出城逃跑的机会;或者通过信使发布公告,赦免所有放下武器的人,消灭一切负隅违抗者。这种做法常常会较易于导致胜利。

最后,要想比较容易地攻克一座城市,可采取突然袭击的办法。为此,应当把部队部署得稍远一点,以求使百姓们相信:你也许不会向他们发起攻击了,或者出于距离太远、视线欠佳而无法这么干了。随后,如果你出其不意地抵近过去,并立即下令推进部队,实施出击,那几乎无疑会稳操胜券的。有关眼前的事我不大乐
意讲:讲自己、讲自己如何作战,我很难开口;而要剖析别人的事, 254
那我又总觉得不知道从何说起好。更何况,为此我还真不得不引用人称瓦伦蒂诺公爵的博尔贾作例子呢。他和他的部队在诺切拉,佯装准备去卡梅里诺,后来突然掉头转向乌尔比诺,就在一天之内轻松地拿下了这座城市[①];可是,另一位将领却为此丧失了大量的时间和金钱。

被围困者对于敌人的任何一种陷阱和军事计谋都必须保持一份清醒。如果发现敌人日复一日地在进行着同一种类的行动,那他们就不应该再安然若素,而是必需认识到:其间必有诈,敌人也许正策划着某种完全新的足以置他们于死地的行动[②]。多米蒂乌斯·卡尔维努斯包围了某座城镇,他每天都带着他的大部队绕着城墙巡行,久而久之似已成为习惯;百姓们以为,他们是在进行演习,也就放松了警惕。可是,当多米蒂乌斯看出对方已经失去警

① 那一天是公元502年的6月21日。

② 可参阅本书卷五之有关段落。

觉，他就即时发起袭击，城镇也就被攻克了[1]。

有的将领获悉，将有部队前来增援被围困者的城市的消息，于
255 是便让他们的士兵改穿敌军的制服，凭着这套服装他们被送进城堡，并将其占领[2]。雅典将领西门有一次点火烧着了位于城墙上面的一座神殿；百姓们争抢着跑去救火之时，也就拱手把城市让给了敌人[3]。有的将领抓获了敌军的粮秣管理人员，剥下他们的衣服，改让自己的士兵穿上，令其混进城堡，打开城门，迎大军入城[4]。

古时的将帅利用各种各样的手段削弱被围困城市的防卫。西庇阿在阿非利加作战时总想夺占几座迦太基人的城堡，曾多次在做好一切出击准备之后，却似乎因担心失败而放弃。汉尼拔相信这是事实，就把他们所有的守备部队都集中到自己身边，掌握了兵力上的优势，以求较容易地赢取胜利。西庇阿一知道这个消息之后，立即调令他的盟军统领马西尼萨率部向这些城堡开进，并一举攻下了它们[5]。

① 多米蒂乌斯·卡尔维努斯所包围的城镇便是利古里亚的卢埃利亚。见《谋略》卷三第二章第1例。

② 这是指阿卡迪亚人在围困美塞尼亚人的要塞时获悉，有一支别的部队要前来支援，于是便穿上美塞尼亚人正在等候的援军的服装。结果敌人中计，把阿卡迪亚人误作盟友放进城去，阿卡迪亚人乘机抢占有利地形，给敌人造成重大伤亡。

③ 这是公元前约470年的事。西门点燃的是卡里亚境内深受市民崇敬的狄安娜神殿，外加城郊的一片小树林。详见《谋略》卷三第二章第5例。

④ 安条克包围了卡帕多基亚的一座城镇苏恩达。他截获到一批出来采办粮秣的人员和驮载牲口，他把押运牲口的辎重兵杀死，再叫自己的兵士换上他们的衣衫，装成把粮秣运回去的样子。苏恩达的守军把他们当成驭手，中了他们的奸计，错把安条克的军队放进了要塞。

⑤ 这是公元前202年的事。努米底亚国王马西尼萨是罗马的盟友。可参见《谋略》卷三第六章第1例。

皮洛士把有强大的守备部队护卫着的都城伊利里亚(即今之 256
斯拉沃尼亚)围了起来,他假装对胜利缺乏信心,将部队调往别的城堡去了。而伊利里亚人却中了他的奸计:他们居然把部队派出去支援别的城堡,这就大大削弱了都城的防卫力量,以致使拿下这座城市并无困难了[①]。许多人为了控制城市常常毒化水质,或者引开水流;不过,这种办法并不那么可靠[②]。有时候,被围困者被迫投降是因为受到虚假消息的惊吓;假消息说,他们的军队打败了,或者围城部队的新的援军很快就会抵达。古时的将帅还采用鼓励背叛、收买平民的办法占领城市,为此他们不择手段、无所不用其极。一些人把自己心腹中的某个人派出去,此人假装成叛逃者,博取敌方的信任,逐渐成为有影响的人物,并利用此种身份为其主子的利益效劳。也有人利用这种办法窥知敌方营地内卫兵队的部署状况,根据窃取到的情报潜入城内。还有的人凭借某种借口用大车或者方木将城门堵塞住,使之无法按时关闭城门,以利于围城者混进城里去。

汉尼拔包围了罗马人的一座城堡,说服了一个市民背叛他。257
为此,叛徒假装夜间外出狩猎,借口是害怕白天去的话会遇上敌人。过了一段时间,当他回城的时候,带来一小队士兵,他们杀了

① 这是公元前296—前280年的事。当年的伊利里亚就在今贝尔格莱德西北一带。文中在伊利里亚之后即今之斯拉沃尼亚之括注见于英译本,俄译本中无此括注。此故事可参见《谋略》卷三第六节第3例。

② 弗氏在《谋略》卷三以“断河毁水”为标题的第七章中一共提供了六个实例,可参阅该书相关章节。以下一些谋略多半也是通过弗氏提供的各种渠道收集而来的战例,其中有:《谋略》卷二第三章第1例,卷三第三章第1、第5例,等等。

哨兵，给迦太基人打开了城门[1]。有时候，被围困者会受骗上当：先是将他们诱骗出城，去追击假装逃跑的敌人；继而把他们引到尽可能远的地方去。许多将帅，就像汉尼拔，甚至把自己的营帐也让于敌人，以便截断他们的退路，乃至攻下城市。

假装解除包围也是一种颇为有效的手段。比如，雅典人福尔米翁便是这么做的：一开始，他蹂躏了哈尔基季基人的土地；随后接见了哈尔基季基人派来的使者，应下了许多良好的诺言，利用他们的疏忽，控制了城市[2]。被围困者应当仔细监督出城的市民中所有值得怀疑的人。有的时候，其实不只惊慌失措的人应当引起你的注意，故意讨好你的人尤其值得留意。马尔切卢斯知道诺拉人卢奇乌斯·班蒂乌斯是汉尼拔的支持者，但在与其交往时，仍然以礼相待，最终还是把他从敌人变成了他最忠实的朋友[3]。

当敌人要从被围困的城市撤离时，你们应当比被围困时更加

 258 提高警惕。必须刻意加强保卫的正是平时觉得最安全的那些地方，因为许多城堡之陷落恰巧是受到来自谁也不曾预料到的方向的突然攻击所致。被围困者的错误可以有两种解释：或者是他们自己过高地估计了城堡的实力，认为它固若金汤、易守难攻；或者是深陷敌所设骗局，中其奸计，敌人从一个方向吵吵嚷嚷地搞佯攻，而真正的袭击却在另一个地方无声无息地准备着。所以，被围

---

① 这事发生在公元前 212 年，汉尼拔围困的城市即他林敦。这段情节在阿庇安、李维、波利埃努斯等人的著作中都有记载，但那个内奸的名字说法不一。据弗氏所称，他叫科诺诺伊斯，是他林敦当地人。

② 这事发生在公元前 432 年。见《谋略》卷三第十一章第 1 例。

③ 这是马尔切卢斯在公元前 216 年施行的反间计。可参见《谋略》卷三第十六章第 1 例。

困者始终要从两个方面看事物，切莫偏颇，尤其要注意夜间的动静，务必严密守卫城堡的围墙，不仅要发挥人力的作用，还要充分利用灵敏的猛犬，它们是能以自己的吠声发现敌情的好手。不仅仅是狗曾拯救过城市，就是鹅的事迹也因高卢人围困卡皮托利尼的故事而成了家喻户晓的美谈[①]。

亚西比德在斯巴达人围困雅典时深怕哨兵们疏于职守，便以残酷的惩罚威胁地下达命令：只要在夜间他打出火光的那一刻，所有执勤的哨兵都必须以点燃火把相回应[②]。雅典将军伊菲克拉特斯刺死了一名正在睡觉的哨兵，后来他对人说，我不过让他保持我碰到他时的那副模样罢了[③]。

被围困者与盟友之间保持联络的方式各种各样。派人转达口头信息很不安全，于是就改用设定的数字号码写信，并想出各种千奇百怪的手段——将它们藏在剑鞘里、烤制食品时塞进和好的面团里、藏匿在身体最隐蔽的部位、塞在拉着邮差送信的狗的颈圈里等等方式将信件发出去。有些人则写上一封最普通不过的信，而在行与行之间的空白处再写进一些必要的内容，只要用某种液体在纸上涂一下，再用火把纸熏一下就能将这些字迹显现出来。在我们现时代这种方式特别流行，而且使用得十分巧妙。如果有人想给住在城堡里的朋友写信，而又不敢托付给任何人去传递，他就以极普通的格式写上一张脱离教会的声明贴在教堂的门

① 韦氏《兵法简述》卷四第二十六节谈到这些情形，请参阅该书相关章节。

② 此事发生在伯罗奔尼撒战争期间。请参阅《谋略》卷三第十二节第1例。

③ 这事发生在雅典将军伊菲克拉特斯驻守科林斯时，那是公元前393—前391年的事。

上。这声明的内容中包含着用我在前面讲过的办法写在行与行之间的意思，而那些收信人根据预先约定的记号能够辨认出那样的信纸，把声明撕下来，待他闲下来时阅看。这是一种既周到又安全的办法，因为传递这种信件的使者根本不会怀疑这张纸上还写着别的内容。

还可以创造出许许多多各种各样的传递信息的方法。不过总还是应当意识到，从外边向被困在里面的人写信，总要比从被包围在城堡里的人往外传递消息来得容易一些吧：这样的信件只能通过极少数逃跑者带出去转送，可这种办法并不可靠，且很危险；只要敌人稍加防范，就可能被识破。反之，想把什么东西弄进城堡里去的人，总能找到某种借口往敌人营垒里派个把信使去，而这类信使找机会混进城里去，那还不是小事一桩。

现在，让我们转到另一个题目上来，也就是转到现时代的围城
260 和城防这个题目上来。假设你被围困在一个城堡里，就像我已经给你们解释过的那样，城墙内没有壕沟圈围。如果你想阻滞敌人钻进有火炮打穿的缺口里来（这样的缺口很难把它填补上），那你就应当冒着炮火的危险沿城墙边挖出宽度至少不得窄于 30 肘的壕来，而且要把挖出来的土全部堆到城墙边，以形成一道壁垒，借此增高壕的深度。这些工程必须尽快建设起来，以便赶在城墙开始遭炮轰之前，能使壕的深度至少达到 5 至 6 个肘，壕的两端都要有掩蔽部围住。如果城墙坚持的时间能长久一些，能等到你把壕挖好，把掩蔽部安排好；那城堡之易受炮火轰击的部分就会比其他部分牢固得多，堆积起来的壁垒就能代替城内的壕沟（这一点我已经讲到过的）发挥作用。如果城墙很差劲，而你又没有时间去建设

那些工程，那就只能表现出你们的勇敢精神，用尽一切兵力、兵器去击退敌人的进攻了。

这一构筑壁垒的方法，在你们的军队围困比萨城时，他们就曾经使用过；由于坚固的城墙阻滞了攻击，加之当地的黏土特别适合于构筑壁垒和障碍物，使这一方法取得了成功。要不是这些优势，比萨人无疑是会败在你们手下的。所以说，任何时候都应当把所有这些工程作业赶在前面做好，而且要围着城墙挖好内壕，因为当壁垒建成之后，就可以放心地在那里等候敌人了。另外，古人还常常靠钻地道攻克城市，有两种办法可以使用：他们或者挖掘地下通道，通过它潜入城里，就像当年罗马人攻占维爱城那样；或者毁坏城墙，在需要的时候将其炸毁[①]。第二种办法在我们现时代使 261
用得很广泛。这种方法说明，为什么建在高地上的堡垒比其他堡垒经不起攻打，那是因为这种堡垒容易挖开，如果在坑道里放上一瞬之间便能引爆的炸药，那就不仅城墙会升天，就连山也要崩裂，所有的工事、工程都会被炸得横飞满天。

针对这种情况可以将城堡建在平原上，并构筑起足够深度的围壕，以使敌人一旦企图向前挖掘地道时会遇上地下水，仅此地下水一项对于这些地道而言，便已是相当危险的事了。如果真一定要把城堡建在高处，那唯一的办法就是在城里多多地挖深井，可以成为敌人地道的出口。还有一种斗争的方法是开挖对面地道，但必须做到只有你知道其走向；这一方法很容易使敌人终止他们的工程，困难在于怎么去挖，特别是当你遇上有经验的敌人的时候。

① 韦氏《兵法简述》卷四第二十四节有关于这方面的叙述。

对于围城者来说，最可怕的莫过于在部队休息的时候，比如出击被击退之后、哨兵换岗的时候，也就是说凌晨或者夜间，特别是开饭的时候，遭到猝不及防的攻击。许多城堡正是因为受到类似的攻击而陷落的；比如，围城者就曾不止一次地被守备部队的这类突然出击所击溃。所以，于此间要求交战双方切不可松懈警惕，而且各部队必须随时随地武器不离身。一般情况下，应当讲，城堡或营地的防御一方有必要将部队分散部署，但真要这样做也会有一
262 定的难处。要知道，敌人很可能按他们的意愿集中大量兵力从任何一个方向发动进攻。这样，你应当防卫的是延展距离相当长的整条战线，敌人向你扑过来的将是他的所有兵力，而你所能够抵御的仅仅是他的一部分部队罢了。

被围困者有可能横遭全歼；但对于围城者而言，最坏的结局无非是攻城被击退。这种情况使得许多被围困在军营或城堡里的将帅非要作拼死的奋争，投身到坚忍不拔的战斗中去不可，因为只有这样才能使他们取得胜利，尽管兵力优势在敌人一方。马尔切卢斯在诺拉[1]、凯撒在高卢都是这么干的[2]。被人数众多的高卢大军围困在军营里的凯撒知道，他若是留在工事里，那只有死路一条，因为他只能分兵把守各个据点，而无法先隐蔽在尖柱防御工事里，再伺机去攻打敌人。所以，他打开了军营里的一个出口，在那里集中了他的全部兵力，狂热而有力地冲向高卢人，结果大获全胜。被

① 马尔库斯·克劳狄乌斯·马尔切卢斯在公元前 216 年坎尼之战汉尼拔失利后守卫着诺拉。

② 这是公元前 57 年的事。但这一次真干的并不是凯撒，而是他派驻在高卢的使节塞尔维乌斯·苏尔皮奇·加尔布斯。请参阅《高卢战记》卷三第二至第六节。

围困者坚定无畏的精神不断地震撼着敌人的心理，使他们对胜利
失去信心。庞培和凯撒两军之间爆发战争时，凯撒的部队处于忍
饥挨饿的窘境，有人给庞培送去一块凯撒的士兵们食用的面包。
这块面包是用野菜做成的。庞培不让他的部队看到这块面包，免
得他们看到之后会自然而然地想起：看我们究竟是在和怎样的敌 263
人作战哪。罗马人在与汉尼拔的战争中赢得了巨大的荣誉，这是
因为他们具有惊人的坚定性，还因为即使在最艰难的一刻，当幸福
似乎将永远背弃他们的时候，他们也从未向谁乞求过和平，也从未
表现出丝毫的胆怯。相反，当汉尼拔几乎已经兵临罗马城下之时，
汉尼拔扎营的那片土地拍出的售价甚至比平时更高。正当汉尼拔
威胁到罗马人的首都时，他们却去把卡普阿围了起来，而且扬言为
了保卫罗马他们根本不会解除对卡普阿的包围[①]。

我在这里给你们所讲的东西，当然你们自己也是能够认知的。但是我之所以有意这么做，是出于更好地揭示我所提供给你们的军事规章的全部精华，并给那些不能像你们那样参与我们谈话的人士（如果确有这样一些人的话）带去某些有益的素材。我所讲的所有内容可以表述成若干条一般的规则[②]，应当牢牢把握才是。这些规则如下：

1. 于敌有害者，于己应有益；于己有利者，于敌必有害。战争

① 罗马人在公元前211年与汉尼拔的战争中表现出惊人的坚定性的这两段实例，就是《谋略》卷三第十八章第2、3两个战例的内容。请参阅该书相关章节。

② 这24条规则（英译本列成27条。——译者注）多数出自韦格蒂乌斯《兵法简述》卷三第二十六节。韦氏在那里提出的规则计33条。可参见该书第184—185页。

中谁监视敌人行动的警觉性越高，谁对部队的训练和演习抓得越
264 狠，谁遭遇险情的机会就越少，而赢取胜利的希望会越大。

2. 当你尚未使你的部队对自己充满信心，也未曾确信他们已经做好充分准备、面对敌人会毫无惧色之时，你就千万别率领他们投入战斗。

3. 兵不血刃而以饥馑屈人之兵者乃为上，交战中取胜之道与其说是勇气，不如说在运气。

4. 最佳的谋划是直到你付诸实施之前，敌人对此一无所知者。

5. 务必学会认知战争中的有利时机，并适时地将其捕捉住，此系最具实用价值之道。

6. 天生的勇士少有；大多数无畏者都是在历经艰险磨难，刻苦训练之后才逐步成长起来的。

7. 在战争中，纪律比之快速性更重要。

8. 如果有一部分敌军士兵投诚到你这边来，且能忠诚地为你效劳，那总归是你的重大成功。敌营中有人逃跑较之有人战死，对敌人的伤害尤甚；逃跑者的姓名对于新朋友会添几分疑惑，对于老相识则会增多些仇恨。

9. 布阵时，以强大的预备队留在第一线后侧，较之将士兵们分散排开、拉长正面要好。

10. 和善于正确判断敌我双方实力的对手交战，很难取胜。士兵的勇气比他们的人数更重要，但有利的阵地有时较勇气更有用。部队对一切司空见惯和按部就班的老套套往往漠然置之，只有突然性才会使他们受到震慑。据此，要训练部队适应新的敌人，让他们
265 在参与决定性会战之前，通过一些小的接触去熟悉这些新的敌人。

11. 谁要是无章无序地去追击已被击败的敌人，那他便正在实施着从战胜者变成战败者的转折。

12. 兵马未动，粮草先行；谁要是低估粮秣供应的作用，必将未战先亡。

13. 要根据你是否认为你的骑兵强于步兵，或者相反，认真细致地去选择战斗地点。

14. 如果你确想获知，白昼是否有奸细潜入你的营地，可下令全体人员各归营帐。

15. 一旦发现你的计划已为敌人知晓，当迅速变更决心。

16. 应该怎么做，可以找许多人商议；已下定决心怎么做，只能告知经过选择的少数几个人。

17. 平时，严厉和惩罚使士兵们守规矩；一旦上前线参战，理应鼓励他们树立信心，并对之多加奖励。

18. 一位优秀的将帅只会在情况极为有利或万分必要的时候，才下定决心投入战斗。

19. 千万不能让敌人知晓你的部队在战斗中将布列怎样的兵阵；不管你下达怎样的号令，务必为第一线的部队留出通过第二、第三线后撤的条件。

20. 战斗中切莫随意变更作战部队最初受领的任务，以免引起部队的混乱。

21. 凡作战，有预则易，不期而然则难。

22. 人、武器、金钱和粮食，乃战争胜败休戚相关之所在。这四 266
项条件中以前两项为要：有了人和武器，便可以弄到金钱和粮食；光有金钱和粮食，未必就能弄到人和武器。

23. 被解除武装的富人，是对贫穷的士兵的一份奖赏。

24. 要教会你的部队视骄奢淫逸的生活和华丽的衣装为粪土，不屑一顾。

这些就是我想给你们介绍的战争的原理。我知道，也许我可以讲的东西还很多；不过，有关古时军队的结构、他们的服式和训练，再加上一系列细节，我认为并不一定都需要讲到，因为你们完全可以自己去了解么。其实，主要的还在于：我的目的并不是要叙述古代世界军队的结构，而是要解释清楚，在我们现时代人们会怎样并应该怎样去构建一支军队，以获致他们目前所没有的那种力量。因此，我也就在据我看来现如今必须予以恢复的那样一个范围之内来讲一讲古时的建制问题。

我也知道，应该多讲一讲骑兵的问题，还应该多研究海战的问题，因为所谓军事实力应当同时包括海军力量和陆军力量，也应当同时包括步兵和骑兵。关于海军的事务，我就不准备在这里讲了，因为对此我一窍不通；有关这方面的事真正有发言权的是热那亚人和威尼斯人，他们对海军的事务研究得很仔细，过去也的确成绩斐然。关于骑兵我只能局限在我已经讲过的东西，因为这些部队，我说过，还没有像别的部队那样已经变坏了。只要步兵优秀，那相
267 应的骑兵必然也会很优秀的：步兵是任何一支军队的最具生命力的基础。我能给予骑兵部队建设者有益的忠告只有两条，这两条忠告足以帮助国家增加马匹的数量：应当在自己的区域内培育良种马，并教会臣民做马驹交易，就像你们在自己家里做骡子和牛犊的生意一般；为了保障买卖双方的利益，我只允许手里有马的买主

才能饲养骡子。这样,任何一个怀有骑马愿望的人就会不由自主地先把马买下。最后,我还只允许马的主人才有资格穿上丝绸的衣服。我听说,如今还活着的几位公爵当中有一位在自己的辖地范围内定了一条规矩,并在很短时间内居然就在他的领地内组建了一支很棒的骑兵队伍。在其他方面,今后我还会援引今天谈话时所提到的内容和我们正在实践着的一切。

也许,你们想知道,作为一名伟大的统帅,他应当具备哪些品质?我想简单地回答这个问题,因为据我想来,只要善于实现我们今天在这里所讲到的那些事情的人,就能成为伟大的统帅。当然,如果仅仅这一点,而在自身的事业中还缺乏创新精神的话,那是不够的,因为还没有过一个无论在哪个领域里都不具备创造天赋的人能够成为伟大人物的。创造性在各类事业中都会给人们带来无上的荣耀,在军事领域尤其如此。

我们当然知道,即使并不怎么了不起的计谋也会受到史学家们的赞誉。比如,他们就曾因为亚历山大大帝擅长隐蔽地从营地出战而对之赞扬备至。众所周知,大帝不用军号,而是用长矛将头盔顶起来传达命令;他之所以受到崇奉,还因为他在战斗开始时下 268
令士兵们取单腿(左腿)跪姿,据说这样的姿势有利于顶住敌人的冲撞。这不仅使亚历山大赢得胜利,而且还带给他巨大的荣誉:后人在为纪念他而建造各种纪念碑时,塑像多选用这一姿势。好吧,现在该是结束这场谈话的时候了,我想我们应当返回到开始谈话时的题目上去,否则的话,难免就要受罚了:在你们这里,那些离开国家不再重归故里的人不都是要罹受惩罚的吗?

科西莫,我记得,你曾经对我说过,你对于像我这么一个热情崇尚古风，严厉非难在重大事务方面不肯遵循古时教诲、同时又从不在我奉献出整个生命的兵法方面仿效古人的那些人的做法，很难理解。我的答复是，任何一个曾构思过某种事业的人，一开始就应当对此做好充分的准备，以便一旦时机成熟，他就能够去成就这番事业。现在，你已经听我讲了那么多的主张，你自己是否已能作出判断，我已经在自己身上找到了在古人教诲的基础上去建立一支军队的力量，还是依然没有找到这种力量。你现在应该知道，我已经耗花了多少时间去思索这些主张，所以你当然能够想象得到，我要实现这些主张的愿望该有多么强烈。

还有另外一个问题也不难回答：在这里我能不能做成点什么，而为此会不会有合适的机遇出现？为了最终说服你、并完完全全地在你面前予以证实，我要将所有可能出现的机会都指出来，同时也要把现时类似的改革中所存在的一切困难和盘托出。在人类所

269 有的规章中要复原古时的样式，最简便的就数军事制度了，但只有拥有若干座硕大无比的庄园的公爵们才有能力这么做：有了这些庄园，才能装得下一支 1.5 万—2 万名新兵组成的自己的军队。换句话说，即使是君主，若没有这样的条件，不也就会成为所有可能实施的改革举措中的最大障碍了吗？

为了阐明这一思想，我应当提醒大家，统帅们赢取荣耀不外通过两种不同的途径。有些人手里掌控着久已受过良好训练且装备十分精良的军队，他们就是凭借这样一支军队去建功立业。罗马的统帅以及领导着这样一支军队的其他一些将领，他们平时在自己的部队里维持好秩序，对其施行民主的管理即可。另一些人经历的却是另外一种途径，他们同样面临着要去击败敌人的使命，但

在他们遇到敌手之前尚有一段颇长的时间，要他们去创建或者重新建构自己的队伍。相比之下，他们较之那些有丰富经验的老部队而取得战功的人，无疑将享有更大的荣誉。这些人便是佩洛皮德和埃帕密侬达、图卢斯·霍斯蒂柳斯、亚历山大大帝之父腓力（马其顿的）、波斯国王居鲁士，以及罗马人森普罗尼乌斯·格拉古等人。

他们这些人首先都应当组建起自己的军队，然后才谈得上开始去作战的事。他们之所以能够事业有成，一部分原因是他们聪明老到，另一部分则由于他们拥有愿意应召集合在同一面旗帜之下的足够数量的人力。但是，这些人士中的任何人，只要他们不得不在异国他乡，在一群根本没有什么叫忠诚地俯首听命地效力这样的概念的腐败堕落的人群中作战，即使他们是那么地杰出，也必 270
定一事无成。在意大利缺乏一支现成的军队的优秀的指挥人员；所以，首先应当善于把军队组织起来，然后再开始学习去掌握这支军队。能够做到这一点的，只能是拥有大庄园，并众多居民的公爵大人了。而我并不属于这一圈中之人，因为我经常指挥，而且能够指挥的只是别人的军队和依附于别人，而不依附于我的人。

我想请你们判定，在这样的环境里面我所设想的改良措施有没有付诸实施的可能。我能不能强迫刚招募来的新兵携带除了供三天使用的口粮储备之外，再背上一些更加沉重的武器和十字镐一类工具？我将怎样使他们学会摆脱掉贪玩、堕落、亵渎神灵和每天尽干些不成体统的事的风气呢？能不能做到让这些人也学会守纪律，培养他们具有服从命令、尊重别人那样的感情，使他们也能像我们在历史学家的著作中经常读到的古时的老兵那样，即使在营地中央的果树上挂满着苹果，也没有人会去动它们一下呢？① 我可不可以给予他们某种许诺：一旦战争结束之后，我们大家都可以天各一方地去寻找自己想去的地方，以此求得他们对我怀有尊敬、热爱的感情或者畏惧的心理呢？

271 我能通过怎样的方式去羞辱那些在没有荣誉概念的条件下出生并成长起来的人呢？我为什么要他们在对我一无所知的情况下尊敬我尼？我又是依助什么样的神祇和圣灵去强使他们立下誓言，而我所依助的究竟是他们所敬重的神祇，还是他们所亵渎的圣灵呢？我不知道，他们崇敬的是谁，可他们诅咒的却是所有的人。我们难道可以笼统地相信他们的誓言吗？他们刚刚在这些人面前发下誓，可一转身便又去嘲笑这些人。他们连神都要亵渎，还怎么会去尊重别的人呢？能不能使类似的材料在思想上形成某种格式？我想举瑞士人和西班牙人作例子加以说明。要是说将他们作例子未必就比用意大利人作例子好多少，对这个说法，我是同意的。但如果你们还记得我给你们讲过的话，并能够把我的话和这支或那支军队的军事规章作一对比，那你们就会发现他们离开古代世界的顶点还远着呢。瑞士人由于我所讲过的原因天生就是优秀的士兵。西班牙人则常常在别国的土地上作战，在那里他们不是战胜，便是死亡，因为没有退路；他们之所以成为勇士毫不足怪，那是客观使然的啊。不过，在各种因素作用下，这些部队不达标的

① 瓦莱留斯·马克西穆斯的《善言懿行录》卷四第四章第 11 节和塔西佗的《阿格利科拉传》都曾提到过一件事：公元前 115 年的罗马执政官马尔库斯·斯考鲁斯（Marcus Scaurus）统领的一支队伍，全军上下都能做到秋毫无犯。在军营的一端发现有一棵挂满果实的树。后来，当部队撤离时，树上的果实仍完好无损。

还真不少。其实,他们的优势更多的也就是表现在他们习惯于在一剑或一矛的距离上靠近敌人。至于培养他们所欠缺的素质,那是谁也做不到的事,更何况连语言还不通呢。

现在,让我们回到意大利人这方面来吧。由于公爵们的不明智,意大利缺少真正的军事制度,他们没有建立起这样的军事制度,因为他们并没有意识到必须这么做,而西班牙人却心怀这样的 272
紧迫感,所以意大利便成为人们取笑的对象啦。当然在这一点上有错的不是人民,而是统治者。他们因自己的愚蠢而屈辱地、有损自尊地丢失了领地而理应受到惩罚。你们愿意相信我的话吗?请你们算一下,自从查理八世入侵到如今,意大利一共发生过多少次战争。战争通常能够培养人们的战斗精神,并能给他们带来别国人民的赞扬。可是,在意大利,战争的规模越大,其残酷程度越烈,其领袖也好、士兵也好受到的屈辱便越严重。这只能说明,他们所实行的军事法规根本不适用,而新的制度则谁也不去认真地建立。

请你们相信,要恢复意大利军队的荣誉唯有按照我所指明的办法去干才行,而且必须有最富权势的人物出来领头方能行得通,这是因为我所提出的那种做法只有在普通的粗人,在最基层的居民中,而不是在道德败坏、桀骜不驯的外籍人士中推行。任何一位优秀的雕塑家都不会用已被别人毁坏了的大理石去制作一尊雕像的,他所要求的必定是一大块未被任何人触动过的石料。只要意大利的公爵们还未曾亲身经受过来自北方的战争轰雷的打击,他们就会认为,统治者只需要擅长写出巧于编派的信件或者狡黠的复函,于华丽的词章和委婉的语气之中蕴涵机巧和睿智;只需精心设置骗局,将自己打扮得珠光宝气,把饮食起居弄的特别豪华、特

别奢侈；腐蚀、搜刮、压榨臣民，让他们在游手好闲中丧失斗志；随心所欲地将军衔授予自己的亲信，对于任何务实的忠告搁置一旁，
273 却要求将公爵的每一句话都视作圣旨神谕一般，似乎如是就足以应付时局了。这些可怜的人竟然不曾发现，他们早已成了最先蓄意要向他们发动进攻的那些人的猎物了。

那么，我们在 1494 年所见到的那整个极度的惊恐、突如其来的逃跑和无法解释的失败，究竟来自何方呢。要知道意大利的三个最最强大的国家都曾经多次遭到毁坏、经受劫掠[①]。可是真正最可怕的却并不在这里，而在于完好无恙的统治者依然处于先前的那种谬误之中，依然在那样一种紊乱无序的状态之中苟且度日。他们从不好好想想古代世界人民的例子，古人都是自己动手去努力争得权力，还要强使别人干我们今天所讲到的一切，练就一身好功夫，学会心里装着胆，无所畏惧。

凯撒、亚历山大和所有古时的伟人及统帅战斗中始终冲杀在最前列，总是全副武装地步行前进；一旦丧失权力，便与之同归于尽。正可谓生得伟大、死得光荣啊。我们尽可以指责他们，说他们嗜权如癖，但他们身上从来找不到丁点儿优柔寡断、柔弱娇嫩、畏葸胆怯的影子。如果我们的君主们曾几何时读到过他们的传记，而且真能以他们为榜样，那他们就定然会改变自己的生活方式，从而很自然地国家的生活也会随之发生变化。

我们这次谈话刚开始的时候，你们就曾抱怨过自己的国民警卫军，而我觉得你们这些抱怨只有在你们一开始就按照我的指示

① 指米兰、威尼斯和佛罗伦萨。

建设它，而且通过实践确定这样的试验不成功，你们的抱怨才能够 274
成立。现在，既然这支军队没有建设好，也没有按照我的规则开展训练，那就不是你们应当去抱怨它，而是它要来抱怨你们，因为是你们生下了一个不足月的早产儿，而不是一个弥足珍贵的宠儿[①]。威尼斯人和费拉拉的两位大公实施了军队改革，但没有能将其进行到底[②]；在这件事情上有错的是他们，而不是他们的军队。

我深信，这位第一个踏上我所指引的道路的意大利公爵将成为全国的统治者。他的国家将在腓力的治理下充分展示出马其顿的辉煌：腓力从底比斯人埃帕米侬达那里学会了创建军队的本领，吸纳了他的军事制度和训练士兵的原则，已变得十分的强大；可如今的希腊却处于无所事事的状态，整日价沉迷于喜剧之中。腓力在几年之间征服了这个国家，并奠定了更加强盛起来的基础，以致后来他的儿子[③]才能成为世界的统治者。

谁要是以为这些思想无关紧要：如果他是君主，那他对自身的权力就太漠然了；如果他是共和国的公民，那他对祖国就太不以为然了。我认为我有权对命运发上几句牢骚，因为它本应要么不给我机会认清这些真理，要么就为我提供在生活中实现这些真理的条件。

现在，我老了；当然，这样的机遇再也不会有了。正因为如此，275
我就可以坦然地面对你们，你们都还年轻，并且身居高位，假使你

① 佛罗伦萨的军事规章是 1506 年制定颁布的。

② 威尼斯的军事规章是 1509 年制定颁布的。费拉拉大公埃尔科莱·德埃斯特的军事改革方案是 1479 年就制定颁布的。

③ 腓力的儿子便是赫赫有名的马其顿王亚历山大大帝。

们同意我的看法，你们可以在适当的时候，利用君主们对你们的垂青，去当他们的顾问，推进军事方面的改革。不要畏缩不前，不要疑心重重，因为我们这个国家就是为了复兴已经消失了的一切而诞生的，这一点我们已经在诗歌、绘画和雕塑等领域见识到了。

我的年岁已经不允许我再妄生出类似的奢望了。如果说，命运过去曾给过我必要的权力，我确已在极其短暂的时间内向全世界展示了古时的无比珍贵的军事法规。我相信，我能使我的祖国强盛起来，并达于极致，或者至少在我逝去时不致蒙受耻辱吧。

附录一

英文本引言

毫无疑问，尼科洛·马基雅维利是由我们的欧洲文明产生出来的伟大政治理论家和作家之一。然而他作为军事思想家的重要性却通常在英语世界中受到忽视。这也许是因为许多历史学家往往不重视战争的理论与实践。这位佛罗伦萨人的《兵法》一书*是他的最不出名的"非文学"著作之一。现在我们再版18世纪埃利斯·法恩沃思翻译的这部重要著作的英译本，也许能在某种程度上弥补上述之不足。不过，再版此书还有别的理由。人们只有仔细琢磨此书与马基雅维利的名著《君主论》和《李维史论》的关联，才能充分理解他的军事思想对于他的政治观点的影响，而这一点恰巧是学者们很少注意到的。

因此，这篇引言有两个目的，一是介绍这部经典军事著作，二是探讨其著者的军事理论与政治理论的关系。主要关注军事史的读者会特别留意于引言的前三个部分，而研究政治思想的读者则会对引言的后四个部分更感兴趣。

---

* 一译《战争艺术》。——译者注

一、马基雅维利：他所处的环境以及他的军事经历

马基雅维利毕生关注军事，对于这一点，读者只要了解他所处环境的政治、他在佛罗伦萨担任公职时的活动以及他的学术追求，就丝毫不会感到惊奇。他出生于 1469 年，到他成年时，意大利长期相对孤立于欧洲之外的状态已告结束。[①] 到 15 世纪中叶，意大利境内各共和国和公国之间的关系开始呈现出一种不稳定的均势，这正是西欧后来出现的民族国家体制的先兆。意大利各邦国的经历产生出了各国驻外大使的新型外交以及国与国之间规范化交往程序的开端。意大利这一小范围内的均势导致了紧张局势的缓和以及公开军事冲突的减少。但是这一局面在 1494 年突然告终，因为一心想征服那不勒斯的法国国王查理八世在这一年发动了入侵。此后直到 1529 年，意大利这一片半岛成了法国、西班牙和德国的统治者争权夺利的战场。继法王查理八世的入侵之后，法王路易十二世又一次入侵，其后法王弗兰西斯一世先后于 1515 年、1525 年和 1527 年又三次远征，真是干戈不息。到 1529 年，法国统治者才完全放弃吞并意大利领土的野心，全部撤出军队。在战乱不息的这几十年间，佛罗伦萨的处境也与它的各个邻邦一样，其内政在很大程度上一直是以意大利土地上的国际冲突为转移。

① 关于文艺复兴时期意大利境内的政治斗争以及近代外交的诞生，加勒特·马丁利的《文艺复兴时期的外交》一书（波士顿：霍顿·米夫林出版公司，1955 年版）中有精辟说明。

例如，佛罗伦萨的公民曾于1494年和1527年先后两次推翻美第奇家族的统治，但西班牙两次出兵干涉，又恢复了该家族的统治。第一次是1512年，为教皇尤利二世的“神圣同盟”效力；第二次是1529年，为出任神圣罗马帝国皇帝的查理五世效力。佛罗伦萨这一城邦的事务变得更加难办，还有一个原因，就是有两任教皇，即利奥十世（1513—1521年在位）和克莱芒七世（1523—1534年在位），都出自美第奇家族。在那个时代，教廷积极从事外交和政治阴谋活动，它一会儿支持法国，一会儿支持西班牙，政策反复变化达十来次之多，其方针全随教皇个人的野心而改变。

在这样一个时代，战火纷飞，邦国之间联盟反联盟变幻无常，暗杀和政变层出不穷，在当时的观察家看来，像佛罗伦萨这样的一些小国欲求喘息，唯一可行的办法很可能就只是军事措施。切萨雷·博尔贾这位奸雄，教皇亚历山大六世的私生子，其所作所为即是如此。他年轻时受到路易十二世扶助，集残暴与狡诈于一身，还能大致公平对待自己的下属，因而在1498—1503年间得以施展强劲有力而又残酷无情的手腕，为一个统一的、强大的教皇国打下基础。倘若不是他父亲死时他自己患病，而与他的家族有宿怨的尤利二世又当选为教皇，则他本人也许就成了意大利政坛上的至高无上的人物。在充满爱国心和共和理想的马基雅维利心目中，很可能只有博尔贾式的人物才有可能拯救意大利于水火之中。这就是经典小说之中的英雄，手握利剑，以国民军替代当时惯用的雇佣军，有能力在动乱不休的意大利中北部创建出一个有安定秩序的共同体，驱逐异族野蛮人，并抑止罗马教廷变幻无常的野心。这就是马基雅维利在《君主论》末章中表述的心愿，他还简略地说明了他企盼的军事技术创新，认为只有依靠这一创新，他的梦想才能变成现实。[①]

马基雅维利认为需要用军事手段来治疗意大利的弊病，这一信念至少有一部分是他从政阅历的反映。[②] 他虽然没有当过兵，但作为文官，他极其关心军事。在佛罗伦萨任职的十四年间(1498—1512)，他的精力主要是用于战争和防务。1498 年，他就任第二国务厅长官兼“自由与和平十人委员会”秘书，该委员会即是负责军事和外交的机构。在他出使法国、瑞士和德国时，他的使命均直接或间接与军事有关，通过观察和讨论，他得以扩大自己的军事知识。在几次外交使命之间，他还多次担负军事任务，这主要是因为比萨 1495 年造反脱离佛罗伦萨以后，佛罗伦萨政府一直力图重新征服比萨。马基雅维利 1498 年执行的第一项任务就是与比萨战争相关。作为理论家，他撰写的第一份文件就是 1498 年的《论对比萨的那场战争》，而他于 1526 年写成的最后一份文件，则是他呈送给教皇的论佛罗伦萨防御的报告。

马基雅维利首次直接与作战行动打交道，看来是在 1500 年夏季，当时他先后给两任佛罗伦萨军事长官当秘书，被派到阿尔诺河

---

① 马基雅维利认为这一技术创新应当能够将擅长于对付骑兵但却不善于对付步兵的瑞士长矛兵以及擅长于对付步兵但却不善于对付骑兵的西班牙短剑手这二者的长处结合起来，使之兼备于一身。

② 关于马基雅维利的经历，我(指英译本引言作者尼尔·伍德。——译者注)主要是参考了查尔斯·C. 贝利的《文艺复兴时期佛罗伦萨的战争与社会：列奥纳多·布鲁尼的“民兵”》(多伦多大学出版社 1961 年版)，第 240—315 页；罗伯托·里多尔菲《尼科洛·马基雅维利的生平》，塞西尔·格雷森译(伦敦：劳特利奇与基根·保罗出版公司；芝加哥：芝加哥大学出版社 1963 年版。)

畔的比萨城围攻战前线,去视察为佛罗伦萨作战的加斯科尼雇佣军和瑞士雇佣军。那些雇佣军为薪饷问题闹别扭,拒不执行命令,结果使得围攻战一败涂地。佛罗伦萨过去就有过类似的经历,在这次围攻战失败后,开始逐渐减少对雇佣军的依赖,转而从农村征兵,以担负辅助性守备队和轻工兵的任务。在 1503 年比萨围攻战的准备阶段,马基雅维利曾负责征召 2000 名农村义务兵,作为对 3500 人的雇佣军的辅助力量。这次围攻战又失败以后,马基雅维利显然就更大胆地主张组建常备的国民警卫军以取代雇佣军。他的主张得到了枢机主教弗朗切斯科·索代里尼的热情支持,后者是 1502 年当选为佛罗伦萨终身正义旗手(首席行政长官)的皮耶罗·索代里尼的弟弟。可是皮耶罗·索代里尼及城邦另一些领导人显然认为民军制当时在政治上还行不通。1504 年夏季,马基雅维利还参与制订了一项计划,就是想让阿尔诺河改道,从而切断比萨的通海之路。这计划富有想象力,但未能实现。达·芬奇等人也参与此事,但这个点子大概是马基雅维利想出来的。最后,在 1505 年夏季战役再遭失败以后,索代里尼和十人委员会感到自己已无计可施,就授权马基雅维利筹建国民军。然而,马基雅维利必须先做出一定成绩,组建国民军之举才能得到正式批准立法。

佛罗伦萨,像中世纪另一些城邦一样,过去也曾依靠过公民组成的军队。从 14 世纪初开始,意大利一些城邦商业日渐繁荣,公民富了不肯再当兵,所以各城邦普遍转而依靠雇佣军。可是,对于雇主来说,这些雇来的兵及其首领往往变得很危险,其程度会超过雇佣军对敌人的危险。为了从他们的雇主那里榨取钱财,这些有钱的雇佣军有时会故意拖长一次战役,或者采取静坐罢工式的做法，甚至会在紧急关头以完全撤退相威胁。为了钱，许多人会毫不犹豫地进行讹诈，或是叛变，有的人甚至在他们所谓要保卫的国家自己篡权。雇佣军不但给国计民生造成危害，而且在军事上也往往是低劣无能。[①] 他们的下棋式战法也许是被夸张了，但是雇佣军首领们最关心的事确实是保存自己的实力和捞足薪饷，而不是消灭敌人。雇佣军在军事上的弱点暴露得最明显的一次，就是他们在1495年7月6日的福尔诺沃一役中遭到惨败，尽管他们的敌手，即法国国王查理八世的军队，在兵力上居于劣势。问题只在于那些法军作战比雇佣军更坚决。

佛罗伦萨若想消除内忧外患，显然就必须找出一种办法来解决雇佣军问题。可是，不论用什么办法替代雇佣军，都会引起严重的反对意见。若成立职业的常备军，会使得这个城邦已濒于枯竭的财政无以维持，而且常备军还可能成为未来的暴君的工具。若组建由志愿兵组成的民军，那就很可能兵员不足，而用征兵的办法组建民军，那就可能像常备军一样，使共和国受到威胁。此外，不论是志愿兵还是征募来的兵，由他们组成的民军，都只是部分时间服役，恐怕无法掌握当代战争复杂的战术技术，难以抵挡敌军那些受过充分训练而且又有作战经验的职业士兵。

马基雅维利欣赏古希腊和古罗马共和国的国民警卫军，认为对于他的城邦来说，唯一可行的办法是征集民兵组建军队。可是在佛罗伦萨，这一方案要得到实行，也是障碍重重。想要建立规模

① 然而也有人认为，雇佣军首领是当时的一流军事专家，若是没有他们的作战经验，军事学术恐怕在当时也不会有所发展。

大又有纪律的步兵部队，在佛罗伦萨城里是找不到人的，因为有公民身份的市民只愿当骑兵而不肯当步兵，而且只想对别人发号施令而不想受命于人。因此，马基雅维利认为，征兵的对象不能是正式的公民，而只能是其他的国民，例如阿雷佐和库斯托亚等臣属于佛罗伦萨的小镇的居民，以及农村的居民，后者较前者更为合适。这一方案也有麻烦，因为这些没有公民身份的民军未必有足够的忠诚，对于捍卫佛罗伦萨共和国的利益恐怕缺乏热情。可是人们想不出更好的办法了，所以只好把这一方案试一试。1505 年圣诞节过后，马基雅维利开始下乡征集农民当民军。这一工作曾两度中断，一次是 1506 年春季他奉命处理其他公务，另一次是同年 10 月教皇尤利二世的军队过境，马基雅维利忙于为教皇军队供应粮草。但此时他大约已征集到五千多人。到年末，佛罗伦萨的公民们已看到马基雅维利一年辛苦有所收获，所以，主要由他本人起草的民军法案终于在 1506 年 12 月 6 日获得通过。

这项民军法规定，到 1507 年夏季要至少征集 10000 人当步兵，其中 70%的人依照瑞士军队的做法配备长矛，其余的人配备别的兵器。实施这项法令的责任自然又落到马基雅维利的身上，他被任命为民军事务九人委员会秘书。经过两年忙碌之后。1509 年春季佛罗伦萨又发动了比萨围攻战，马基雅维利奉命到前线监督三大兵营的行动，并负责后勤供应和随时向政府汇报战况。到 6 月 8 日，围攻战告捷，马基雅维利组建的民军赢得了胜利，他的长期辛苦劳动终获成功。

此后不久，佛罗伦萨当局授权马基雅维利组建一支轻骑兵部队，他为此断断续续工作了两年。在佛罗伦萨遭受神圣罗马帝国军队入侵威胁的形势下，骑兵法案于1512年3月23日获得通过。马基雅维利巧妙地动员了12000名民兵来保卫城邦。但是在西班牙职业军队的强力攻击下，佛罗伦萨的民军完全溃败了。1494年流亡在外的美第奇家族及其追随者又重返佛罗伦萨掌权。马基雅维利被免除了一切职务。1513年初，美第奇家族揭露一起篡权阴谋，硬说马基雅维利参与其事，将他投入监狱，施加酷刑。一个月后，他才获释，被允许退居于佛罗伦萨城外七英里的圣安德里亚一座由他父亲遗留下来的小庄园内。

此后，他始终未曾官复原职，但在他生命的最后一年，他又参与过佛罗伦萨的防务。其缘由是枢机主教朱利奥·德·美第奇，即后来的教皇克莱芒七世，于1520年委托他编写《佛罗伦萨史》。他于1525年完稿，到罗马向克莱芒七世面呈书稿。此时，他会见了他的老朋友、当时担任罗马涅地区首领的弗朗切斯科·圭恰迪尼。他向后者建议征集民兵增强罗马等地区的防御，以对抗刚刚在帕维亚之役中获胜的神圣罗马帝国皇帝查理五世。他的建议未被采纳，但却获准重返佛罗伦萨任职。1526年春，圭恰迪尼按教皇旨意，派马基雅维利协助彼埃特罗·纳瓦拉伯爵（一位杰出的军事工程师）加固佛罗伦萨的城防工事。马基雅维利向罗马报告了他的设想，他提出的设计受到当时的专家们的称赞。此后，他被任命为新成立的负责监督佛罗伦萨城防工事的五人委员会的秘书。在随后几个月，几乎一直到他去世为止，他都在佛罗伦萨以及在圭恰迪尼手下忙于军务。

马基雅维利在赋闲多年之后才得到美第奇家族信任而重操公务，可是命途乖舛，美第奇家族控制的佛罗伦萨政府在1527年被共和派推翻了。像1512年一样，马基雅维利又被免职。一个月之后，1527年6月21日，他就逝世了。具有讽刺意味的是，他去世时，恰巧是佛罗伦萨即将组建一支新的国民军之时，人们正在激烈评论是不是要重建民军以备抵御查理五世的进攻。在五月革命推翻美第奇家族政府以后，教皇克莱芒七世与神圣罗马帝国皇帝查理五世讲和。作为回报，查理五世答应在攻陷佛罗伦萨以后，让美第奇家族重新执掌佛罗伦萨政权。因此，佛罗伦萨组建民军以加强防御，已成当务之急。1527年11月6日，征召公民以及农村非公民组建民军的法案获得通过，法案的起草人及其执行者是重新成立的十人委员会的秘书多纳托·贾诺蒂。他是马基雅维利的老朋友，曾对马基雅维利的《兵法》一书称赞不已。1530年，佛罗伦萨被攻陷，但该城民军在抗击强敌时曾顽强搏斗，奋战到最后，许多民兵英勇牺牲了，其中包括马基雅维利的儿子洛多维科·马基雅维利。

马基雅维利在实际参与佛罗伦萨军务的同时，也十分热心研究军事学术。他关注传统的人文主义者对于古罗马人伟大军事成就的敬仰，赞成彼特拉克和萨卢塔蒂[①]所主张的意大利人应首先驱逐异族野蛮人以求复兴的论述。另一个因素则是人们在15世纪一直在辩论国民军和雇佣军孰优孰劣，有些权威人士，例如布鲁尼和比翁迪，竭力主张仿照古罗马军团的模式建立民军。但是马基雅维利的军事思想的主要源泉却是古人的论著。在他那个时

① 彼特拉克（1304—1374）和萨卢塔蒂（1331—1406）均为意大利著名人文主义者。——译者注

代，弗龙蒂努斯、埃利亚努斯、韦格蒂乌斯和莫代斯图斯等古代军事名家的经典著作都容易读到。1487 年，欧卡里乌斯·西尔伯将上述几位古人的著述辑成一部合订本出版，1494 年和 1497 年又两度重印，1497 年还出现了一个博洛尼亚版本。古希腊军事家和历史学家色诺芬的著作也有拉丁文和意大利文的译本，所以不懂希腊文的马基雅维利也研究过色诺芬的论述。他大概阅读过色诺芬的唯一纯军事著作《论骑兵指挥术》。但是色诺芬的《英雄》和《远征记》也大量谈到军政领导和组织问题，尤其是《远征记》，富勒少将就说过它“基本上是一部指挥艺术教科书”[①]，它们看来也影响了马基雅维利。[②] 在《李维史论》一书中，他引证得最多的，除了李维，就是色诺芬。[③] 他论述古代政治和战争的史实时，大量参考了李维以及弗龙蒂努斯、普卢塔克、波利比乌斯、塔西佗和韦格蒂乌斯的著作，而他的思想和睿智的一个重要来源则很可能是色诺芬。马基雅维利对军事学术的兴趣绝不仅限于古人古事；他的著作中还谈到当代的许多战例。他研究当代军事史的一个早期的例子，是他的手稿中对于安加里之战的叙述，达·芬奇的被称为《大西洋手抄本》的手稿中提到马基雅维利的这一手稿，达·芬奇正是根据马基雅维利的叙述而创作了他未完成的《安加里之战》的名画。然而，最能表现出马基雅维利对军事学术之热情的，还不是他

① 见 J. F. C. 富勒《亚历山大大帝的指挥艺术》(纽约州新不伦瑞克：拉特格斯大学出版社，1960 年版；艾尔与斯波蒂斯伍德出版公司 1958 年版)，第 58 页。

② 类似见解，见利奥·斯特劳斯《对马基雅维利的看法》(格伦科：自由出版公司 1958 年版)，第 162、291、293 页。亦可参阅本人即将发表的《色诺芬论领导》一文。

③ 见《李维史论》，卷二，第 2、13 页；卷三，第 20、22、39 页；亦见《君主论》，第 14 页。

在著作中引述了许多战例和名言，而是他也像色诺芬一样，认识到军事模式显然是政治理论所必备的因素。

二、《兵法》一书的文本结构和资料来源

马基雅维利作为军事理论家的声誉，首先是来自他的《兵法》一书（1521 年出版），这是他生前就得以出版的唯一主要著作，大概也是他自己认为最重要的一部著作。[①] 然而，即使他不曾撰写此书，军事史上也仍然会提到他是早期主张实行民军制的人物之一，会提到他在《君主论》和《李维史论》中就战争问题提出的不少见解。可是这些见解是分散的，只是在《兵法》一书中它们才通过对话的形式得到系统透辟的阐述。用对话形式写书的做法，在文艺复兴时期的书中是很常见的。

马基雅维利的《兵法》一书，是他献给洛伦佐·斯特罗茨的，以表示他感谢这位对他有知遇之恩的年轻朋友。书的献辞中谈了军事与民事的关系。正文共七卷。卷一首先展现了 1516 年在佛罗伦萨绅士科西莫·鲁切拉伊（1519 年去世）府第花园中的一次宴饮场面。宴会的主宾是教皇副将法布里乔·科洛纳[②]，他是在由

① 参见 L. 亚瑟·伯德《佛罗伦萨（2）：马基雅维利》一文，载于《剑桥近代史》卷一，第 211—212 页。对于《兵法》一书，最精彩的论述之一，见帕斯夸莱·维拉里《尼科洛·马基雅维利及其所处时代》（米兰：霍埃普利出版公司 1927 年版，著者死后的第四版），卷二，第 304—343 页。

② 科洛纳（卒于 1520 年）是一位出色的将领，比一般的雇佣军首领远胜一筹，曾为驻意大利的法军和西班牙军效劳。参见马里耶·H. F. E. 卡里翁-尼萨上校《兵法史概论》（巴黎 1824 年版），卷一，第 468 页及注解 1。

伦巴第战场返回罗马的途中在佛罗伦萨歇脚休息。另几位来宾是科西莫的密友:扎诺比·布翁杰尔蒙蒂,巴蒂斯塔·德拉·帕拉,路易吉·阿拉曼尼。宴饮完毕,这些人坐到一个荫凉角落闲谈。实际上,这是一个经常讨论文学、哲学和政治问题的名叫 Orti Oricellari 的沙龙,这一沙龙原先是由富绅贝尔纳多·鲁切拉伊所创办,到他的孙子科西莫时又活跃一时。[①] 马基雅维利大概是在 1515 年或稍晚时候参加过这一沙龙,并为之撰写了《李维史论》,献给科西莫和扎诺比。他的另一部著作《卡斯特鲁乔·卡斯特拉卡尼的生平》,则是献给扎诺比和路易吉的。

《兵法》的七卷基本上都是借法布里齐之口,谈论古人的兵法及其在当代军事科学变革中的运用。与他对话的人,头两卷主要是科西莫,到第三卷变成路易吉,最后四卷中则是扎诺比和巴蒂斯塔二人大致各半。法布里齐在全书中一直是谈古说今。在卷一中,他首先分析了意大利战争艺术的可悲现状,强烈主张通过由公民组成的民军来重振军事学术,并详细论述了如何招募国民警卫军的士兵。卷二,他谈到国民军队伍应有装备、编组和训练。卷三细谈经典的战斗队形和战法,其中包括描述了吸取以往经验教训的一次典型交战。卷四的主题是战术,包括交战的计划,交战之前、之中及之后应采用的策略,指挥艺术,以及士气。最后三卷谈的是行军(卷五);宿营,包括撤营,以及军队的给养和生活福利(卷六);城镇和筑垒工事的攻防(卷七)。法布里齐最后论述了按照古

① 见菲利克斯·吉尔伯特《贝尔纳多·鲁切拉伊与 Orti Oricellari(佛罗伦萨青年人哲学和文学恳谈中心):近代政治思想起源探讨》,载于《沃伯格与科托尔德学会杂志》第 12 期(1949 年),第 101—131 页。

人做法组建的民军所具有的优良纪律和战斗技巧，谴责了雇佣军制度，并叹息他个人时运不济，始终没有机会来创建和率领他所描述的这样一支理想的军队。

在马基雅维利所处的时代，《兵法》是第一部全面主张恢复和推广经典军事思想的著作。他在写作此书时，曾给它起过一个拉丁文的书名 *De re militari*。[①] 他参考的古代文献主要是韦格蒂乌斯、弗龙蒂努斯、波利比乌斯和李维的著作。[②] 此外，他还利用了凯撒、约瑟夫和普卢塔克等人的著作。古希腊数学家埃利亚恩·塔克蒂库斯（即埃利亚努斯）研究方阵队形及其操练的著述，他大概也利用过。当时有一部合订本，其中不但有韦格蒂乌斯和弗龙蒂努斯的著述，而且也有埃利亚努斯的著述的拉丁文译文，马基雅维利至少能读到它。韦格蒂乌斯的名著《兵法简述》[*]（写于公元四世纪）是罗马军人的必读，它显然也是马基雅维利的首要参考书。该书共五卷：新兵的挑选和训练（卷一）；编成（卷二）；战术（卷三）；围攻与筑垒（卷四）；海战（卷五）。可见，马基雅维利在很大程度上仿照了该书的编排，但该书卷五显然对马基雅维利无用，因为他的书不涉及海战。他的《兵法》卷一谈到应如何挑选兵员，主要是参照了韦格蒂乌斯的卷一的前半部分，此外也参照了波利比乌斯关于兵员招募办法的论述。《兵法》卷二谈到部队的训练，则是参照了韦格

① 见前面提到的里多尔菲《尼科洛·马基雅维利的生平》一书，第 178 页。

② 关于《兵法》一书的古代文献来源，我特别受益于 L. 阿瑟·伯德的一篇极有价值的文章《马基雅维利〈兵法〉的资料来源》，载于《皇家林奇学院文集》第五辑第四卷（1896 年出版），第一部分，第 187—261 页。

* 古罗马军事著作家韦格蒂乌斯这部名著已由解放军出版社于 1998 年出版汉译本，2006 年再版。——译者注

蒂乌斯的卷一的后半部分。关于罗马军队的武器和装备，主要是取材于波利比乌斯。马基雅维利的卷三主要谈战斗队形，其高潮是描述和讨论一次典型交战的情形，这一卷对古书的参考少于其他各卷。人们通常认为马基雅维利对典型交战的论述在军事文献中是史无先例的，[①]但他可能曾受到色诺芬的启发，因为色诺芬在《远征记》中详细描述了居鲁士大帝与吕底亚国王克罗埃苏斯在萨迪斯城下的两军交战。色诺芬所说的这一交战的细节肯定是虚构的，是想借居鲁士之名来说明一些军事原则。[②] 马基雅维利在《兵法》卷四中论述了战术和为将之道，则是取材于韦格蒂乌斯之书的卷三。在叙述古人的种种谋略时，他也大量取材于弗龙蒂努斯，其后几卷中亦是如此。马基雅维利在卷五中谈的是行军，有些资料取自韦格蒂乌斯一书卷三中的相关章节。在卷六中，马基雅维利关于理想的宿营样式的叙述是出自他本人，但基本模式是参照了波利比乌斯的著作。韦格蒂乌斯的书亦是一重要来源。此外，马基雅维利肯定还读过色诺芬《远征记》第八卷中关于理想的宿营的论述。在《兵法》最后一卷，他充分利用了韦格蒂乌斯一书卷四中有关围攻战的材料。马基雅维利不只是在史实方面利用了经典文献。韦格蒂乌斯论述战争原则的一些重要段落，几乎被马基雅维

---

① 关于马基雅维利所论述的这一交战的独特性及重要性，菲利克斯·吉尔伯特在《马基雅维利：兵法的复兴》一文（载于 E. M. 伦尔主编的《近代战略制订者》一书，普林斯顿大学出版社 1944 年版，第 16—18 页）有透辟论述，值得一读。

② 见色诺芬《远征记》一书，卷七。色诺芬无疑掌握过一些如今已失传的历史资料，但他那些细致入微的描写很难说是史实，而像是虚构故事，用以说明兵法上的种种经验教训。另一位大致与他同时代的古希腊历史学家希罗多德在《波斯战争史》第一卷第 80 页也谈到居鲁士与克罗埃苏斯两军这一交战，而具体情况则少得多。

利逐字逐句地照搬过来了。

尽管马基雅维利依靠了古人的书，还有些是照抄，然而他的《兵法》一书并不只是经典军事理论文献的选编。从一定意义上来说，他是以批判的观点将古人的军事智慧综合到一起，又在某种程度上加以修正，使之适应时代的变迁。他对古人的做法加以选择和讨论，逐一权衡对比，将那些看来最有利于当代的论点挑选出来，结合成一体。虽然罗马人的做法占主导地位，但许多事例也来自于希腊人、迦太基人、高卢人、锡西安人和亚述人。他也没有忽视他那个时代的人，包括瑞士人、西班牙人和法兰西人所运用的新的战法。在有限的程度上，他认识到他那个时代的技术已经使得古人的一些战法过时了，例如，火炮的运用已要求战斗队形作出根本性的改变。尽管他依靠韦格蒂乌斯，但在一些根本问题上，他也不同意韦格蒂乌斯的意见。后者是生活于公元四世纪，已处于罗马军事上的衰落时期，主张建立职业常备军，而马基雅维利则主张回到更早时期，实行罗马共和国那种得人心的民军制。尽管这两位作家都认为步兵是军队的核心，但对骑兵的作用，马基雅维利强调得更多一些。他主张将长矛兵和短剑兵结合在同一个基本战术单位之中，这也是有别于韦格蒂乌斯的。实际的战斗是马基雅维利的《兵法》的中心内容，而在韦格蒂乌斯的书中却几乎未曾提及。在兵员招募、提拔晋升、武器装备、战斗方法、部队指挥以及宿营等问题上，二人的观点亦有些区别。

关于马基雅维利对经典文献的利用，还需要再提醒一点：虽然他受到古罗马人的明显影响，可是他对罗马战争艺术的某些方面却没有正确理解。他显然没有认识到，韦格蒂乌斯未能区分古罗马早期和晚期的做法，而将两个时期的事例相提并论。此外，他在研究历史时也忽略了罗马投射兵器的重要作用以及对长矛的运用。

马基雅维利的军事理论虽然基本上是罗马式的，但在15世纪仍然流行的许多中世纪做法上，却又有决然不同。[①] 在这一点上，应强调的是与中世纪实际做法上的不同，而不是理论上的不同，因为中世纪的实际的战法已违背了韦格蒂乌斯所提出的规则，尽管韦格蒂乌斯是他们最崇敬的军事作家。当时还没有集中统一的国家，人们普遍缺乏民族观念和民族国家公民的观念，整个封建社会结构特殊，这些因素都对中世纪的战争艺术产生了影响。军队差不多都是当地人的临时组合。指挥连队的人尽是封建统治者的各种土地承租人，他们来带兵不过是为君主尽自己的一份义务。现代意义上的编制、参谋业务和指挥系统均不存在。缺乏军事法典。每个连长都认为自己与别人是平等的。正规训练和纪律实际上是无人知晓的事情。典型的中世纪军队都是要打仗了才建立起来，仗一打完就解散。此外，每个连队的士兵只是忠于本乡本土，没有为全军全国尽忠的观念。因此，持久的大规模军事行动实际上是不可能的。对于长距离战略退却的复杂战术，人们连想都不敢想，更甭说实施了。一旦敌军来袭，而君主尚未做好迎战的准备，他唯一可行的办法就是退到一个坚固筑垒的据点，以求苟安，继续备战，同时防止自己的军队解体。由骑士及其兵士组成的骑兵是冲杀的主力，基本的战略原则是倾巢出动拼死一搏。最初的冲锋极

① 关于马基雅维利军事理论与中世纪理论的比较，本文颇得益于奥利弗·莱曼·斯波尔丁、霍夫曼·尼克森和约翰·沃马克·赖特合著的《战争：古今兵法研究》（纽约：哈考特、布雷斯出版公司1925年版）。

少有机动性可言，而冲锋之后，中世纪的战斗就是一场人对人的厮杀混战。由此可见中世纪的兵法存在着种种缺陷，但中世纪的士兵仍表现出巨大的勇气、热情和顽强斗志。

基督教对中世纪的战争理论与实践起了一定作用。基督教所宣扬的为惩罚恶人而进行正义战争的说法，也许对于实际战争没有什么意义。然而中世纪的各国骑士都崇尚共同的基督教骑士精神，这一点就不能说没有影响了。大家都是基督教一家的人，有共同的宗教信仰和崇尚骑士的美德，这也许起了作用，使得战争不像古代那样血腥，不那么追求斩尽杀绝。中世纪交战双方之间有遵循基督教美德行为的纽带，所以胜利者对战败者的惩罚往往不是那么严酷。这也许能说明为什么中世纪的统帅们对传统的用兵计谋的运用不是那么穷凶极恶。相反，他们对于残酷无情、不讲骑士风度的对手所采取的狡诈欺骗手腕似乎格外敏感。最后还应当指出，中世纪军人只能认为自己的基督教信仰是最高目标，所有其他行动均应服从这一目标。这种态度完全不同于那种把宗教当作鼓舞官兵士气、促其杀敌制胜的想法。好的指挥官即使意识到这一点，也无法将它形成概念，像波利比乌斯那样的经典作家和指挥官亦是如此。马基雅维利对这些中世纪价值观没有什么好感。他认为战争就是战争，是不受任何约束的对抗。战场上的一切考虑都必须服从于克敌制胜这一目标。如何对待敌人，是不受通常的道德观念约束的。任何类型的计谋和暴力用到敌人身上都是合理合法的。理想的统帅应该能够不断地想出新的战术和谋略，出奇制胜，压倒敌人。

三、《兵法》一书的意义和影响

研究军事思想史的历史学家会迅速指出马基雅维利所提出的一些原理的独到之处，也会同样迅速批评它们的弱点。人们几乎众口一词地称赞他提出的一个观点，即政治与战争构成一种统一的功能体，战争是充当政治的一个工具。最早的军事理论历史学家之一卡里翁-尼萨就十分雄辩地表述了他赞扬这一见解的热情。[①] 在产生过沙恩霍斯特和克劳塞维茨这样卓越军事家的德国，有两位杰出的军事历史学家马克斯·耶恩斯和汉斯·德尔布吕克也认为马基雅维利这一见解格外贴切。[②] F. L. 泰勒归纳了大家的一致看法，他写道，马基雅维利"试图明确战争在人类集体活动中的地位，指出它的目的之所在，将其视为求达某种目的的一种手段，在世俗作家中，他是这样做的第一个。"[③]德国一些哲学史学家考察了"霸权国家"和"强权政治"概念的出现以及"国家利益至上"概念在近代世界上的形成，这时也都强调了马基雅维利政治理论的重要性及其所产生的影响。[④]

① 见上文中已提到过的卡里翁-尼萨《兵法史概论》一书，卷一，第466—467页。

② 见马克斯·耶恩斯《德国内外军事学术史》（慕尼黑和莱比锡：R. 奥尔登堡出版公司1889年版），卷一，第457—469页；汉斯·德尔布吕克《政治史学领域中的兵法史》（柏林：G. 施莱克出版公司1920年版），卷四，第133页。

③ 见F. L. 泰勒《意大利战争艺术。1494—1529年》（剑桥大学出版社1921年版），第157页。

④ 见弗里德里希·迈纳克《马基雅维利主义：国家利益至上的理论及其在近代史上的地位》（英译本，耶鲁大学出版社1957年版）；格哈德·黑特尔《权力的腐败作用》（英译本，英国埃塞克斯：塔桥出版公司1952年版）。

许多人还赞许马基雅维利的一个见解,即谴责雇佣军首领及其作战方式,希望代之以本国国民组成的军队,因为保卫祖国符合他们的切身利益。在这一点上,连通常对学者持敌视态度的查尔斯·奥曼爵士也称赞不已。[①]

然而,在战争日趋复杂化的时候,马基雅维利主张以国民军替代雇佣军,而不是主张建立常备军,他的这一信念受到了普遍的批评。有的人说得客气一些,例如耶恩斯说马基雅维利仍体现了现代征兵制的军队的"真正预言家精神"。[②] 但人们一般都没有认识到,马基雅维利考虑得更多的是政治上的得失,而不是军事上的利弊。第一,对于任何一个企图篡夺政权的人来说,武装起来的公民肯定会是一道障碍。第二,马基雅维利认为民军制能起到一种作用,就是充当对公民进行基本教育的手段,让公民懂得要尊重权威,并培养共同使命感。第三,对于政府来说,民军的费用低于常备军。总之,民军是维护共和制的一种工具和支柱。此外,不论民军制有哪些缺陷,我们恐怕都不能公正地下结论,说佛罗伦萨人1512年普拉托之役的惨败证明了马基雅维利的观点错误。上面已谈到,当时佛罗伦萨召集起来的那支民军队伍,是在佛罗伦萨社会和政治的特定环境下不得已而达成的一种妥协,它并不是体现出了马基雅维利的理想的产物。它的兵员是来自佛罗伦萨所属的农村地区,不具有公民身份,并不是马基雅维利在《兵法》中所说的对自己邦国有爱国献身精神的公民。在这方面,应该将1512年非

① 见查尔斯·奥曼爵士《16世纪战争史》(伦敦:梅休因出版公司1937年版),第94页。

② 见上文提到过的耶恩斯《德国内外军事学术史》,卷一,第468页。

公民兵员的表现与1530年武装起来的公民的英勇顽强作一对比，尽管后一次交战最终也失败了。此外，1512年时，农村各地区之间仍存在宿怨旧根，兵员薪饷低微而且发饷不定时，政府财政拮据而使民军平时训练十分不足，这些因素都严重影响了战局。最后。这些来自农村的民军在1512年抵抗西班牙那些老兵之前，还从未遭遇过训练有素的强敌，而与强敌交手，跟原先对比萨的长期围攻，是情况迥然不一的。

马基雅维利反对中世纪和雇佣军以骑兵为主力的做法，认为步兵应是“军队的核心”，骑兵则起辅助作用，这一见解受到了评论家们热烈赞同。在这一点上，也如同马基雅维利另一些建议一样，他显然是遵循古罗马人的做法，但他也显然注意到在他那一时代，步兵的重要作用日益增高。在当时，瑞士和德国的长矛兵以及西班牙的短剑兵在欧洲所向披靡，这让马基雅维利感慨很深。但批评者指出，他对步兵的理解也存在若干明显缺陷。他在《兵法》一书及另一些地方说过，步兵应兼备方阵和罗马军团的优点，也就是将瑞士长矛兵和西班牙短剑兵结合在一起。但他对轻火器的作用估计不足。实际上，长矛兵当时虽仍在继续使用，但人数已在逐渐减少，到18世纪初发明了火枪插刺刀并加以普及后，长矛兵完全被代替。而短剑兵在16世纪末以前已主要被火枪手替代。在拿骚的莫里斯的连队中，已是长矛兵和火枪手大致各半，完全取消了短剑兵；稍晚些时候，在古斯塔夫·阿道夫*的军队中，已是火枪手占多数。马基雅维利严重低估了轻火器的作用，同时也就没有

* 古斯塔夫·阿道夫(Gustavus Adolphus，1594—1632)，瑞典国王。——译者注

太重视火炮的作用。这也许是因为他的注意力全集中在历代战争中的根本要素,即人的因素,兵的素质。另外,当时新的枪炮仍是原始的,效率尚低,可靠性差。读者还应记住,马基雅维利为了强调自己的主张,往往总爱把话说得过头一些。他还低估了重骑兵在卓越指挥之下所能发挥的潜力;在他看来,骑兵只意味着轻骑兵,用于侦察和小规模突袭,但不可能用于执行重大战术使命。然而,与他所尊崇的两位权威作家波利比乌斯和韦格蒂乌斯所描述的罗马军团相比,马基雅维利所主张的军团兵力构成中,还是包括了较多的骑兵。最后,他在1526年就佛罗伦萨的防御工事状况提出的报告,包含了一些创新的建议,他很可能是当时研究了筑垒问题的第一位军事著作家。但该项报告未得发表,所以对其后的事态发展的影响似乎甚微。①

马基雅维利对军事理论和实践的影响如何,是人们从未充分论述过的一个话题。本文亦无意做到这一点,但我觉得仍有必要谈几点看法,主要是我的联想和推论。显然,在整个16世纪,《兵法》一书受到了广泛阅读和高度推崇。除了1521年和1529年的两个佛罗伦萨版本以外,到16世纪末为止,在意大利另外还有过六个版本(1540、1541、1546、1550和1554年的威尼斯版本;1587年的巴勒莫版本)。在巴伦西亚,此书遭到了迭戈·德·萨拉萨尔剽窃,该人在其1536年出版的《论兵法》六卷本中抄袭了马基雅维利的论述。只是他将阐释兵法的人物法布

① 见帕斯夸莱·维拉里《尼科洛·马基雅维利及其所处时代》一书,卷二,第335—339页;莫里斯·J. D. 科克尔《1642年前军事书目》一书中的查尔斯·奥曼爵士所写的《引言》(伦敦:霍兰德出版公司1957年第2版),第xxi页。

里乔·科洛纳换成了西班牙的伟大统帅贡扎洛·德·科尔多巴，这表明了他对马基雅维利的学说的重视。马基雅维利的《兵法》的法文译本是由让·沙里埃翻译的，与他译的奥纳桑德尔的《战略》合编一册，于1546年在巴黎出版。由彼得·怀特霍恩翻译的英文版本则是1560年在伦敦出版，并于1573年和1588年两次再版。17世纪初，出现了拉丁文版本和德文版本。在传播马基雅维利的军事思想这一点上，与上述众多版本同样重要的是，1548年在巴黎出版了一本《兵法指南》，著者未署名，人们往往以为那是纪尧姆·迪贝莱，但实际上那是法国一位杰出的军人兼外交官雷蒙·德贝卡里·德帕维，即富尔克沃先生（1508—1574）。富尔克沃此书是当时最引人注目和被人频繁引用的著作之一。它不仅在编排上参照了马基雅维利的《兵法》，而且在内容上也大量参照了《兵法》，其程度之高超过了它对其他经典著作的利用。[①] 该书1549年再版时，书名改成了《兵法指南，波利比乌斯、弗龙蒂努斯、韦格蒂乌斯、科尔纳宗、马基雅维利等作家书摘》，这就表明了对马基雅维利的敬意。他的名字与这些古人并列，这说明他作为军事思想家，享有很高威望。几十年后，蒙田[*]的一段话又证明了这一点：

> 许多统帅都格外推崇一些书，例如，亚历山大大帝特别爱读荷马的书，西庇阿特别爱读色诺芬的书，布鲁图特别爱读波

① 见C.迪金森主编的《雷蒙·德贝卡里·德帕维，富尔克沃先生的〈兵法指南〉》（伦敦大学艾什龙出版社1954年版）的引言，第cxx—cxxii，cxxvi—cxxix页。

* 蒙田（Michel de Montaigne，1533—1592），著名法国思想家，作家。——译者注

利比乌斯的书，查理五世特别爱读科明尼斯的书；现在据说马基雅维利在别国仍享有盛誉。[1]

马基雅维利对于近代军事科学的发展所作出的最直接、确实也是最有意义的贡献，也许就在于他重振了罗马军团编成的思想，以及随之而来的部队编成的演变。他提出的战术编组的建议，是以罗马的做法为基础，即24000人为一军，区分为四个军团。军团包括十个大队，每大队450人。从理论上说，他在《兵法》一书中提出的这一安排，肯定是一战术进步，因为中世纪时军队编成杂乱无章，连队大小不一，无法安排出有计划的和协调的复杂行动。当时一个军团分为四个营，作战时仍然笨重不灵便。1534年，法王弗兰西斯一世大概是依据马基雅维利的建议，对外省民军实行了军团建制。这种军团在战术上虽效率不高，战绩不算突出，但在宗教战争期间仍构成了王国步兵的核心。17世纪，在仍未解散的两个军团的基础上形成了香槟省和皮卡迪省的民军团。富尔克沃在马基雅维利启发下编写的《兵法指南》就指出要改革法国的军团体制。虽然马基雅维利在理论上未能充分利用军团编成的战术可能性，法国人在实践中也未能做到这一点，但是他们的后来人却在这方面取得了成功。拿骚的莫里斯以及仿效他的瑞典国王古斯塔夫二世都是从罗马军团的编组吸取灵感，改革了军队的编制，从而将战争艺术推向

① 见蒙田《谈凯撒的作战方法》一文，载于雅各布·蔡特林翻译并编辑的《米歇尔·德·蒙田文集》(纽约：艾尔弗雷德·A.克诺夫出版公司1935年版)，卷二，第387页。

新的高峰。莫里斯立志要实现最大限度的灵活机动性和可控性，最终决定改组他的军队，每 1000 人组成一支部队，每一部队又区分为 80—100 人的分队。

但罗马军团的根本特点在于纪律。纪律则有赖于用心挑选兵员，加强严格训练，建立指挥系统，通过严明的法规实现各尽其职。在马基雅维利看来，纪律最为重要。这尤其是因为他主张采用长矛兵。他从瑞士人的方阵经验看出，只有实行最严格的纪律和操练，才能使这种战法取得成功。此外，马基雅维利主张将长矛兵和短剑兵结合在同一个基本单位之中，这就更加离不开纪律。拿骚的莫里斯和瑞典的古斯塔夫二世发展了近代兵法，对军团编组作了重大改进，铁的纪律则更有重要意义。步兵装备了火器和长矛，成为主要战斗力，同时，小的战术单位不论是单独行动还是以各种方式协同作战，都必须准确无误地遂行各自的战斗任务，不得损害战斗计划的完整性，在这种形势下，下，个人不论有多大本事，都必须服从于纪律严明的协同动作。军队的行动必须像机器运转一样，丝毫不差。

尽管马基雅维利对军人职业化以及对枪炮和骑兵的作用缺乏远见，然而他强调步兵是军队的核心，强调适当的军团编成，这却是此后军事改革的方向；他坚持要重振军纪，也的确是预见到了未来。法国大学问家伏尔泰对马基雅维利这位佛罗伦萨人并无好感，但却指出了马基雅维利的这一贡献：

让我们瞧瞧这些营队的安排，它们的行军，它们的演变，几

> 乎就像它们现今的做法一样；这一切在欧洲的复兴，多亏了一个并非军人的佛罗伦萨人，即文官马基雅维利。三营、四营、五营纵深排列；各营向敌军发动攻击；各营成方队以避免溃散；四营成纵队相互支援；各营翼侧辅以骑兵——这都是他提出来的。他给欧洲讲授了兵法；人们早已照样做，却未领情。[①]

可见，《兵法》一书是近代军事科学的头一部经典之作。[②] 马基雅维利的成就在于他否定了中世纪的做法，主张重振古代兵法。严格说来，对于古代或他所处时代的军事，他并不是一位特别敏锐的观察家或特别准确的分析家。他的头脑算不上很科学或逻辑严谨。他是热情奔放的文学家，深爱古罗马的一切，这样的感情使他看不清他那个时代的军事上的一些事态发展，也看不清古代军事的某些特点。然而，正是他对古罗马的热爱，让他对近代军事科学的出现打下了自己深深的印记。正因为如此，查尔斯·奥曼爵士的以下一段评语是既对又不对：

> 马基雅维利享有军事预言家盛誉，但不幸的是，16 世纪后期战术与编制的实际发展都跟他的实际建议毫无关系。他

---

① 见伏尔泰《哲学辞典》中“营”一条目，该书英译本 1843 年于伦敦由 W. 达格代尔公司出版。伏尔泰在此条目中对马基雅维利也颇有责难之辞。

② 这是多数严肃军事史学家的一致意见。例如，卡里翁-尼萨《兵法史概论》卷一，第 xliii—xliv 页，第 231 页，注释 1；巴尔丹将军《世界军事辞典》。（巴黎 1841—1851 年版），卷一，第 440、462 页；耶恩斯《军事学术史》，卷一，第 456—457、468—469 页；德尔布吕克《政治学史领域中的兵法史》，卷四，第 117、132—133 页；吉尔伯特《马基雅维利》一文，第 20—25 页。

> 几乎在每件事上都“赌错了马”：他说火炮将继续无关紧要；说骑兵作战的好日子已完全过去；说步兵将继续保持军团式的大部队编成；说古罗马的短剑或者贡扎洛·德·科尔多巴的西班牙步兵将使长矛退出近战。他这些预言都完全错了。[①]

查尔斯·奥曼没有看到，近代欧洲早期的军事革命，其最重要的因素尚不在于技术，即枪炮的发明和应用，而是在于拿骚的莫里斯和瑞典的古斯塔夫二世在他们各自起模范作用的军队中所建立起来的人际关系的改变。这两位军事大师在军队纪律和训练方面实现了革命，才使得军队有可能发挥枪炮的效能。几乎半个世纪以前，马克斯·韦伯就透辟地指出了这一事实：

> 这一类武器是纪律的结果，而不是纪律的原因……点燃变革之火的，是纪律，而不是炸药。奥伦治家族的莫里斯（即“拿骚的莫里斯”。——译者注）所建立的荷兰军队是近代第一批纪律严明的军队之一……只是由于军队有纪律，炸药以及与之相关的军事技术才得以发挥作用，而且靠了以纪律为前提的战争机器的运用，才得以充分发挥作用。[②]

德国军事历史学家早就承认，人们强调军队纪律和训练，以及

① 见奥曼《16世纪战史》，第93—94页。

② 见H. H. 格思和C. 赖特·米尔斯翻译并主编的《马克斯·韦伯社会学文选》（纽约：牛津大学出版社1946年版），第256—257页。该文选系选自韦伯的《经济与社会》一书（蒂宾根：莫尔出版社1922年版）。

人们重新重视古代兵法,这二者是直接紧密相联的。[1] 在马基雅维利之前,人们几乎已没有关于部队编成的系统理念,而在他之后,古代军队操练手册和军事法规被翻译成当代文本。古代的战斗队形、行军队形和宿营队形重新得到启用,甚至古代的兵器也成为摹仿的样本。

在16世纪下半叶,人们高度重视军队纪律,可以见之于两个基本方面。第一个方面是出现了军事法规。富尔克沃的书就强调了军队的立法,并包含有第一套法文的完整军规。[2] 随后出现了加斯帕尔·德·科利尼的《布洛涅围攻战法规》(1551年),人们普遍认为它为近代军法奠定了基础。重视纪律的第二个方面的表现是出现了各种战术员额表,让指挥官便于计划作战行动。在这些表格中,兵员以数字计算,可作加减乘除。战术员额表的最早编制者之一,是意大利军事工程师吉罗拉莫·卡塔内奥,他还作过筑城和炮轰方面的计算。1563年,他在布雷西亚发表了他计算出来的如何将100名到20000名步兵外加两翼骑兵投入战斗的"简表"。数学日益运用于军事工程和炮兵,是很自然的,而用于战术员额表,则是为了便于编组各种队形和指挥战斗行动。从理论上和实践上来看,这一切都必须以纪律和训练作为前提。

当人们对战争实行变革,运用数学来解决军事编成问题时,近

---

① 见马丁·霍博恩《马基雅维利之兵法复兴》(柏林:库尔提乌斯出版公司,1913年版),卷二,第191、399、402—403页;德尔布吕克《政治学史领域中的兵法史》,卷四,第117页;维尔纳·哈尔韦格《近代军事改革与古人》(柏林:容克与丁豪普特出版公司1941年版),第26—29页。

② 见迪金森《富尔克沃先生〈兵法指南〉一书》的引言,第lxxvi,lxxxix页。

代科学的先驱们也开始用数学来说明各种自然现象之间的关系。对这两方面均饶有兴趣的一个人，是英国女王伊丽莎白一世时代的一位杰出天文学家和数学家托马斯·迪格斯。深受丹麦天文学家第谷·布拉赫尊敬的迪格斯，是哥白尼学说信奉者，但他否定了恒星位置固定的想法。他在布鲁诺之前就提出了宇宙无限的理论。1586—1593 年，通过他的庇护人莱斯特伯爵的提携，他担任了驻荷兰的英军总点名官。显然是由于这一段军事阅历，他将最初于 1579 年出版的一本书加以修订后，于 1590 年发表，书名为《军用计算学》。[①] 科克尔编写的《1642 年前军事书目》中称赞此书为“当时最佳军事书之一”。[②] 它包括军官需要使用的算术和代数计算、军官职责、军事法规以及炮兵用数学等内容。

卡塔内奥和迪格斯的这样一些书表明，军事算术要比威廉·佩蒂爵士*发现的政治算术早出现一个世纪。对于大自然的以及对于军事的机械论理念则似乎是同时出现的。数学运用于军事编成，说明人们开始将军队设想为一个由相互作用的部件构成的精心设置的系统，其动作是可以量化的，这要比托马斯·霍布斯**这位近代政治思想家运用伽利略的方法将国家形容为一部机械装置，早了许多年。

---

① 迪格斯还与他的父亲合作出版过《军用几何学》，1571 年初版，1591 年再版，其内容包括地形学，弹道学，陆海军建筑学。

② 见科克尔《1643 年前军事书目》，第 25 条。

* 佩蒂(Sir William Petty，1623—1687)，英国政治经济学家，其《政治算术》一书出版于 1672 年。——译者注

** 霍布斯(Thomas Hobbes，1588—1679)，英国政治哲学家，机械唯物主义者。——译者注

以上这些事实和推论，都表明韦伯的看法是正确的，即近代早期促成军事科学变革的基本因素是新的军事纪律，而不是新的技术；它们表明马基雅维利主张实行合理的军事编成的意见起了关键的作用。

正如我们所看到的，拿骚的莫里斯所建立的有效的军队在很大程度上实现了马基雅维利的理想，尽管其表现形式与马基雅维利原先的设想有所不同。莫里斯显然熟悉过马基雅维利的主张，既会直接读过他的《兵法》，也会通过阅读富尔克沃和弗朗西斯科·帕特里齐（1529—1597）的著作[①]。然而，对莫里斯这位亲王影响最大的思想家，则是一度几乎被人遗忘的尤斯图斯·利普修斯（1547—1606）。这位比利时学者因为批判性地编辑塔西佗文集而受人称赞。1579年到1591年，他执教于莱登大学，当时还年轻的莫里斯曾是他的学生。他在1589年出版了《政论六卷》，曾赠送一册给莫里斯。此书在十年间再版14次，还被译为荷兰文、法文、英文、法兰文和德文，嗣后又译为西班牙文和意大利文。德国学者格哈德·厄斯特赖希指出，这一文献是莫里斯军事改革的理论基础。[②] 利普修斯是崇拜马基雅维利的，将他的名字与柏拉图和亚里士多德等贤哲的名字并列在一起。利普修斯向读者推荐的近代思想家只有马基雅维利一人。像马基雅维利一样，利普修斯强烈谴责雇佣军制度，强调用心挑选兵员以及强调训练和纪律的必要性。但他主张建立募兵制，而不用民军。这两位思想家最有意思的一点联系，就是利

① 见帕特里齐《论军事……》（罗马，1594年）。

② 见厄斯特赖希《作为当代强权政治理论家的尤斯图斯·利普修斯》，载于《历史杂志》第CLXXVI期（1953）。

普修斯主张军队保持一种新的清心寡欲思想状态，要始终保持责任心、自制力、朝气和意志坚强，这正是马基雅维利所主张的“德行”(virtu)的表现。后来，瑞典的古斯塔夫二世也要求他手下的指挥官具有美德，包括正直做人，有事业心，勤勉执役；勇对艰险，动作刚强，能迅速遂行任务。[①]

在莫里斯和古斯塔夫强调军纪和军训，使之成为军人视为理所当然之要旨以后，在各国均建立职业军队以后，马基雅维利作为军事思想家的声望有所减退。由于战争成了机动战、运动战和火力战，他的许多具体建议行不通了。他的声誉下降还有一个原因，就是人们谴责他的政治观点，出现了系列批评马基雅维利主义的文章，最著名的一篇就是腓特烈大帝的作品。于是，从 17 世纪中叶到 19 世纪初，马基雅维利的军事思想成了公开批判的对象，在当时撰写的军事经典著作中很少提及他的名字。但是批评他的人主要是一些军事上并没有什么声望的人，而某些重要军事经典的作者受益于他的思想，却是很明显的。批判他的人包括布朗托姆、阿尔加罗蒂和梅泽罗伊。布朗托姆(1540—1614)臭名远扬的《回忆录》直到 1665—1666 年才得以出版。它的有价值之处在于暴露了法国宫廷的生活和勾当，然而他在历史上的天真无知是显而易见的。尽管他在军界也混了很久，但与其说他是军人，不如说他是宫廷弄臣。他的名声主要来自他在闺秀脂粉间的冒险，而不是来自他的征战本领。至于阿尔加罗蒂(1712—1764)，他是伏尔泰和腓特

① 见尼尔斯·安隆德《古斯塔夫大帝》(迈克尔·罗伯茨译，普林斯顿大学出版社 1940 年版)，第 142 页。

烈大帝的朋友，在文艺评论方面有些分量，但很难说他有资格论及军事问题。这三个人当中，只有梅泽罗伊(1719—1780)可以说是完全有资格来评价马基雅维利的军事思想。他曾在著名的法军元帅萨克斯*麾下服役，在波希米亚和佛兰德打过仗，并曾研究古代兵法多年。他的批评，尤其是认为马基雅维利对古代军事实践理解欠周全的批评，是有道理的。然而整个说来，梅泽罗伊的分析学究气太重，而阐释启发不足。

在18世纪被奉为军事经典作家的，有蒙特库科利、福拉尔、萨克斯、腓特烈大帝和吉贝尔五人，其中只有福拉尔提到并称赞马基雅维利。蒙特库科利(1608—1681)是巧妙对抗蒂雷纳的将领，**但行动过于小心谨慎，过于遵从费边·马克西姆斯的缓进方略，很难称之为伟大统帅。但是他的《回忆录》(1718年于维也纳初次公开出版)是很了不起的，让他死后获得了"当代韦格蒂乌斯"的美名。有人因此而将他与政治学上的博丹和哲学上的培根相提并论。[①] 他力图使战争艺术的原则系统化，是将战争艺术称之为科学的第一人。19世纪初普鲁士军事改革之父沙恩霍斯特正是从蒙特库科利的构想中找到了动力和模型。可以肯定说，他是马基雅维利和利普修斯的学术继承人。但是他的不同之处在于，他有实战经验，能从实际感受中找出活动的规律。他的书的章节安排

* 萨克斯(Saxe，1696—1750)，亦译萨克森伯爵。——译者注

** 指蒙特库科利于17世纪40年代率奥军对抗蒂雷纳统帅的法瑞(典)联军，以退却巧妙而著称。——译者注

① 见鲁道夫·施塔德尔曼《沙恩霍斯特：命运与精神世界》(威斯巴登：利姆斯出版公司1952年版)，第95页。

和简洁文风表现了一种新的风格。第一卷是极其简明、系统和有力表述的军事科学原理；第二卷是与各条原理相关的准则；在第三卷中，他通过回忆 1661—1664 年期间在匈牙利与土耳其军队作战的实例，来说明一些原理的实际运用。书中没有华丽辞藻，开门见山就说战争目的在于取胜，而胜利取决于准备、部署及行动；[①]准备涉及士兵和军官的素质、装备、训练和纪律，以及火炮、弹药、供应和经费等等。兵力部署取决于所用兵力的特性、作战地域的地形以及作战行动的性质：是进攻，还是防御，抑或是退却。行军、宿营和交战均应动作坚决、保密和迅速。蒙特库科利关于将才的提法也很有意思。他认为将领必须具备一些天生的特点：敢打敢拼，结实健康，仪表威武。但更加重要得多的，是后天养成的素质，其中最重要的是学到渊博的战争知识，它不是来自书本，而是来自长期的军旅经验。其次是养成精神美德：慎重，公正，自制，有力。这最后一点包括勇敢，坚韧，精力充沛，果断刚毅。这些是好的士兵，尤其是好的军官所必须具备的军人美德。一个好的将领有力，才能发动他的部队进行强有力的和巧妙的进攻。在艰险时刻，他有力，才能鼓舞他的战士们进行坚定顽强和持久的抵抗。这是军人内在的意志力，正是马基雅维利及其追随者利普修斯所强调的“德行”。不论福拉尔、萨克斯、腓特烈大帝和吉贝尔对马基雅维利看法如何，他们都称赞蒙特库科利这位“当代的韦格蒂乌斯”。

蒙特库科利之后的头一位有成就的军事理论家是“骑士”福拉

① 见雷蒙德·德·蒙特库科利《回忆录》(阿姆斯特丹和莱比锡 1756 年版)，卷四，第 1—2 页。

尔(1669—1752)。他是有实战经验的军人,不仅在法军服役,还曾经在查理十二世的瑞典军队中有过英勇作战的表现。只是他性格暴躁,不善于与人相处——可以说是一个军中的卢梭——所以官职只到军营长官为止,再也升不上去。从1727年到1730年,他陆续发表他对波利比乌斯的《通史》的评论,后结辑成书,在他有生之年曾再三扩充修订,多次再版。他详细分析古代兵法,从而表述他自己的战术观点。他观点尖锐突出,引起一些人的争议,但他的书仍被研读了多年之久。他对马基雅维利的评论,既有赞扬,也有指责。在谈到一个能干的将帅必须有睿智目光以捕捉战机时,他引述马基雅维利的话,强调要通过打猎培养这一本领,对此表示称赞。他认为马基雅维利的《君主论》和《李维史论》是经得起审读的不朽之作,可是《兵法》却是抄袭之作,跟前二书著者身份不相配。[①] 在有成就的军事思想家当中,毫无保留地贬斥马基雅维利的《兵法》者,只有这位暴躁的福拉尔一人。

萨克斯,即声名卓著的法军元帅萨克森伯爵(1695—1750),曾经是福拉尔的学生,但是他不见得赞成福拉尔对马基雅维利的《兵法》的全盘否定,因为他在《我的梦想》一书中虽然没有提到马基雅维利的名字,但在精神上表现出了对《兵法》的尊敬。[②] 他这篇极佳的文章,据他自己说,是为了驱散他的闲倦之感而熬夜13天写成的。他反对雇佣军而主张募兵制;关注战争中的人的因素以及

---

① 见让-查理·福拉尔《波利比乌斯〈通史〉评说》(阿姆斯特丹1774年版),卷一,第222—223页。

② 萨克斯此文有很好的英译本,见上文中提到过的菲利普斯主编的《战略根源》一书,第189—300页。

兵员的素质、福利和士气；称赞罗马军团并提议更新军团的编成，实际上是预见到师建制的军队；注重军队的纪律；对领导艺术提出了一些颇有见地的意见——这一切都让人回想到马基雅维利。

随后是普鲁士国王腓特烈大帝(1712—1786)。他明确地赞扬萨克斯，而且认为马基雅维利的《兵法》是一本“爱读的书”。[①] 他当初于1747年下达给他的高级将帅的密令《军事手谕》，[②]有不少主题都可以说是表现出马基雅维利的影响。像他这样的帝王必然不会说出他的想法来自何人，因为他要威镇自己的舞台，稳住民心士气。但腓特烈大帝和马基雅维利在观点上也有一些区别。腓特烈虽然深信好的将领必须掌握地形知识，但他并不推荐通过狩猎获取这一知识。此外，他相信枪炮的威力，相信骑兵的战术作用，这也不同于马基雅维利。然而，尽管有这些区别，还是要看到腓特列在理论上以及在实践中经常强调进攻，这体现了真正的马基雅维利精神。他强调，即使在防御中，也总要抓住主动权采取大胆的行动。最好的防御就是强有力的和目的明确的进攻。腓特烈作为统帅的勇猛果敢，赢得过拿破仑的称赞。

与马基雅维利某些思想相似的一个更引人注目的例子，是法国的军事思想家吉贝尔伯爵(1743—1790)的《战术通论》一书(1773年出版)。二者是如此相似，以至于卡里翁-尼萨在他的《兵法史概论》中指出吉贝尔真该写一个“致谢”。[③] 在吉贝尔一书的前言中，马基雅维利的影响尤其明显。(尽管在随后的章节中，例

---

① 见上文中提到过的科克尔《军事书目》一书，注释12。

② 见上文中提到过的菲利普斯的《战略根源》一书，第311—400页。

③ 见卡里翁-尼萨《兵法史概论》，卷一，第382页。

如在行军的那一章，也可以看出这一影响。）吉贝尔从前言一开始就陈述他的爱国之心，直到末段中呼吁一位天才的领袖来振兴法兰西，通篇洋溢着火热的爱国主义精神。读者会想到他是不是以《君主论》为蓝本。这也让人想起马基雅维利的《兵法》的开场白和结束语。吉贝尔描述了法国以至欧洲各地的腐败，人们贪得无厌，骄奢淫逸，全无公益之心，恰与古罗马人的吃苦耐劳和团结奋进形成了对比。吉贝尔认为军事与社会生活二者密不可分。罗马军人英勇善战，罗马军团威猛无畏，是与他们社会生活和政治生活的风气相辅相成的。汉尼拔打仗的本领出类拔萃，可是迦太基社会腐败，所以他与罗马人的较量必然以失败告终。一旦罗马人找到了一位与汉尼拔能力相当的统帅，就有把握制胜。吉贝尔认为他那个时代正是因为社会腐败，所以军事艺术也陷于混乱。只有在政治上和军事上同时奠定新的基础，才有出路；而要实现新的秩序，就必须有一个起奠基人作用的英雄。[①]

从许多方面来看，拿破仑可以说是马基雅维利和吉贝尔的理想的体现。《拿破仑传》的著者马德兰就将拿破仑称作“伟大的建筑师”。[②] 拿破仑用心研究过吉贝尔的书，也阅读和称赞过马基雅维利的著作。[③] 拿破仑尊重马基雅维利的《兵法》；[④]批阅过他的

① 见吉贝尔《战术通论》（伦敦，1773 年法文版），卷一，第 iii—xliii 页。

② 见路易·马德兰《拿破仑传》（巴黎 1935 年版）第 447 页。

③ 见马德兰《拿破仑传》，第 40 页；维克·瓦伊《马基雅维利在法国》（巴黎 1884 年版），第 142—143 页，第 153 页；阿尔贝·谢雷尔《马基雅维利的思想在法国》（巴黎，1935 年版），第 249—253 页。

④ 见瓦伊《马基雅维利在法国》，第 142—143 页。斯塞·威尔金森在《拿破仑·波拿巴将军的崛起》（牛津 1930 年版）第 149 页说拿破仑完全有可能读过马基雅维利的《兵法》，但没有像瓦伊那样肯定拿破仑读过。

《君主论》;[①]在出征时随身带着他的《李维史论》;[②]概述过他的《佛罗伦萨史》的内容。[③] 1808 年,拿破仑下令为自己建立一个便携式千册书库,供他征战途中阅读,其中就包括《李维史论》。[④] 他在特里阿农的图书室内藏有吉罗戴译的马基雅维利文集,共九册。[⑤]拿破仑从马基雅维利这位军事思想家汲取的是原理概则,而不是具体细节。[⑥] 例如,要懂得战争是政治的工具;要重视周密计划,掌握主动权,利用手段欺骗敌人,行动快捷。战争中最重要的是人的因素。领导人的作用,包括勇敢、活力、远见和洞察力,是克敌制胜的必备条件。

我们再看看 19 世纪一些受到拿破仑影响的军事实干家、理论家和历史学家,我们会发现这些人都曾高度称赞马基雅维利这位著作家。古维翁-圣西尔(1764—1830),这位曾被拿破仑称为"军事天才",而且在王室复辟后对法军实行了重大改革的元帅,很尊重马基雅维利、蒙特库科利和腓特烈大帝的著作。[⑦] 他认为马基雅维利虽然不懂得实际作战,却仍然是一位大军事学者。卡里翁-

---

① 见阿贝·艾梅·吉永主编并作序的《拿破仑·波拿巴批阅马基雅维利;1815 年 6 月 18 日圣让山之战(即滑铁卢之战。——译者注)后于波拿巴马车中找到的手稿》(巴黎 1816 年版)。该书包括拿破仑批过的《君主论》法文译本,还有他批阅过的《李维史论》的摘录。

② 见 J. 科兰《拿破仑所受的军事教育》(巴黎,1900 年版),第 115—116 页。

③ 见 W. M. 斯隆《拿破仑·波拿巴生平》(纽约,1912 年版),卷一,150 页。

④ 见《拿破仑书信集》(巴黎 1854—1869 年版),卷十七,编号 14207。此件亦见于 J. M. 汤普森《拿破仑书信集》(牛津 1934 年版),223—225 页。

⑤ 见安托万·吉瓦《拿破仑,从通信和行动看这位人物、政治家和演说家》(巴黎:佩兰出版公司 1889 年版),卷二,第 578 页。

⑥ 见科兰《拿破仑受到的军事教育》,第 114—118 页,第 371 页。

⑦ 见瓦伊《马基雅维利在法国》,第 141 页。

尼萨上校，这位拿破仑的同学及其麾下军官，早期有水平的军事历史学家之一，曾要求他的读者用心研究马基雅维利的《兵法》。[①]他对比了马基雅维利和波利比乌斯，说正如同波利比乌斯位于古希腊人和古罗马人之间一样，马基雅维利是沟通古代与近代军事世界的桥梁。[②] 巴尔丹将军在他的《世界军事辞典》中指出，凡是受过教育的军人都不能不读马基雅维利的《兵法》一书。[③]

卡尔·冯·克劳塞维茨(1780—1831)也曾对拿破仑的军事才干表示赞赏并加以诠释。他死后由他妻子于 1832 年出版的《战争论》一书为 19 世纪和 20 世纪军事学术的深远变化奠定了基础。[④]克劳塞维茨曾受教于沙恩霍斯特，他无疑是西方最伟大的军事理论家。他指出战争是没有限度的，战争是政治的继续，这都可以从马基雅维利那里找到根源。马基雅维利的许多见解都归纳于克劳塞维茨的一个观点之中，即战争的中心问题在于“将优势兵力兵器集中于决定性的地点”。[⑤] 克劳塞维茨重视对各种因素的判断以及对地形的了解，并且将战争的实施比作“精致机器的运作”。这也与马基雅维利的见解相似。马基雅维利的影响还表现在克劳塞维茨在谈论战略时强调进攻的原则，他的著名格言就是“以最大力

① 见卡里翁-尼萨《兵法史概论》，卷一，第 231 页，注 1。耶恩斯在《军事学术史》卷一，第 472 页上，也同意卡里翁—尼萨这一评价。

② 见卡里翁-尼萨该书卷一，第 462 页。德尔布吕克在他的《兵法史》卷四，第 133 页，也将马基雅维利与波利比乌斯相对比。

③ 见巴尔丹《世界军事辞典》，卷一，第 462 页。

④ 克劳塞维茨《战争论》英译本，1911 年由伦敦保罗与特吕布纳出版公司出版。(此书已由军事科学院译成中文，1978 年由商务印书馆出版。——译者注)

⑤ 见汉斯·加茨翻译成英文并主编的克劳塞维茨《战争原理》(哈里斯堡：军事出版公司 1942 年版)，第 12 页。这是克劳塞维茨给普鲁士王太子的备忘录结集。

气使用自己的全部兵力”。[1] 事实上，克劳塞维茨曾称赞马基雅维利“对军事的判断很有道理”。[2] 但是在头一次读到克劳塞维茨的书的人看来，克劳塞维茨对于战争中的精神因素的提法，与马基雅维利的见解真是惊人地相似。他对于将才和军人美德的分析，可以说是对于马基雅维利的“德行”(virtù)理念的出色评注。[3] 克劳塞维茨认为“战争是充满偶然性的领域”，所以将领首先必须具备“健全的智力”和“非凡的能力”，[4]这会让人联想到马基雅维利说到的慎重和“德行”。克劳塞维茨所说的“健全的智力”具体是指“眼力”，即能够洞察一般人看不出来的真情实况。勇气包含了感情坚强，有充沛活力，勇敢大胆，精神刚毅。最突出的品格是胆大，即富有动力的创造力，这在军队中必须首先服从命令，而在将领身上则靠健全的智力作指导。[5] 军事天才诞生于勇气，天才的一个标志是能够将勇气灌注于自己部队之中。在写给普鲁士王太子(即后来的国王弗里德里希·威廉四世)的备忘录中，克劳塞维茨提出的最后一条建议，真像是马基雅维利写给乌尔比诺公爵洛伦佐·德·美第奇的。这条建议是：

计划要大胆而又精明，执行计划要坚定而又顽强，决心要

① 见汉斯·加茨翻译成英文并主编的克劳塞维茨《战争原理》(哈里斯堡：军事出版公司1942年版)，第61页、第46页。

② 见克劳塞维茨《谋略》(汉堡：埃伯哈德：克塞尔公司，1937年版)，第41页。上文中提到过的吉尔伯特《马基雅维利：兵法的复兴》一文(第25页)引述过克劳塞维茨此言。

③ 见克劳塞维茨《战争论》，英文版卷一，第46—75页、第177—192页。

④ 同上，英文版卷一，第50页。

⑤ 同上，第186—187页。

达到光荣的目的，这样，命运就会让您年轻的额头闪烁出夺目的光彩，让您的形象铭刻在您子孙后代的心中。[①]

四、政治艺术与军事艺术的关系

马基雅维利显然认为军事艺术与政治艺术的基本关系如下：

一、军事力量是文明社会的基础。

二、井然有序的军事体制是文明社会中一个必不可少的起团结作用的要素。

三、军事强大的政策有助于文明社会的稳定和长久。

四、军事艺术和政治艺术有着共同的风格。

五、军事体制往往反映出它所在的文明社会的素质。

前三条，马基雅维利自己讲得比较明白，所以这里只需要简短地提一下。然而后两条在马基雅维利的著作中讲得很含蓄，这里需要谈得细一些。此外，分析这两层关系，也最有利于看出他的军事思想在他的政治思想中的作用。

《兵法》一书的献辞明确提出了军事力量与社会秩序的密切联系。当时有些人认为，军人生活与平民生活是对立的。平民穿上军装当了兵，其行为就发生变化，因而会危害城邦的和平与秩序。马基雅维利虽然承认这种说法正确反映了意大利境内的

① 见克劳塞维茨《战争原理》，第 69 页。

腐败状况，但是他反对将这一点普遍化而将它说成是到处都适用的。他指出，古代历史证明军人与平民并不一定是彼此对立的。人们所珍惜的一切，包括艺术、科学、宗教和社会秩序，全都有赖于军事力量所提供的安全。除非有足够的军力来保护社会抵御外来侵略，否则法律不论设计得多么周全，也无法捍卫国内的秩序，不会有什么价值。一个邦国若是没有军力的保护，那就像是一座华丽的宫殿，即使里面摆满了珍宝，但却没有屋顶，挡不住风雨雷电的侵袭。马基雅维利的结论是，在当今充满敌意、争斗不停的世界上，"任何一个国家……若无军队就无法自立。"他还在另一本书即《君主论》中指出过，好的法律依赖于好的军队，这一警句表达了同样的意思。他很自然地关注以军力保障安全，还表现在他强调，精通兵法是成功的邦国领导人必须具备的要素。事实上，马基雅维利使用 Principe 一词*不仅是指君主，有时也是指军队统帅。统治者不但战时要关注军事，在和平时期也要用心于军事。军队要始终不断地保持训练和纪律，才能处于最佳状态，一旦有事即可立即行动。此外，统治者及其臣民必须经常保持身体健康，一旦有事即可出征。为此目的，君主及其臣民在和平时期的最佳学校，就是狩猎。① 马基雅维利为此提到了希腊

* Principe 即英文中的 Prince，为《君主论》一书的书名。——译者注

① 马基雅维利跟他在《君主论》和《李维史论》二书中均提及的色诺芬一样，强调狩猎对于军训的价值。色诺芬在《远征记》和《马术》中也都论述了这一点。狩猎用于军训之论，由来已久。柏拉图的《法律篇》就谈过。奥利弗·莱曼·斯波尔丁在《笔与剑在希腊和罗马》一书（普林斯顿大学出版社及牛津大学出版社 1937 年版）第 146 页提到，6 世纪拜占庭皇帝莫里斯在《谋略》一书附录中描述过组织大型狩猎以练兵的情景。至少直到 18 世纪，人们仍视狩猎为军训佳法。

神话中的半人半马神人喀戎,他教导过许多古代杰出人物,其教学内容之一就是神授的狩猎艺术。[1] 狩猎可以说是模仿战争,要在各种地形上和各种气象条件下进行激烈的运动,要运用各种谋略才能智擒猎物。君主努力掌握狩猎艺术,亲身实践,就可以熟悉自己领地内的山川,本能地体会地形学。君主受训的最有效途径,则应当是不断地研究历史,研究以往的值得效仿的那些将帅的行动。

好的军队除了保卫自己社会抵御外敌以外,还应当担负一项重要任务,即在内政中起团结和稳定的作用。公民在养家育儿和参加宗教活动的同时,又通过积极参加民军接受军训,这对公民教育而言是有基本意义的。马基雅维利认为古罗马强大无敌就是因为它有出色的军事组织,养成了公民的纪律。[2] 因此,罗马共和国虽以公民激烈辩论而著称,但这种辩论只保持在一定范围以内,对社会起着鼓动生气的作用,而不是破坏作用。在马基雅维利看来,古罗马的历史,从塔克文时代到格拉古时代的这四百多年期间,内部冲突虽持续不断,但从未严重到需要大动干戈滥杀平民、流放百姓或严惩公民个人的程度。马基雅维利认为当时一些较小邦国内的社会冲突往往演变成派别纷争以至民不聊生,而古罗马却从未陷于此种境地。在军团服役的古罗马人学习到忠于国家,热爱和平和秩序,以及敬畏上帝的品德。共同的军事经历还让人们养成另一些素质,即尊重法律和权威,

① 见《君主论》,(英文版)第 18 页,亦见色诺芬《马术》卷一。

② 见《李维史论》卷一,第 4 页;卷三,第 6 页。

有自我牺牲精神，以及勇敢无畏。因此，良好的军事组织造就了良好的公民纪律，这是古罗马共和国得以保持稳定和强大的一个决定性因素。马基雅维利认为意大利之所以陷于四分五裂，家庭、教会和社会权威严重衰落，一个重要的原因就在于缺乏良好的军事组织。要制止内部分崩离析，同时又能够抵御外侮，提供最大限度的安全，最可靠的办法之一，就是建立国民警卫军，让公民养成普遍的纪律。

马基雅维利还提出一种普遍的理论，它可以说是通过军事来“拯救”人们。但在他的思想中，“拯救”一词必须用得非常谨慎，因为他对于人和人际关系持十分悲观的观点，所以他不可能设想人们会在一个组织得合理而又井然有序的社会中得到永恒的人世和平与安康。在他看来，任何一个文明社会不论建设得多么美好，都是不会永存的：世界上两个维持得最久和最稳定的公民社会，即古罗马和斯巴达，也终于衰落，就表明了这一点，人们顶多只能希望，一个国家在必然的衰亡之前，能保持一段长时间的繁荣的文明生活，摆脱最恶劣的常见的苦难。如果我们能理性地对待种种政治问题，就可以避免过早地衰落，保持团结和生气。可是历史的潮流是不可能永远停滞的，最终的变化总会来临。因此，马基雅维利给我们提出的人世得拯救的希望仅仅是推迟那不可避免的衰落。军事可以为推迟末日来临起重要作用，但最终的衰亡是任何东西也阻止不了的。

人的固有的利己主义意味着冲突是基本的社会行为模式。个人与个人、家族与家族以及邦国与邦国都生存于无休止的紧张状态及战争之中。文明社会有两种性质不同的冲突，即腐败的冲突和有序的冲突。腐败的冲突就是人们钩心斗角，一心只想扩充自己的势力和控制别人，毫不顾及法律、宗教信仰和老幼，不顾公共的利益。在腐败的文明社会中，腐败的冲突占主导地位，经济上的贪婪成为普遍的行为模式，通过尔虞我诈谋取钱财以求得感官上的满足，成为普遍的目标。从政治上说，腐败意味着拉帮结派，玩弄暴力和阴谋；就共和国而言，则是无政府状态和暴君统治彼此交替。而有序的冲突是在法律的框架之内，总是服从于公共利益，决不会爆发成暴力冲突和内战。宗教信仰流行于良好的社会中；父母和长者受到尊敬。公民普遍能履行自己的职责和义务。公私事务中均守诚信。看人，不是看他们的财富有多少——追求经济目标是次要的——而是看他们对社会的贡献如何。忠心为祖国服务是最高荣誉。个人行为的崇高准则是自律和朴实，而不是一味追求权力、财富和肉欲。佛罗伦萨是腐败社会的样本，罗马共和国则是良好社会的典型。马基雅维利对两者都做了分析，写出了《佛罗伦萨史》和《李维史论》。

腐败是国家领导人要应付的内政方面的中心问题。为了防止一个良好社会变得腐败，或者为了使一个腐败社会变好，统治者就必须懂得腐败的原因。在一个很成功的社会，当人们不再需要集中大家的努力以救亡图存，不再需要大家齐心协力求达一项特定的目的，例如抵御天灾和驯服自然，时时刻刻警惕潜在的外来威胁，不断坚持对敌斗争，或者为富国强兵而奋斗，这时，腐败就会出现。征服了自然，消除了潜在的外来威胁，打垮了敌人，军事政策完美实施而征服了一切需要征服的对象，这时，人们的努力就会松懈,想过上奢侈的生活,人变软了,变得追逐私利了。要想保持社会团结和斗志,要想加强勇敢和吃苦耐劳的美德,从而控制住腐败,最行之有效的办法看来是实行扩张。军事扩张比其他的办法更可取,因为它能让人们更努力地控制自己的命运,比跟自然斗争或持续抵抗邻邦的威胁和进攻,更加需要努力。一个社会若是不想听任命运摆布,就得大胆地和目标明确地采取行动。一旦掌握了主动,就要坚持下去。马基雅维利牢记着他的先人即罗马共和国人民的英雄榜样,认为最得力的扩张工具就是组织良好的国民警卫军,这些民军会为自己的荣誉而战斗。一个共和国把自己的子弟派出去建功立业,就可以防止腐败蔓延。但是这种军事冒险的成功最终会起反作用。等到没有地方再可征服时,腐败就无法再加以控制。用军事办法寻求拯救,只能推迟那最终不可避免的衰落,而不能防止这种结局。当然,教育——指最广泛意义上的教育,其中包括合理运用的宗教、法律之类的社会控制工具——可以阻遏公民腐败。但是,倘若生存未受到某种经常的挑战,单有教育,仍是不够的。

五、军事艺术与政治艺术的共同风格

马基雅维利认为成功的国务活动家必须也是能干的将帅,这说明他是将政治艺术与军事艺术紧密地联系在一起。一个人要在这两门艺术中都成为能人,这是极其困难的和罕见的,除非二者有共同的风格或活动模式。从各方面来看,马基雅维利所说的,似乎正是这个意思。在列举最负盛名的人物时,国家的创建者和改革者是与军队将帅以及宗教创立者和文人并列在一起的。[①] 马基雅维利在谈到加倍光荣和加倍可耻仅有的两个例子时，又是将政治家和军人联系在一起：创建并保持一个国家或者创建并保持一支军队者，加倍光荣；接过一个国家或者一支军队却又将其失去者，则加倍可耻。[②] 在《君主论》、《李维史论》和《兵法》中，他有四次具体谈到艺术活动。其中有两次是说一位雕刻家拿到的石头若是未曾受过玷污，他可以雕琢出一个精美得多的雕像。一次，马基雅维利是将雕刻家与政治家作对比，另一次则是将之与将帅相比较。一个国家的创建者若是从纯朴的、未遭腐败的民众——例如瑞士人——开始做工作，工作会更加完美。将帅如果从一些未经训练、未经战火的公民着手建军，而不是带领那些从雇佣军出来的兵油子，他创建的军队会好得多。可见，马基雅维利是一次又一次地将治国之术与治军之术相提并论。道理很明显：二者都是创造性艺术，都是要将不成熟的人群塑造成所想要的样式。至于模子，马基雅维利不厌其烦地反复强调，要取自经典古籍。[③]

在马基雅维利的思想中，军事与政治密切相联的另一个例子体现于他的 virtù（德行，美德）概念之中。他使用这个词时，其含义往往模糊不清，但用到具体场合时，就明白得多。在他看来，vitù 是军事和政治领导人都必须具备的一个素质，在这充满敌意

① 见《李维史论》，卷一，第 10 页。

② 关于国家，见《君主论》第 24 页；关于军队，见《李维史论》，卷三，第 13 页。

③ 马基雅维利将治国之术视为创造性艺术，是符合经典传统的。柏拉图就认为造物主是将理念加之于原始的混沌或物质而构成宇宙。学者常将宇宙艺术、政治艺术和诗歌艺术相提并论。

的世界上，一国民众想要求得生存和福祉，其领导人非有它不可。这个词不论是用在个人身上还是用在一国民众身上，是用在将帅身上还是用在政治家身上，马基雅维利所赋予它的特殊意义基本上是指一种军事素质。这种意义上的 virtù 在英语中还找不到一个同义词。马基雅维利是用它来表示在危险的和变幻不定的紧张形势和冲突之中所展现出来的阳刚之气和积极进取精神。它是指一种强大的意志力和内在力量，能使人克服最顽固的抵抗，以及忍受最艰险的逆境。virtù 所指的特性中包括大胆、勇敢、坚定和果断。它还包括生气勃勃的创造力，从中会产生出军事上的或政治上的绝妙之举。

个人或一国民众身上的 virtù 总是包括最强的纪律和训练。没有纪律和训练，就不能有耐久力和坚定性，不能掌握必要的韧性，无力将一行动过程贯彻始终，直至实现既定目的。具备非凡 virtù 的领导人的身上，有些素质是天生的，经后天条件的熏陶而得到加强和成熟；一个民族则通常要经过适当方式的熏陶才会具备 virtù。例如，古代高卢人生性好战，勇猛活泼，但缺乏充分的纪律，因此在忍耐力遇到考验时，他们的天性就很快变弱了。而古罗马人生性不如古高卢人那样好战和勇猛，但却具有不同寻常的 virtù，因为他们的行为举止受到了出色的公民教育和组织。由此可见 virtù 并不只是旺盛的精力、天不怕地不怕的凶猛和很快就会耗尽的勇气。virtù 必须是一种 virtù ordinata*，才能成为美德。

由此可见马基雅维利赋予了特殊意义的这个 virtù 不是哪一

* 意思是有条有理、井然有序的美德。——译者注

个单词所能充分表达出来的，同样，也没有哪一个单词能表达出与之相反的意义。一个可能的反义词是 ozío，它的意思是怠惰，无所作为，缺乏活力。马基雅维利认为妇女的一些特点，例如心软，优柔寡断，犹豫不决，在一定意义上说，也是与 virtù 相反的表现。vírtù 的典型成果是创建一个国家或一支军队；体现出 virtù 的典型人物则是立国立军的战争英雄，例如罗穆卢斯*或居鲁士大帝。有的人极其奸诈，为追逐权势而不择手段和不计代价，例如以血腥残暴而著称的古罗马皇帝塞维鲁即是如此，但他的业绩表明他也有 virtù。有的人，例如罗穆卢斯和居鲁士，既有很了不起的 virtù，又有慎重行事的素质，这时其行为的特点就是为公共利益而献身。马基雅维利认为，利他精神的最强有力的动机是明智指导之下的自私。这是因为有 virtù 而又慎重的人会很快认识到，他为公共利益付出的劳动将给他自己带来最大的权力和安全而不易受阴谋所害，将给他带来最实在的荣誉。另一方面，有的领导人，例如罗穆卢斯的继承人努马·蓬皮利乌斯以及佛罗伦萨的皮耶罗·索代里尼，虽然关心百姓疾苦，却算不上是很有 virtù 的人物。还有的领导人，尤其是无所建树的暴君，则是既不关心公共利益，又无 vírtù。

如果说军事艺术和政治艺术是需要具备特殊 virtù 的创造性活动，那么这两种艺术中所运用的手法又如何呢？马基雅维利是否认为它们的手法有些重要的相似之处？他写道，“每门科学都有它的大部分内容赖以作为准则的基本原理。”[①]从他所谈的一切可

* 罗穆卢斯(Romulus)，罗马神话中的英雄，罗马城的创建者。——译者注

① 见《兵法》本译本卷三，第 132 页。

以推论说，有一些“一般性原理”是适用于这两种艺术的。还可以说，这些共同的原理基本上具有军事性质。马基雅维利的政治和政治艺术理念很可能部分地来自于他的战争和军事艺术理论。一种活动看来在很大程度上类似于另一种活动。政治家的风格在许多方面让人联想到军队统帅的风格。马基雅维利对人的本性的看法在某些方面是奥古斯丁式的，认为人性根本上是扭曲的，贪婪，企求权力，人际关系的核心是私利。[①] 因此，生活，尤其是政治生活，往往是钩心斗角、争权夺利，处于潜在的或实际的战争状态。文明社会中每一次出现的新局面都可以比拟为政界领导人与敌手的两“军”交战，其胜负取决于双方的战略、战术和领导能力。结局可能是一方明显胜出，但更可能的是双方胜负不分。不论是哪种情况，都会引出新的对手之间的新的斗争，斗争永无休止。

何以见得马基雅维利往往是从军事的角度看待政治艺术呢？首先，他对政治的看法在某些方面大大不同于以往的西方传统政治思想家。他总是主要着眼于人们通过什么具体手法来获取、把持和扩大其政治权力。在他之前，只有色诺芬用心分析过军事领导人和政治领导人需要采用的有效方法，但是色诺芬从来没有像马基雅维利一样走得那么远，以至于主张对自己的同胞也运用暴力和欺骗手段，从下文中马上就可以看出这是为什么。

亚里士多德在《政治学》中谈到夺权，但总是将这视为一种非法的政治活动。他也没有细谈夺权所需要的方法和步骤。古人与

① 关于奥古斯丁对人性的看法以及一些近代思想家，包括马基雅维利在内，与之相似的观点，可参看赫伯特·迪恩《圣奥古斯丁的政治和社会思想》(纽约：哥伦比亚大学出版社 1963 年版)，第 39—77 和第 221—243 页。

马基雅维利在这个问题上态度如此不同，其原因在于经典的观念是必须从根本上区分敌友，区别对待。这就引出了学术上的分工：古代政治理论家几乎只关注友人之间、同胞之间应如何相处，而敌我之间的事则属于军事理论的研究范围。理想的一国公民都是伴侣伙友，由紧密的友谊和共同价值观的纽带连结在一起，通过互助和合作共建幸福生活。拉丁文中的 societas（社会）这个字的本意就是同伴、同志的团体。朋友之间、一国公民之间的意见分歧应当通过有秩序的理性讨论求得解决，而不得诉诸欺骗或暴力。若有人拒不遵从大家一致同意的规则，他就要受到惩罚。如果他严重违规，他就可能被驱逐出去，被归入敌人一类。古代政治思想家的著作都是谈论同胞的共同生活，让人们认识到应该致力于何种目标，以及为达到这些目标应作出何种社会安排。处理敌我关系则是不同于处理友人之间的关系。对于敌人，采用欺骗、计谋和暴力手段都是正当的。经典的军事著作都是分析如何运用这些手段才能最有效地打败和降伏敌人。色诺芬的出色发现在于，一支军队像一个城邦一样，是友人的群体。他和马基雅维利一样，在这一方面常常透过军事艺术的形象看政治艺术，但是他从来没有认为可以像对待敌人一样对待自己的同胞或同军战友。

马基雅维利当然不是头一个认识到一个政治家需要忠诚的盟友，正如同一个统帅需要忠心的军队。然而他认为一个文明社会和一支军队是敌友混杂的复杂群体，其中各个人和各个团体是追逐不相同的利益，他们肯定不是铁板一块地完全团结于共同利益之下。在眼下支持一个政治领导人的人群之中，某些人的友谊往往是表面上的，而不是真心的。一个“朋友”的忠诚也许只是暂时的，一旦有利可图，他就可能变心而替别的人效劳。即使是最亲近的朋友也有可能在需要的时刻不打招呼就突然变心，因为在一定环境下靠盟约建立起来的自律不论多么有力，也不足以防止自私自利之心的爆发。经典理论家认为心心相连的友谊十分珍贵，但在马基雅维利看来，它似乎不过是人们自我利益的一种脆弱的、外在的联结。不论是敌是友，人的本性都是自私的，因而永远是孤单的和彼此隔离的。在马基雅维利心目中，传统的敌友区分变得模糊了，既然每一个朋友也是一个潜在敌人，对待同胞使用欺骗和暴力，也就顾忌少得多了。这样，和平时期的做法在许多方面也像战争时期的做法，因为和平不再被认为是人们积极追求共同利益时的一种自然的状态。对于马基雅维利来说，和平是战争与战争之间的一段间隔，在这一期间，冲突和暴力减少了，但并未消失，在平静表面之下积累着紧张局势，它到一定时候会重新爆发。

在政治性质的一些重要方面，马基雅维利跟经典理论家意见相左，他对政治艺术的分析却颇类似于经典军事理论家对军事艺术的分析。[①] 例如，我们现在看看罗马将军、执政官和不列颠总督弗龙蒂努斯（约生于公元 35 年或 40 年，卒于公元 103 年）的《谋略》一书前三卷所列出的 43 项谋略*（该书第四卷据说系后人所作，故略）：

① 从公元前四世纪到公元四世纪，最重要的军事理论家按生卒年份先后排列，包括埃涅阿斯·塔克蒂库斯，色诺芬，波利比乌斯，阿斯克勒皮奥多图斯，奥纳桑德尔，艾利安·塔克蒂库斯，弗龙蒂努斯，阿里安，莫德斯图斯和韦格蒂乌斯。色诺芬和波利比乌斯也是政治理论家。可惜的是波利比乌斯的军事著作已失传。

* 见弗龙蒂努斯《谋略》一书（解放军出版社 2005 年第二版）目录。

1. 隐蔽己方计划

2. 刺探敌方计划

3. 择定作战方式

4. 如何率领军队通过受敌威胁的地方

5. 如何摆脱困境

6. 行军途中设伏和遭埋伏

7. 如何掩饰物资匮乏或何以补足

8. 分散敌人精力

9. 平息兵变

10. 如何遏制不合时宜的求战欲望

11. 如何激励军队的作战热情

12. 如何消弭因不利的先兆而在士卒中产生的恐惧心理

13. 选择交战时机

14. 选择交战地点

15. 交战之兵力部署

16. 在敌人队伍中制造混乱

17. 设伏

18. 欲擒故纵,力避出现困兽犹斗之势

19. 不露窘迹

20. 倾全力,振士气

21. 若战斗顺利结局,如何了结未竟之战

22. 见兔顾犬,亡羊补牢

23. 坚定动摇分子的信心

24. 为将者对自己的部队失去信心时,为稳住阵脚应做些什么

25. 退却
26. 出敌不意
27. 示假隐真
28. 策反用间
29. 饥敌
30. 因势制宜,因情措法
31. 声东击西,调动敌人
32. 断河毁水
33. 惊敌
34. 攻其无备
35. 诱敌入瓮
36. 佯撤
37. 提高警觉
38. 传送情报
39. 调用增援和供应粮秣
40. 明示充裕之形,暗掩短缺之实
41. 反间
42. 出击
43. 临危镇定,以虚充实

弗龙蒂努斯列出的以上军事艺术的谋略,酷似马基雅维利论述的政治艺术的权术。但对柏拉图或圣托马斯的政治原则,就不能这样说了。这些军事规则当然还必须适应于政治的背景。

自从色诺芬和亚历山大大帝时代以来,军事理论家和实践家的观点、思想和行为都有一些特定的风格，人们完全有可能把它们抽取出来，指出它们在一定方面是这些军事理论家和实践家所特有的。军事领导人是从特定的角度看军事。他们认为自己的任务是按照一定的必要的程序解决种种相关因素所造成的问题，然后将自己的决心化为克敌制胜的行动。在遇到非军事情况时，他们往往以类似的方式进行思考和行动。克劳塞维茨所说的"战争原理"，即计划与实施军事行动的标准，让我们看到了军人这种态度的主要特点。这些原理在各国军事专家的著述及条令教范中有各种不同的排列组合和措词，但基本内容仍是大家一致同意的。[①]采取军事行动时，首先必须了解敌情，对所有的情报进行细心判断，在此基础上秘密地和精致地制订计划。要查实自己所能动用的兵力、预备队及所能依靠的盟军，然后估计出种种有利因素和不利因素。在判明情况后，决定作战行动的基本目的，主攻和助攻的方向和步骤，以及总的兵力部署。要有明确、合理的战略，就必须选择充分适合现有情况的实施作战的方法，还要有足够的灵活性以应对情况的变化。要确保自己有可靠的作战基地和兵力。要以尽可能经济和集中的方式，针对敌人的最薄弱之处，在决定性时刻迅速有力地实施初战。在整个作战过程中均应充分利用出敌不意和声东击西的手段。初战之后，进攻的势头仍不得减弱。最后，统帅必须能十分准确地控制和调动自己的兵力，否则即便是最精心设计的战略和战术也不会奏效。他手下的官兵必须是忠心耿耿，

① 以下所述只是要点，并非全面阐述。其依据为美军和英军的条令，克劳塞维茨的观点，以及富勒《亚历山大大帝的指挥艺术》一书中的透辟综述。

坚定不移，士气高涨，纪律严明，能听从指挥，赴汤蹈火在所不辞。领导才干是制胜的关键；能不能让全军甘心服从命令和誓死完成任务，则是对领导才干的考验。

以上这些在很大程度上正是马基雅维利在讨论国内政治时以及就外交和战争提供建议时，所关注的主要问题。这些军事上的风格或思想模式不仅体现于他在《兵法》及其他著作中所提出的纯军事建议之中，而且也体现在《君主论》和《李维史论》中所提出的政治分析和建议之中。必须有远见、制订计划以及为未来作好准备，是马基雅维利所重视的一个政治主题。[①] 这一主题强调需要听取专家意见和收集情报，要争取朋友和同盟者以防备未来的不测变化，要判断各种因素，理性地测算自己的目标。巧用计谋，保守秘密，欺骗对方，出其不意，这些都是马基雅维利政治理论中的要点。[②] 要灵活，能让自己的计划和行为不断地适应变化中的时机和环境，这是在国内政治中取得成功的首要条件之一。[③] 马基雅维利反复告诫领导者不要搞调和折中，不要企图在两种可能的和截然相反的行为模式中两头取利。[④] 打击政敌一定要到准备就绪时才下手。而在这之前，还必须善于见风使舵。但一旦准备好了

---

① 见《君主论》第3、6—7、22—25页。《李维史论》卷一，第30、33、52页；卷三，第2，6页。我并不否认，马基雅维利以理性的、精于计算的态度对待政治，是受到了当时的商业精神的巨大影响。我只是要指出，仅仅用"账房"意识形态不足以说明他的政治思想的风格。

② 见《君主论》第18—19页。《李维史论》卷一，第44页；卷二，第13页；卷三，第6页。两书中还有许多具体事例。

③ 见《君主论》第25页。《李维史论》卷三，第6、8、9页。

④ 见《君主论》第3、21、25页。《李维史论》卷一，第26页；卷二，第23页；卷三，第2、6页。

政治力量,就决不能迟疑不决,必须发动有力和坚决的进攻。[①] 能干的政治家总是在内政外交中力图抓住时机掌握主动权,一抓到底。他不能只是被动地应付别人的举措和压力。他必须利用一切机会由自己来定调定速,让自己的力量按照明确的计划和目的采取行动,迫使敌人陷于被动应付的境地。要力图一锤子将敌人击倒,避免持久战消耗气力。在重大政治冲突时机成熟之前,他应该尽自己力所能及保住自己及自己的支持者的阵地。[②] 此外,他应该将政敌觊觎的政府部门都把持在自己盟友手中,不让政敌的政治野心膨胀。[③] 马基雅维利一直关注的问题之一,是政治领导和军事领导方面,上下级之间是否有令即行有禁即止。[④] 在这两方面,他都着重谈到用什么方法做到让下级自觉自愿服从命令和避免怨恨。若军人怨恨其将帅,或公民怨恨其统治者,一切领导都难免遭殃。

由此可见,马基雅维利在考虑一个政治家应如何对待其支持者以及应采用什么策略对付其国内政敌时,都是以军队将帅为模式。另一迹象表现在,他指出政治斗争的目的是权力,正如同军事领导人的目的是运用武力压倒敌人。因此,政治艺术和军事艺术大体上都在于如何运用必要的手段以达到一个共同的目的,即壮大自己斗垮敌人。政治家和将帅都主要是思索如何运用暴力、欺骗、操纵和控制等手段,使自己的意志压倒对方的意志。然而,马

① 见《君主论》第 8 页。《李维史论》卷一,第 33,45 页;卷二,第 27 页;卷三,第 6 页。

② 见《君主论》第 19 页。《李维史论》卷一,第 46 页;卷三,第 6 页。

③ 见《李维史论》卷一,第 52 页;卷三,第 6 页。

④ 见《君主论》第 16—21 页。《李维史论》卷三,第 19—23 页。

基雅维利也充分指出过这两个方面存在着重要差别。在使用暴力时，政治家决不能像军人杀敌那样残酷无情。此外，为夺取和保持权力所必需的种种手段，一定要隐蔽，不让老百姓看见。一旦他得到了残暴和欺诈的名声，他的权力就岌岌可危了。在国内政治中，残忍和欺骗很可能是必要的，但是他必须尽可能不让人看出他是在利用这些手段。

六、密谋和反密谋

显然，正是由于军事思想在马基雅维利头脑中占有重要地位，所以他才强调政治带有密谋和反密谋性质，在西方思想界最先提出了总的政治密谋理论。[①] 经典政治思想家向来不大谈论密谋问题，只是谴责搞阴谋的行径。自从古希腊的希罗多德以来，历史学家记载了许多密谋事件，有一些还叙述得很详细，但是在马基雅维利之前，只有军事理论家曾试图总结出密谋的一般规则，使密谋艺术系统化。经典军事思想家研究密谋是很自然的，因为它是用于敌我斗争，包括内战。他们从几个方面为密谋理论作出了贡献。他们分析过用什么方法可以在敌人势力内部，尤其是在已经合围的堡垒或城市内部，煽起不满情绪和暴乱，直至武装暴动；他们还

① 马基雅维利这一成就很少得到评论家承认。例如，纽约麦克米伦公司1930—1935 年出版的《社会科学百科全书》中的“政治密谋”和“政变”两个条目中均未提及马基雅维利。古德斯皮德的《密谋家：政变专题研究》一书（纽约维京出版社 1962 年版）提出的密谋理论结论（该书第 208—238 页）与马基雅维利在《李维史论》卷三，第 6 页的结论内容相似，但亦未提及马基雅维利。另一些相关专著亦如此。

探讨过反密谋措施。[①] 他们在比较一般性地思索如何利用计谋和诡计来欺骗迷惑敌人，从而战胜敌人时，提供了许多策略高招，这些策略也是密谋者和反密谋者在其内部互斗时能加以利用的。

马基雅维利在这方面提出了两种政治情况。一种是要建立一个新的国家，或是对国内体制实行根本性的改革——这两种活动实际上是一样的，都需要密谋策划如何变革现有的事物安排。而在现有体制中享有既得利益的许多个人和集团会阻挠变革，竭力用武力和背信弃义的办法来挫败密谋建国者或改革者的行动。第二种政治情况是立国者或改革者要维护自己已建立的体制，统治者需要千方百计防止政敌的密谋。他需要密切监视百姓，以便及时发现和消除任何反对者想推翻其统治的密谋。既然通过密谋得到了政权，就要通过反密谋维持政权。这两步要成功，都必须对政敌了如指掌。马基雅维利在他的所有"政治"著作中都对密谋政治有所论述。《君主论》可以大致上分为两个部分：第一个部分为第1—11章，谈密谋阶段；第二个部分为第12—26章，谈反密谋阶段。头一部分中的第七章详细谈到切萨雷·博尔贾在他父亲即教皇亚历山大六世的策动下如何密谋建立一个强大的统一的教皇国。第二部分正中间的第十九章则是探讨如何保持政权防止密谋的问题。在《李维史论》中，第三卷第六章专谈密谋，是全书中最长的一章。在西方，这是头一篇有关密谋艺术的系统论述，它也最明显地表现出马基雅维利的政治理论得益于军事科学。他一开头就

① 例如见西方最早的军事作家埃涅阿斯·塔克蒂库斯的唯一尚存作品《论筑垒阵地防御》(伊利诺伊州希腊俱乐部译，哈佛大学出版社和伦敦海因曼出版社1923年版)。

说明,这一篇的目的在于帮助统治者理解密谋的性质,从而能采取一切必要措施防止密谋。实际上,这里的内容既有助于反密谋者,也同样有助于密谋者。这一章的重要性表现在它在全书中的地位。《李维史论》共三卷:第一卷分析古罗马内政;第二卷谈外交和军事;第三卷谈一些杰出公民的出色行动造就了古罗马的伟大。马基雅维利在第三卷头一章末尾谈了这一卷的目的。在这里他强调一个国家必须周期性地回复到自己的立国之本,以遏制腐败的蔓延,防止其随之而来的瓦解。要完成一国人民这种定期的重新振兴,需要有格外德行高尚的领导人,或是依靠强有力的法律,而这种法律当然也得依靠有美德的人来制定和实施。随后七章具体谈古罗马内政中的密谋和反密谋,其中第六章谈密谋理论。马基雅维利详细分析了罗马的解放者布鲁图反对暴君塔克文的故事。他成功地赶走了塔克文,可是他的儿子却密谋反对新建立的共和制度,他不得不参加了对他儿子的审判和处决。塔克文未能阻挡布鲁图及其共和党人的政变,其实他自己当初也是密谋杀害了他的前任图利乌斯才得以上台,而图利乌斯也是通过密谋才登上王位。教训是显而易见的:通过密谋上台掌权是坐不稳江山的,除非当权时能采取坚定的措施防止别人针对自己的密谋。马基雅维利认为,即使是在秩序井然的共和国,危险也总是存在的;他引述了古罗马另一些密谋的事例,并在卷三末尾谈到其中三个最有名的事例,以及挫败它们所用的方法,还颂扬了费边·马克西姆斯为挫败其中一起密谋所作出的贡献。然而,第三卷的大部分内容是谈罗马军队领导人为抵抗外敌所采取的措施,以及他们管理和训练部队的方式,这些极有意义的讨论进一步证明了我们的看法，即密谋与战争是密切相关的活动。政治和军事领导人都必须处理一个问题：让自己的追随者严守纪律，防止他们中间有人搞密谋和叛乱。马基雅维利生前的最后一部著作《佛罗伦萨史》与其说是一部严格意义上的城邦编年史，不如说是对腐败问题的理论探讨，书中叙述了一次又一次的密谋和反密谋。它的末卷是明确地论述腐败问题，开头两章谈帕齐反对洛伦佐·德·美第奇的密谋，其基本论述与《李维史论》第三卷之第六章完全相符。这本书本来是一个城邦兴衰腐败的历史，却以这样一个主题收尾，这其实是再也合适不过的，因为马基雅维利坚持认为一个邦国防止密谋的最佳办法，即最佳的反密谋措施，是努力使自己的社会做到秩序井然。[①]

马基雅维利对于反密谋的看法极其充分地归纳于他这样一个信念："政府的施政就是要做到让公民们既不能也不想反对你。"[②]率领一支军队的将帅和掌握最高政权的国家领导人，其任务是相同的。一切领导术的核心就是服从，即做到让自己手下的官兵和臣民服从命令，避免他们产生怨恨之心。若是领导人不能赢得自己的追随者的尊重，那就不可避免地会导致混乱和密谋。在《君主论》和《李维史论》中，马基雅维利探讨服从问题时，都主要着眼于领导人发号施令的基础是人们的爱戴之心，还是畏惧之心。《君主论》中的结论主要谈政府领导人与臣民的关系，说理想的情况是，一个统治者既受民众爱戴，又使他们畏惧。但是如果二者不可得

① 古德斯皮德《密谋者》一书第238页有基本相同见解。

② 见《李维史论》卷二，第23页。

兼,则宁愿选择畏惧,条件是这种畏惧之心所引出的是尊敬,而不是怨恨。[①] 马基雅维利认为这道理在于,君主靠臣民的畏慎比靠他们的爱戴更易于实行有效的统治,因为畏惧能比爱戴引出更大的义务感,同时畏惧是取决于君主的意志,而爱戴却需源自民众的意志。为了避免遭怨恨,君主必须煞费苦心博取好的名声。从消极方面说,这意味着他必须避免蛮横无理地、暴君式地侵犯其臣民的财产、人格和名誉。从积极方面说,尽管他为了保持政权而不得不在行动上残酷无情,但也必须时刻表现出自己仍是好人。成功的领导术的关键因素之一在于,虽然实际的能力是伪造不出来的,统治者仍要有貌是心非的本领。此外,君主还必须严惩邪恶,奖励臣民的聪明能干和善行,切实鼓励每个人的首创心、事业心和勤奋。最后,在内政和外交中都要有重大作为,这会给统治者带来重大威信和声望,给他的邦国带来荣光。君主如此明智行事,配合以毅力、远见和决心,举止大度而又不显傲慢,决策得当,以法治国,兵强马壮,从而做到政务有条有理,这样,就能最有把握地防止密谋。马基雅维利从来不主张实行暴君式统治,不主张毫无节制和肆无忌惮地使用武力和残酷手段来满足君主的随心所欲和胃口。社会秩序不是坟场秩序。暴君统治是出现于一个软弱的腐败的社会,尽管表面上君主享有绝对权力,实际上却是一种相对虚弱的、不稳定的统治形式,是孳生种种混乱和密谋的理想温床。《李维史论》中关于将帅与麾下官兵应有关系的论述,[②]亦类似于《君主论》

① 见《君主论》第16—22页。

② 见《李维史论》卷三,第19—23页。

中关于君主应有行为的提法。马基雅维利认为，军队统帅只要是能力强，他对待士卒是严厉还是宽厚，就不是问题。不论宽严如何，他都不能失去将士们的尊敬而成为受鄙视或憎恨的对象。宽厚时也要坚定，不能有任何软弱或犹豫的迹象。严厉时也得适可而止，有公正，而又无傲慢骄横之气。

在《兵法》一书中，马基雅维利强调指出，在所有社会组织之中，军队最需要严格纪律。如同社会纪律一样，军队的纪律在很大程度上有赖于统帅的声望和举止。除非他行为得当，否则他就建立不了一支有效率的队伍。军法应该是刚强严明。古罗马军队靠严厉惩罚措施而成为古往今来纪律最严明的队伍，其中包括违法者抽签处死十分之一以及施加夹道鞭笞。马基雅维利建议由士卒自己对违法者施行惩罚以及在社会中由公民自己对违法者施加惩罚，认为这是对付违法者的一种重要威慑手段。任何密谋或叛乱的为首者当然要严惩不贷，杀一儆百。统帅应惩恶毫不留情，同时又要大力扬善，慷慨大方地表彰和奖励好的行为。最合适的办法也许就是在军营里靠畏惧和惩罚维持秩序，而在战场上则要让士卒满怀希望，争取奖赏。每名士兵均应得到应有饷银，战利品要分配公平。要关心士卒身体健康，这是将帅确保士卒甘心服从命令、避免队伍失去团结和士气低落的一个重要途径。不打仗时，要让手下官兵总有事做，防止其胡作非为。赌博和玩女人向来是军营麻烦的来源，应严加禁止。要让士卒有劳有逸，保证他们适当休息。宿营要有妥善安排和充分警戒，让士卒安稳睡眠，同时让将帅能密切监视他们的举止。军营中的保健是良好纪律的另一基础，应有充足医护人员各尽其责。士卒要有每日操练，饮食应充足而又不奢侈，亦为纪律之必需。书中还谈到其他各种确保纪律的办法。基本的一条是要有合理的组织，使人人皆知自己所处的位置和应尽的职责，知道别人期待他做什么，他又能期待别人为他做什么。宗教信仰是士气和斗志的最有力支柱。一支军队在平时不断严加训练，在战时临阵脱逃的可能性就小得多。命令必须让人听懂了才会得到服从，因此必须保持清晰明确的通信联络。信息的质量也很重要。命令的措词应能促进服从，鼓舞勇气和斗志。好的将帅也应该是有才干的演说家，能鼓动士卒热情献身于所要完成的任务。另一些工具，例如军旗和军号，不但有用于将帅指挥部队，还有助于给士卒灌输自信和杀敌制胜的决心。将帅还要轮换其下属军官所在的岗位，确保任何一名军官都不能私自培植亲信，以防止潜在的哗变叛乱核心的形成。从农村招募的步兵和从城镇招募的骑兵要有一种基本的社会分工，也可能有益于达到这一目的。能干的统帅由于久经沙场，会懂得一个道理：自己队伍中的不安宁和不满情绪，在一旦面临强敌时，会让位于高度的团结。在破釜沉舟的生死关头，尤其是如此。这时只有拼死一搏打败敌人，否则就是自己灭亡，再无别的选择。敌人要求无条件投降，可能反而激发抵抗者拼死一搏的斗志。统帅和政治领导人采取一种合理构想和慎重实施的控制方针，能将叛变和密谋的危险减少到最低限度。

七、理性社会的军事模式

研究马基雅维利的社会政治思想，最好是从《兵法》开始，而不是像通常的做法那样先读《君主论》和《李维史论》。先读了《兵法》，就更易于理解另两本书中所谈的治国治民之术。马基雅维利有一个虽未明说但却明显的看法，即一国军队往往会反映出该国社会的质量。观察一支军队在训练、宿营、行军和战斗中表现如何，也就是观察该国民众在最艰难形势下如何动作。一个分裂的、腐败的社会只会有一支软弱的、无纪律的军队。国家治理有方，军队才会有战斗力和士气高昂。军队的表现事实上是社会特性的放大；从一个社会的子弟兵的强弱更易于看出该社会的长处和弱点。我们为什么不可以按照这一真知灼见来分析马基雅维利的思想呢？《兵法》一书中所谈的军队组织和领导艺术的理论，的确是轮廓分明地凸现出马基雅维利在政治的组织和领导艺术方面所注重的是什么。此外，从这一角度研究《兵法》，还有助于澄清他的政治著作中的一些含混模糊、前后矛盾和有意避而不谈之处。《兵法》不像《李维史论》和《佛罗伦萨史》那样松散，又不像《君主论》那样压缩。在论述有高度争议的政治、道义和宗教问题时，一个 16 世纪的意大利著作家会发现直言不讳是极其危险的。可是论述军事问题就是另一回事了，话说得越明畅越好。

马基雅维利在《兵法》中描述的军队，是一个极其理性的机体。军队的功能明明白白，就是要战胜敌人。军队的每一个组成部分和每一项活动都完完全全是为了军队的整体能完成这一首要使命。能否合理使用尽可能最佳的手段达到战胜敌人的目的，是检验军队种种安排和种种举措的标准。根据军队的功能而建立起来的等级制，是这一群体令行禁止的保证。在最顶端，统一的指挥权掌握在一个人的手中，从他往下则是一个等级分明的指挥系统，其中的每个人都指挥他下面的人的一举一动，直接对他上面的人负责。他的权利和义务在全军章程中都有完整、明确的规定，这些章程定出了全军上下要遵守的规矩，而且指出了犯规者应受的惩罚。这一切有助于每个成员的安全感，让他知道自己能做什么和不能做什么，能预见到自己的行动的后果。酬劳与任务的完成成正比。能否晋升取决于履行职责的能力。只要有功劳，从底层逐级上升到顶层，也是完全有可能的。事实上，高层指挥官都应该是经过低层锻炼一步步升上来。军队成员的挑选有明文规定的标准，例如年龄，身体状况，职业和性格，全都着眼于所要承担的任务。不同职责的人要经过什么训练和训练多久，要学会使用什么样的武器装备，都有章可循。军队这一社会区分为各种不同职能的单位，这些单位各有自己的编成和装备。这一社会的成员在兵营中、行军中或战斗中的动作也都有明确的章程，要按照各自在训练中的所学到的方法切实完成。如果说军队是人类社会中最理性的社会，那么它的最理性的一个方面大概就是马基雅维利详细描述的营地安置。那真是规划和职能效率的一曲凯歌。那是容纳 24000 人的一座军营，呈四方形，营内街巷纵横有序，还有各种用途的广场。营房整齐划一，面朝同一方向，不论建在何处均是如此。设营和撤营均有最讲效率的程序。在营内，每个人及其所在单位均有固定位置。不同单位的分布系根据它们为军营防御所要承担的任务而加以安排。内部安全和对外警戒是首要考虑因素。

马基雅维利在《兵法》中描述的理想军事社群只要加以一定修改，在规矩和纪律方面稍加放松，就颇像是他在《君主论》和《李维史论》中所主张的井然有序的公民社会。公民社会也应当是理性的机体，要安排得确保公民的安全和繁荣。以最有效的手段达到这一社会目的，理性地各尽其职，就是良好社会体制的特征。个人为这一社会机体的运转所作出的贡献大小，将决定他在社会阶梯中的地位以及他应得的荣誉和报酬。地位的升降随功过而定。社会行为应有章可循。全盘指挥调度以及强迫人们遵纪守法的权力集中在社会等级阶梯的顶层。尽管马基雅维利在他的著作中常常谈到社会类似于有机体，[①]但是他的公民社会理念却是机械论的。在他看来，邦国没有生命，没有灵魂，没有人格，没有自我兴趣。没有什么崇高的目的、最终的事业或精神上的意义让邦国的存在具有使命感和方向感。军事群体和百姓群体都是人造的产物，是为了防止人们兽性发作而使生活陷于原始的无政府状态。人的原始破坏本性受到控制，是因为通过理性的社会组织给人们强加了第二属性。纪律和勇敢，自我克制，自我牺牲以及彼此合作——我们所谓的文明所必须具备的这些品质——都是社会人为和发明出来的产物。文明所依赖的秩序远远不是所有人共同的内在精神生活的天然和谐，而是依靠武力、法律、榜样和宗教等手段，将种种彼此冲突的利益焊接到一起。文明机制不是自然而然生长出来的，它们必须靠人们自觉的和有目的感的努力，来加以设计、保持以及随形势变化而加以修改。

马基雅维利设想的理性军事秩序充当了他构想的文明社会的模式，而他对公民法律和公民领导术的性质的认识看来也是部分地来源于同一模式。他对法律的一个重要认识，即是认为法律是

① 例如见《李维史论》卷一，引言；卷二，第5、30页；卷三，第1页、49页。

统治者，如统帅、君主或议会所下达的命令。[①] 从历史上看，正是由于人们需要社会团结和保护，才出现了法律，士卒和公民服从法律有奖励，不服从则受惩罚；这样，法律可以成为社会控制的主要工具之一。马基雅维利评价一切法律时，是着眼于它们是否能用来促进他所珍视的那些目的。因此，好的法律就应该是有助于维持一个有纪律、有朝气和有理性的社会组织，防止或遏制腐败，增进民众的安全和福祉。法律要能有效地控制社会行为，就不能是一个专横统治者的心血来潮。所有的法律都应当是家喻户晓，让所有的军人和公民都明白，而且决不应追溯既往。每一法律都应平等适用于该法律所涉及的人，要做到违法必究，而不论违法者是何许人。剥夺犯罪者全部财产和公民权利的法律，以及追溯既往的法律，都不符合马基雅维利所设想的法律的目的。有的人命令即是法律，有这种权力的人，即便是为自身利益着想，也应该是谨慎地服从自己的法令，给部属和臣民做个榜样。不论是针对军人还是针对百姓的法律都不能过于频繁地更改，因为这会严重打扰部属和百姓的安全和安宁。但形势变了，法律也就需要修改以适应新的形势。在一个理性社会中，只要法律的变化不是太多、太激烈而老是打乱人们的生活常规，法律就不是固定不变的，需要有灵活性。民法——我们还要时刻想到与它相对应的军法——应能够有力地支持和加强其他的社会控制杠杆，即宗教和军事体制。守法者的生命和财产均应得到细心保护。要保障一定程度的社会平等。还应有严格执行的规范个人生活行为的法律，来节制纵欲奢

① 马基雅维利给公共法律下的定义，见《李维史论》卷一，第 18 页。

侈的行为,这类法律应适应不同时期的不同要求。对社会有益的每一个活动领域中,都要奖勤罚懒,创举受鼓励,无所作为受惩罚。由此可见,法律是规矩的框架,使社会机制和军事机制能结合在一起,各自发挥其功能。法律是好还是坏,就看它们是有益于还是有损于马基雅维利所说的这些机制的理性的功能。

正如我们已强调过的那样,制定法律的统治者应具备能干的统帅的特点。这意味着理想的国家领导者应是冷静的、理性的、足智多谋的人,能稳当地安排自己的行动和调整自己的作风,以适应形势。当他不得不抵挡他的权力所受到的威胁时,他不能不动用武力和欺骗敌人。他有时必须是凶狠无情的,但不能嗜血成性或残酷无度。好的统帅不会为了杀人而杀人;好的政治家也不会是施虐狂。统治者应充当他所处形势所要求的角色。他的才干如何,不仅要看他能否充当许多的角色,而且要看他能否采取变色蜥蜴般的态度,在特定形势下充当特定的正确的角色。马基雅维利所说的有"德行"的领导,其根基既在于活力,也在于情感上的自律。领导人即便是为了稳住和操纵自己的追随者而不得不显出富有魅力的样子,在这一外表之下,他应当仍然是有深刻自知之明,知道自己的强项与弱项,依照如此的内省而采取理性的行动。对于国家领导人来说,言行像神也许是必要的,可是若自以为真是神,那就是他的本领的终结和垮台的开始。尽管为了满足民众希望有一位贤明领袖的情绪,领导人不能不作出一些让步,但他必须有坚强意志,不能蛊惑人心或充当民众的偶像。马基雅维利的理想人物看来是精力充沛、勇敢而又高尚的罗马共和国政治家,应意志刚毅,行使领导权时主要靠军功和人性,而不是靠别人对他的畏惧。他比较倾向的人物是“开明”、“灵魂高尚”的大西庇阿，[①]而不是坦率、固执的道德主义者马尔库斯·加图(大)。在现代的政治家中，戴高乐看来在某些方面符合马基雅维利心目中的典型。但是马基雅维利这位佛罗伦萨人的意向也不能轻易地加以格式化，因为他倘若活到如今，他肯定也会赞同列宁的许多活动。这样的猜测是很难说死的，不过我们可以肯定，墨索里尼、希特勒或斯大林都不符合马基雅维利的典型，即便《君主论》是他们的床头必读也罢。墨索里尼是个浪荡者，希特勒是个疯子，斯大林最终成了一个东方暴君。

这里说到马基雅维利的理想军队观念在许多方面与他对理性社会的看法相关联，但并不是说他将此二者相等同或相混淆。这二者是不同的，只是相关联，而这种关联并不是相同。马基雅维利很明白地指出，理性的军事机体与理性的平民社会机体决不能混为一谈。有秩序的国家应由公民治理，军队却不能由士卒治理。军队是国家的一个工具，永远应当服从于国家。战争是文明社会用来实现其目标的重要手段，而且仅仅是手段之一。统帅及其军队的目的是战胜敌人，以维护公民的安康。士兵应当是公民，但当兵应当是公民以其一部分时间从事的工作。军队与公民社会除了前者隶属于后者以外，还有另一个重要差别。公民社会总是比军队的组织严密性差许多，不那么条理分明，不那么纪律严明。作为理性机体来说，公民社会在程度上不如军队，也应该不如军队。借

① 马基雅维利对大西庇阿的感情表现在他的《忘恩负义》一诗中对大西庇阿的长长一段颂辞。

用亚里士多德在评论柏拉图的共和国构想时说过的话来表述,就是军队行动整齐划一,公民社会则应当是一个和谐体。军队的整齐划一排除了内部冲突。公民社会的和谐既不排除冲突,也不排除竞争。表现为不同利益彼此争斗的冲突若是发生在军队内,会使军队毁灭。然而只要不越出一定界限,这种冲突却是文明社会的力量与活力的一个源泉。这些界限就是大家都尊重权力当局,都愿意遵守一定的规则,而且能顾及别人的利益,从而导致大家都相信社会利益的至高无上的地位。利益的冲突来自于人的本性。它在军队内会暂时被消除,而在文明社会中则会受指导、受控制和被利用,但是它的完全消失却只会出现于死人之间。马基雅维利是一个十分坚定的共和派人士,充满了他喜爱描述的"人性",而且是古罗马的热情赞美者,所以他决不会认为一个文明社会应该成为一支军队。

本文由美国加利福尼亚大学

政治学副教授　尼尔·伍德　撰稿

(1965 年)

程克雄　译

附录二

尼科洛·马基雅维利生平年表

1469 年

5 月 3 日　尼科洛·马基雅维利诞生在佛罗伦萨贝尔纳多·迪布奥尼塞尼先生和巴尔托罗米阿·迪聂莉女士家中。

1476 年

5 月 6 日　尼科洛按照多纳蒂耶洛编写的教科书开始学认拉丁文字母。

1478 年

巴奇的反对美第奇的阴谋。罪犯的尸体被悬吊在大街上。阿拉曼诺·里努奇尼撰写《论自由》的对白体文章,指责美第奇竭力建立暴政统治。

1480 年代—90 年代初

进行旨在加强美第奇的贵族统治制度的行政改革。

1494 年

法国国王查理八世在意大利北部。皮耶罗·美第奇被撵出佛罗伦萨。

1494—1498 年

多明我会僧侣基罗拉莫·萨伏那洛拉在市内传教布道。各派政治势力严重对立。“受苦党人”(piagnoni)、“愤怒党”(arrabiati)、“友人党”(compagnacci)等党派林立。

1495 年

福尔伏诺战役。

1498 年

2 月 18 日　马基雅维利成为共和国第二国务办公厅次官职位的候补人选。

3 月 9 日　他给佛罗伦萨派驻罗马的代表里喀尔多·贝基写信,对萨伏那洛拉的传教布道作出述评。

3 月 29 日　意大利基督教传教士、改革家、殉教士基罗拉莫·萨伏那洛拉被绞杀并焚尸。

6 月 15—18 日　马基雅维利被任命担任第二国务办公厅长官(一说秘书。——译者)。

1499 年

路德维希七世入侵意大利。法国人征服米兰。切萨雷·博尔贾抵罗马涅。保罗·维泰利被处死。

3 月 24 日　去弗利城探望卡泰利娜·斯福尔扎·里亚里奥伯爵夫人。

写作《有关比萨景况之评断》一文。

1500 年

7 月 18 日　衔命从弗朗切斯科·德拉·卡兹处出发,去造访法国国王路易七世。

10 月 1 日　切萨雷·博尔贾开始占领罗马涅。

1501 年

法国人和西班牙人在那波利。

1502 年

4 月　马基雅维利撰写《佛罗伦萨共和国为皮斯托纳耶敌对双方和解所采取的措施之阐释》一文。

6 月　阿雷佐起义。切萨雷·博尔贾从圭多巴尔迪·蒙岱菲利特罗手中夺取了乌尔比诺公国。马基雅维利护送索代里尼主教去乌尔比诺。

9—10 月　维泰洛齐·维泰利、奥尔奇尼、詹保罗·巴利奥尼、焦万尼·班蒂沃利奥、潘多利福·彼得鲁奇、奥利韦罗托·埃弗雷杜奇等人结成同盟，反对瓦伦蒂诺（即切萨雷·博尔贾。——译者）。

10 月 5 日　马基雅维利去伊莫拉会见博尔贾。

确立皮耶罗·索代里尼的佛罗伦萨终身正义旗手（gonfaloniere，中世纪意大利各城市国家最高行政、军事长官。——译者）地位。

1503 年

1 月 1 日夜间，瓦伦蒂诺在西尼加利下令杀死了已被他在皮耶沃抓获的维泰利和埃弗雷杜奇。几天之后，传来保罗和弗朗切斯科·奥尔西尼的死讯。枢机主教詹巴蒂斯塔·奥尔西尼去罗马。马基雅维利从西尼加利发出一份（后来才写完的）报告：《记叙瓦伦蒂诺公爵是怎样镇压……的》。

6 月—8 月　马基雅维利撰写《应该怎样对待瓦莱·迪恰尼的起义民众》一文。

8 月 19 日　教皇亚历山大六世去世。

枢机主教托代斯基尼·皮科洛米尼（皮伊三世）在位期开始。

10 月 21 日　皮伊三世逝世。

马基雅维利在梵蒂冈密切关注着教皇选举会议，并向帕拉乔·瓦基奥报告枢机主教朱利亚诺·德拉·罗维洛（尤利二世）当选教皇的情况。

切萨雷·博尔贾与罗马涅绝交。

12 月 28 日　西班牙（冈萨利沃）的军队在加里利亚诺大胜法国人。

1504 年

1 月 18 日　马基雅维利去法国给尼科洛·瓦洛里大使带去新的指令，在那里一直滞留到 3 月初。

皮耶罗·美第奇逝世。

1505 年

西班牙人占领那不勒斯王国。

9 月 13 日　佛罗伦萨人在比萨城下遭致失败。

马基雅维利提出建立国民警卫军的计划。

12 月　马基雅维利在穆杰洛主持第一次募集步兵的工作。

1506 年

教皇尤利二世占领博洛尼亚。

8 月 25 日　佛罗伦萨秘书赴罗马，护送教皇出征佩鲁奇和博洛尼亚。

9 月 17 日　随教皇的军队一起进入佩鲁奇，继而又前往伊莫拉，并于同年 10 月 27 日在那里会见了佛罗伦萨的使节弗朗切斯科·佩皮。

12 月 6 日　马基雅维利起草的有关建立新国民警卫军的法

律获得通过。

1507 年

切萨雷·博尔贾去世。

6 月 30 日　路德维希七世和费尔纳多·卡托利克在萨伏那会见。

马克西米利安皇帝在康斯坦察召集代表大会。

7 月　马基雅维利当选为议会代表,但在强有力的反对派势力的影响下由弗朗切斯科·韦托利取代了他。

12 月 21 日　根据正义旗手的要求,马基雅维利赴康斯坦察监督弗朗切斯科·韦托利的行动。

1508 年

6 月　返回佛罗伦萨之后,写过一篇详尽的《有关神圣罗马帝国状况》的报告。

12 月 10 日　建立尤利二世、西班牙、法国、德国参与的反对威尼斯的坎布雷同盟。

佛罗伦萨从财政上支持同盟,并筹划着结束比萨运动。

1509 年

3 月 10 日　马基雅维利在皮翁比诺会见比萨人的代表,商议交出城市的条件。

4 月　意大利北方沿波河谷地的军事行动开始。

5 月 14 日　威尼斯人在阿尼亚杰洛战败。

6 月 4 日　在佛罗伦萨签署了比萨投降的协定。

11 月 10 日　马基雅维利去曼图亚支付佛罗伦萨欠马克西米利安皇帝的部分债款。

1510 年

马克西米利安皇帝围困帕杜阿失利。

6 月 2 日　马基雅维利抵法国，商议反对威尼斯的军事行动，一直到 9 月中才返回。

1511 年

5 月 6 日　一群主张分裂的枢机主教在比萨召集高级神职会议。

8 月 25—26 日　枢机主教索代里尼认可比萨高级神职会议。

9 月 11 日　马基雅维利抵米兰，继而去法国，此行目的在反对罗马教皇与它们之间签署比萨政教条约。

9 月 23 日　教皇威胁要对佛罗伦萨发出禁止举行礼拜的命令。

10 月 5 日　罗马宣告：由尤利二世和西班牙组成反对法国的神圣同盟。

11 月 5 日　马基雅维利抵达比萨，将教皇与他达成的条约文本递交给他们。

1512 年

4 月 11 日　拉文纳之战。

法国人是这次交战的胜利者，但仍然被迫撤出了波河谷地。

8 月 29 日　西班牙军队围困并攻克了普拉托。

9 月 1 日　皮耶罗·索代里尼离开佛罗伦萨。

美第奇政权重返市内。

马基雅维利《致帕莱斯基》的呼吁书。

11 月 7 日—10—17 日　履新的美第奇阁下十分严厉地下令

要对马基雅维利实行镇压，撤他的职，禁止他跨过韦基奥宫的大门，并对其实施流放。

1513 年

3 月　马基雅维利出狱，在狱中他作为皮耶罗·帕奥罗·博斯科利反对美第奇的阴谋的嫌疑人受到刑讯。

回到佩尔库西的圣安德里亚庄园。重新操起有关共和国的广泛的理论著述。

7—12 月　为了《君主论》一书的完稿，中断了对《论提图斯·李维的"罗马史"的前十卷》，简称《李维史论》的写作。

促成德意志与神圣同盟的联合。

法国人在诺瓦拉的失败。

尤利二世之死。利奥十世·美第奇当选为教皇。

1515 年

《李维史论》脱稿。弗兰西斯一世进军意大利。在马利尼亚诺获胜，占领米兰。

1516 年

马基雅维利将《君主论》献于洛伦佐·德·美第奇。写作《金驴记》。法国国王弗兰西斯一世与利奥十世签订和约。利奥十世教皇之弟朱利亚诺·美第奇去世。

1517 年

马基雅维利在"鲁切拉伊家花园"。

1518 年

马基雅维利写《卡利马科和卢克莱齐娅》，即《曼陀罗华》。

1519 年

5 月 4 日　教皇之侄洛伦佐·德·美第奇亡故。

马基雅维利与其他人一起，受到枢机主教朱利奥·德·美第奇以利奥十世名义发出的邀请，出席听取专家们对于佛罗伦萨未来建设的意见会。

撰写《兵法》一书，作者将此书献于洛伦佐·斯特罗茨。

1520 年

7 月 7 日　为了维护佛罗伦萨商贾的利益（关于圭尼齐破产案），应邀去卢卡。

撰写《简述卢卡一案之情状》和《卡斯特鲁奇·卡斯特拉卡尼的一生》。

11 月 8 日　得到官方委托撰写《佛罗伦萨史》。

1521 年

4 月拒绝皮耶罗·索代里尼请他担任复兴院秘书一职的提议。

5 月 11 日　衔八人委员会（Otto di Pratica）之使命前往卡尔皮小兄弟修道院，以预防贝尔纳基诺·奥基诺当选托斯卡纳省的骑士团将军。

8 月 16 日　菲利波·容特的印刷所在佛罗伦萨出版了《兵法》一书。

12 月 1 日　利奥十世逝世。安德里安六世当选教皇。

1522 年

6 月 13 日　皮耶罗·索代里尼在罗马逝世。

在佛罗伦萨，阴谋反对枢机主教朱利奥·德·美第奇。

1523 年

11 月 18 日　枢机主教朱利奥·德·美第奇接替安德里安六世被选为梵蒂冈教皇，更名克莱芒七世。

1524 年

弗朗切斯科·圭恰迪尼成为罗马涅的“首脑”。马基雅维利继续撰写《佛罗伦萨史》一书。

1525 年

1 月　编写喜剧《克丽齐娅》,此剧是马基雅维利根据古罗马喜剧作家普劳图斯的一部作品改编而成的。

2 月 24 日　法国国王弗兰西斯一世再度进犯意大利,但这次出征以法方失利(帕维亚之战)而告终,国王本人负伤后被俘。

4 月 1 日　克莱芒七世承认弗朗切斯科·斯福尔扎为米兰公爵。

6 月 21 日　马基雅维利将《佛罗伦萨史》前八卷送呈新任教皇。在法恩扎会见圭恰迪尼,商议组建民军事宜。

8 月 19 日　去威尼斯抗议威尼斯决定扣押本该属于佛罗伦萨商人的船只事件。

1526 年

1 月 4 日　弗兰西斯一世从囚禁中获释,并再度掀起战争。

4—5 月　佛罗伦萨成立“五城市高官审视城防状况委员会”,邀请马基雅维利出席有关会议。

5 月 2 日　组成康尼亚克联盟(康尼亚克乃法王弗兰西斯一世之出生地。——译者),参加者有:教皇、法国、英国、瑞士、威尼斯等国,共同反对西班牙国王查理五世。

7—9 月　去圭恰迪尼处,此时圭氏已是教皇派驻军队的全权代理人。

11 月　戈韦尔诺洛之战和焦万尼·德·美第奇(绰号班达·

内雷)之死。

11 月 30 日　马基雅维利重新参加圭恰迪尼的教皇军队作战,他密切注视着蒂罗尔的显贵乔奇·冯·伏龙茨贝格率领的长矛兵的倒戈倾向:他们是支持西班牙人的。

1527 年

5 月 4 日　西班牙人占领并摧毁了罗马(Sacco di Roma)。

马基雅维利奉圭恰迪尼之命从奥维耶托前往基维塔韦基亚会见海军将领多里阿。

5 月 18 日　佛罗伦萨爆发反对美第奇的起义。

马基雅维利匆匆赶回家乡,但新共和政权并不重视自己的这位伟大的"公民和秘书"的知识和经验。

6 月 21 日　尼科洛·马基雅维利在一群友人和亲属的围绕中离开人世,他患的是一种折磨他一生的罕见的胃病。

6 月 22 日　马基雅维利的葬礼在圣克罗奇大教堂举行。

袁　坚　译自《尼科洛·马基雅维利著作集》,

莫斯科,思想出版社,1966 年版。

附录三

要目(人名、地名及其他)
汉、英、俄译名对照,注释并索引

(下述页码为本书边码)

A

阿达河　Adda; Адда 意大利北部一河流,波河左支流。长313公里。发源于阿尔卑斯山,流经科莫河,下游还穿越帕丹平原。164

阿蒂柳斯·雷古卢斯　Atilius Regulus; Атилий Регул (?—约前248)罗马统帅。公元前256年,在埃克诺穆斯角和克卢佩亚附近战胜迦太基人;但前255年在图涅斯被击败。21、155

阿尔凯劳斯　Archelaus; Арасцей 本都国王米特拉达悌六世手下的一员大将。151、225

阿尔塔薛西斯　Artaxerxes; Артаксеркс 古代波斯阿契美尼德王朝国王。100

(1)阿尔塔薛西斯一世　薛西斯一世之子,公元前465年登基。前455年曾与埃及作战。前449年,其舰队在萨拉米斯海战中被希腊人击败,同雅典人签订卡里阿斯和约,结束了希波战争,确认波斯失败。死于前424年。

(2)阿尔塔薛西斯二世　大流士二世之子,在位时间公元前404—前358年。前394年在克尼德曾战胜过斯巴达人,前387年与斯巴达人签订了有利于波斯的和约。

(3)阿尔塔薛西斯三世　前358—前338年阿契美尼德王朝的国王,重振国势,曾一度征服埃及。

阿非利加　Africa; Африка 本书所指阿非利加应该是古罗马属阿非利加行省。这是罗马在非洲的第一块领地,大体相当于今突尼斯一带。公元前146年罗马在第三次布匿战争中消灭了迦太基之后取得。前一世纪,凯撒在这里建立了19个殖民地,把阿非利加的边界向南扩展到撒哈拉沙漠,向东推进到锡德拉湾最南段的阿雷菲利诺拉姆,在西面他把旧阿非利加和新阿非利加合并,以安普萨加河为界。戴克里先则将旧阿非利加行省的南部和东部分出去,设拜扎锡和的黎波里塔尼亚两个行省。罗马最初兼并时当地居民为利比亚人,他们住在小村子里,文化比较原始。前一世纪起,这里有了繁荣达400年之久的环境。到世纪末城市生活衰落。公元430年日耳曼族汪达尔人来到这里,不久便以迦太基为他们的都城。149、

229、230、255

阿弗拉尼乌斯 Afranius; Афраний (? 一前 46)罗马将军。庞培的热烈拥护者。公元前 49 年,凯撒与其交战,将其部队包围了起来,并用断水的办法折磨他们。他和另一名将领彼得雷伊乌斯一起杀死了所有的驮兽,决心拼死到底。由此迫使凯撒劝说他的部队撤兵;凯撒认为,当敌人因愤怒或绝望而变得狂暴时并不是进行交战的合宜时机。230

阿格西劳斯二世 AgesilausⅡ; АгесилайⅡ (约前 444—前 361)斯巴达国王,前 399—前 361 年在位。前 396—前 394 年与波斯人进行过一场战争,以失利告终;随后在一场由波斯出资、与斯巴达为敌的联盟的科林斯战争中赢得了胜利。参与这一联盟的有底比斯、雅典、科林斯和阿尔戈斯等城邦。他与色诺芬私交甚深,后者曾在《阿格西劳斯》一书中将其塑造成统治者的楷模。168

阿卡迪亚 Acadia; Акация 古希腊伯罗奔尼撒半岛中部山区。阿卡迪亚高原上有一些海拔 500—1000 米的盆地,北街埃里曼索斯山脉和基里尼山脉,东是群山怀抱的平原,西部高原地势比较开阔,有一些孤山,阿尔菲奥斯河及其支流绕流其间。今天的阿卡迪亚州面积 4419 平方公里,向东一直延展到阿尔戈利斯湾,首府特里波利斯。255

阿拉贡 Aragon; Арагон 西班牙东北部一历史地区,位于埃布罗河流域。面积 4.7 万平方公里。划分为萨拉戈萨、特鲁埃尔、韦斯卡三个省。公元九世纪在西班牙收复失地运动中成立阿拉贡伯国。1035 年起阿拉贡成为王国,1137 年与巴塞罗那伯国合并为君主国。1164 年巴塞罗那大公成为阿拉贡国王,把加泰罗尼亚全部领土划入版图。13—15 世纪阿拉贡征服巴利阿里群岛、巴伦西亚、撒丁岛、那不勒斯。1479 年阿拉贡和卡斯蒂利亚两个王朝合并,为西班牙成为统一的国家奠定了基础。19、236

阿利亚特 Alyattes; Алиат (? 一约前 560)安纳托利亚中西部吕底亚的国王(约前 619—前 560),曾创建强大的,但短暂的吕底亚帝国。即位不久,就开始连续五年的侵略行动。向东,与米底人交战;向南,征服卡里亚人;他将游牧的辛梅里安人逐出安纳托利亚,然后又攻占希腊的士麦那城。希罗多德的书中有关于他的事迹,由王家隽先生汉译的《历史》一书将其名字译为阿律阿铁斯。可参阅希罗多德著《历史》第一卷第 16—19 节,第 174—175 页。138

阿廖维斯图斯 Ariovistus; Ариовист 古日耳曼人的国王,出身于斯韦夫部落。公元前 72 年率部渡过莱茵河,抵达左岸;占据了全高卢最富饶的土地,并有进一步扩展势力的明显意向。当地的原住民向凯撒求救;于是便发生了一场凯撒与阿廖维斯图斯之间的战事。凯撒在他的《高卢战记》卷一中对这次战役的起因、进程以及结局有详细记述;也不乏对阿廖维斯图斯个人的述评。卷一共含三个部分:①高卢概况—地理和居民;②厄尔维几人战役;③阿廖维斯图斯之役。此处的厄尔维几人(Helvetti),本书译作海尔维第人。可参阅任炳湘先生汉译的《高卢战记》商务印书馆 1982 年 6 月版,第 29—43 页。162

阿奇柳斯·格拉布利奥 Acilius Glabrio; Ацилий Глабрион 公元前 191 年,罗马执政官。152

埃米利·保卢斯 Aemilius Paullus; Эмилий Павел (前 228—前 160)罗马统

帅、政治家和演说家。公元前182和前168年两度当选执政官。前168年在彼得那之战中击败马其顿的最后一位国王佩尔修斯。古罗马历史学家普卢塔克所纂写的诸多《传记》的传主之一。59

埃帕米侬达 Epaminondas; Эпаминонд（约前418—前362）一译伊帕米侬达斯。古希腊统帅和政治家。曾在毕达哥拉斯派哲学家利西达指导下接受教育。公元前379年底比斯反斯巴达民主运动之后与民主派领袖派洛皮德共同领导底比斯城邦和以民主方式重建的希腊城邦维奥蒂亚同盟。共同执政期间使底比亚成为古希腊最强大的政治力量。前378—前362年的维奥蒂亚战争时期，曾多次出任军队统帅。前371年在莱夫克特拉地区战胜斯巴达军队。这一胜利及此后的三次远征导致了斯巴达的衰败和伯罗奔尼撒同盟的解体。他所建立的海军攻占了希俄斯岛、罗得岛和拜占庭城。他在莱夫克特拉交战中，摈弃使用正面平分兵力的作战方法，集中突击纵队于主攻方向，大获全胜。在前362年的曼蒂尼亚交战中，这一原则又得到进一步发展。他在这次交战中首次组织了冲击骑兵与轻装步兵的密切协同。他本人在此次交战中负伤身亡。125、269

埃皮达鲁斯 Epidaurus; Эпидавруц 古希腊伯罗奔尼撒半岛东北部的沿海重要商业中心。原属爱奥尼亚，后转归多里安人，但在政治上保持独立。以公元前四世纪修建的医药之神阿斯克勒庇俄斯的神庙而著名。233

埃塞尼亚 Aesernia; Зсения 地名，在意大利东部，位于今罗马以东一带。225

安东尼·马尔库斯 Marcus Antonius; Антоний Марк（约前83—前30）古罗马由共和国转入帝国时代的政治家和军事家，统帅。公元前57—前55年，在指挥骑兵队与巴勒斯坦和埃及作战中首立战功。罗马内战时期（前49—前45）站在凯撒一边。凯撒与庞培两军会战于法萨罗时，安东尼表现出指挥大队骑兵机动作战的才能。此战之后，被任命为骑兵统领。前44年凯撒被杀后，与屋大维、李必达结成后三头同盟，共同打败了刺杀凯撒的主谋布鲁图和卡西乌斯的军队。前42年出治罗马东部行省。后与埃及女士克娄巴特拉结婚。在元老院向克娄巴特拉宣战以及亚克兴战役失败之后，自杀身亡。70、195

安条克三世 Antiochus Ⅲ; Антиох Ⅲ（前242—前187）叙利亚塞琉西王国国王，塞琉古二世之子。公元前223年继其兄塞琉古三世之位。前212—前205年征服安息和大厦；前203年从埃及手中夺得巴勒斯坦。前192—前188年叙利亚战争中被罗马帝国打败，丧失了小亚细亚的领土。152、227、255

安息 Parthia; Парфия 音译帕提亚。亚洲西部古国。本波斯帝国一行省（伊朗高原东北部）。后隶属于亚历山大帝国和塞琉西王国。公元前249—前247年独立。阿萨息斯一世称王，建阿萨西斯王朝。前二世纪后半叶（张骞赴西域时）领有全部伊朗高原及“两河流域”，为西亚大国；初建都尼萨，后西迁至埃克巴坦那和忒息丰。前一世纪到二世纪，安息是罗马帝国与中国贸易、交通（丝绸之路）的必经之地。97年汉西域都护班超遣甘英出使罗马，行抵安息西境海滨受阻。国势强盛时东与贵霜，西与罗马帝国抗衡。二世纪末转衰；公元226年为萨桑波斯所取代。70、195

B

巴蒂斯塔·德拉·帕拉 Battista della Palla;Баттиста делла Палла 佛罗伦萨政治家,科西莫·鲁切拉伊和马基雅维利的友人。佛罗伦萨青年哲学和文学沙龙的活动分子。1522年密谋活动的参与者,事后被迫逃离佛罗伦萨。后又卷入1527—1530年的事件中,最终被美第奇关进比萨监狱,并流放在那里。他也是米开朗琪罗的挚友。在《兵法》一书中马基雅维利让其扮演一个角色:著名的"鲁切拉伊家花园"谈话的参与者。11、199、243

巴列塔 Barletta;Барлетт 意大利南部阿普里亚大区一城市,濒亚得里亚海。66

彼奥提亚 Boeotia 希腊中部一地区,是古代一个具有独特的军事、艺术和政治历史的地区。范围大致相当于今维奥提亚州。公元前550年左右,这个地区的主权国家在底比斯领导下组成彼奥提亚同盟。希波战争时,大多数彼奥提亚国家都站在波斯一边。雅典人获胜后,立即解散彼奥提亚同盟。前446年,各国起来反抗雅典的统治,重建同盟。科林斯战争后,同欧同盟又被斯巴达解散。前379年底比斯联合雅典推翻斯巴达在希腊的霸权。前346年神圣战争结束后,同盟一蹶不振。从前335年起,彼奥提亚各国长期沦陷与外来势力的统治下。155

彼得雷伊乌斯 Petreius;Петрей 古罗马内战时期,庞培手下一员大将。请参见本栏目阿弗拉尼乌斯条释文。

彼得那之战 Pydna,Battle of;Сражение при Пидне(前168年6月22日)第三次马其顿战争中罗马战胜马其顿的决定性一役。罗马将军保卢斯以巧妙的战略引诱马其顿国王佩尔修斯离开他的坚不可摧的阵地进入彼得那南面的平原。罗马军队冲入马其顿的方阵,双方短兵相接。这样,罗马军的短刀就比马其顿军的长矛占优势。马其顿人伤亡惨重,佩尔修斯败逃。此战结果:就此结束了第三次马其顿战争,佩尔修斯成了马其顿的最后一位国王,王国被分割成四个盟邦。59

波利比乌斯 Polybius;Полибий(约前200—约前120年)古希腊历史学家。生于阿卡迪亚的麦加罗城。亚该亚联盟中的知名人士。第三次马其顿战争(前168年)后入质罗马。托庇于斯奇比欧家族。著有《通史》40卷,作为导论的开首两卷包括公元前264—前221年时期,其余38卷包括前220—前145年时期,主要叙述罗马和迦太基进行的布匿战争,以及地中海东部希腊化各国的历史,保存完整的只有前五卷,其余残缺不全。波氏崇拜古代罗马的国家体制。18、115、210、214、215、216

波斯 Persia;Персия 1935年以前,伊朗的正式名称叫波斯。该名称起源于伊朗南部的波西斯地区(亦称帕尔萨,现代称法尔斯)。波斯人是印欧语系的一个游牧民族,约于公元前1000年移居这一地区。在波斯阿契美尼德王朝(前539—前330)统治时期,古希腊人第一次遇到伊朗高原上波西斯地区的居民。153、168、210、270

波斯图米乌斯 Postumius;Постумий 公元前262年罗马执政官。227

博尔贾,切萨雷 Cesare Borgia;ЦезарьБорджа(1476—1507)即瓦伦蒂诺公爵。教皇亚历山大六世之子。16岁当上主教,18岁成为枢机主教。后来卸去宗教职务，夺占了罗马涅统治者的地位；公元1499年被任命为神圣教会保护人。为了达到个人目的，行贿、背叛、谋杀，不择手段，无所不用其极。父亲的去世结束了他沽名钓誉的意图。在尤利二世当选为教皇(1507年)之后，失去了原来所攫获的一切。博尔贾生命的最后一段时间是在纳瓦拉度过的。马基雅维利在1502年的6月和10月曾两次会见过他，留下了深刻的印象；觉得此人敢作敢为、坚定刚毅，但又是一个完全没有原则的人。Cesare也是意大利文凯撒的拼法。所以，有人将其直译成凯撒·博尔贾；也有人将其意译成独裁者·博尔贾。不过，按意大利语姓名汉译(音译)的标准，本译本还是将其译为切萨雷·博尔贾。244、245、254

布拉奇奥，达蒙托尼 Braccio da Monton；Браччо да Монтон (1368—1424)15世纪著名的雇佣军首领，自称强人布拉奇奥，出生在意大利中部城市佩鲁贾。一生与斯福尔扎争权夺利，互不相让。在那不勒斯征服战中却又一起作过战。公元1416年成为佩鲁贾的统治者，1417年保卫被围困的罗马城，反对斯福尔扎。1423年成为那不勒斯的陆军统领。他站在阿拉贡国王阿尔丰沙一边；1423年6月1日焦万娜二世采取行动破灭了收他为养子的希望，并使之失去了统治那不勒斯的继承权。1424年6月3日在阿克维拉一战中负重伤身亡。19、26

布雷西亚 Brescia；Брешу 意大利北部城市，位于伦巴第大区，布雷西亚省行政中心。有古罗马建筑遗址、11—13世纪的市政厅、11—15世纪的大教堂等。104

布匿战争 Bunic War；Пуническая Война 布匿(迦太基)战争系指公元前三世纪和前二世纪罗马和迦太基之间为争夺地中海霸权而进行的战争。第一次布匿战争发生在前264—前241年；第二次——前218—前201年；第三次——前149—前146年。其重大战役有：前260年在米雷附近和前241年在埃加迪群岛附近的战役，罗马人取得海战的胜利；前217年在特拉西梅诺湖和前216年在坎尼的战役，汉尼拔统帅迦太基人取得胜利；前207年在梅陶罗战役和前202年在扎马战役中，西庇阿统帅罗马人取得胜利。第二次布匿战争使迦太基在地中海的统治遭到毁灭性打击。前149年罗马人发动第三次布匿战争，围攻迦太基城，两年不克。前147年小西庇阿接任前线统帅；他整顿军队，严密封锁迦太基城，切断一切供应，并于前146年春发起总攻。战斗持续一个星期，最后攻下中央要塞——比尔萨，城市终被攻陷。一座25万人的城市最后投降时只剩下5万人，幸存者被卖为奴隶，城市被夷为平地，迦太基的主要领地并入罗马的阿非利加行省，其余部分划归努米底亚。18、20

C

查理五世 Charles Ⅴ；Карл Ⅴ (1500—1558)公元1519—1556年为“神圣罗马帝国”皇帝。1516—1556年为西班牙国王，称查理一世。企图打着天主教的旗号实现其建立“世界基督教强国”的梦想。曾同法国和奥斯曼帝国作战。后又同德国信奉新教的公爵作战。1555年受挫后签订了奥格斯堡宗教和约，后退位。10

查理七世 Charles Ⅶ；Карл Ⅶ (1403—

1461)法国国王(自1422年起)。1429年在贞德的支持下于兰斯加冕。在位时,1337—1453年的百年战争结束。1438年颁布国事诏书,使法国教会获得对罗马教廷的一定的独立性。1440年镇压过布拉格动乱。168

查理八世 Charles Ⅷ;Карл Ⅷ(1470—1498)法国国王。1494年9月2日发起对意大利的进攻,相当迅速地占据了那不勒斯王国,并一度成为那不勒斯的主宰。但好景不长,时隔一年,次年10月即丧失了这种地位;再一年(1496年)则完全失败。历史上查理的远征已被认定为外族入侵意大利时期的起点。62、247

D

达西亚人 Dacian;Даки 古代北色雷斯部落集团,散居在多瑙河以北至喀尔巴阡山支脉一带。戴凯巴路斯国王把达西亚各部落统一为一个民族,领导他们与罗马帝国进行过多次战争,但他们居住的地区终于被罗马人征服。公元106年,图拉真再次攻占达西亚王国都城萨尔米泽杰图萨,戴凯巴路斯愤而自杀。107年,达西亚成为罗马的一个行省。152

德'奥皮尼·罗伯特·斯图亚特 Robert Stuart d'Aubigny;Д'Оби-ньи(1470—1544)法国元帅。66

德摩比利山口 Thrmopylae;Фермопилы 一译温泉关。希腊中部东海岸卡利兹罗蒙山和马利亚科斯湾之间的狭窄通道。古时山崖临海,因泥沙淤积,形成宽约二公里、长七公里的海岸地带。公元前480年,人数很少的希腊军队在此抵抗波斯大军达三天。此役作为勇对强敌的战例而被载入史册。1955年,建立了大理石青铜纪念碑。152

德奇乌斯·普布柳斯 Publius Decius;Публий Дидий 父子两人都叫此名,都是罗马将领。古代罗马的历史学家瓦莱留斯·马克西穆斯、西塞罗、李维、弗龙蒂努斯等都记载过:"有两个叫普布柳斯·德奇乌斯的罗马人,先是父亲,后是儿子,当他们身负重任期间决心为拯救祖国而献身。他们策马扬鞭,冲进敌阵,为自己的国家赢得了胜利。"见弗龙蒂努斯《谋略》卷四第五章第15例,第205页。

狄奥尼西 Dionysius;Дионисий(约前430—前367)叙拉古僭主。252

第欧根尼 Diogenes;Диогений(约前400—前325)古希腊犬儒派哲学家,安提西尼的门徒。奉行极端的禁欲主义,故作癫狂,至于怪僻,是许多笑话中的主人公。自称世界公民。传说他住在一只木桶里。13

多米蒂乌斯,格奈乌斯·卡尔维努斯 Gnaeus Domitius Calvinus;Домиций, Кальвин 罗马将军。公元前54年和前40年曾两度担任罗马执政官。254、255

F

法布里乔,科洛纳 Colonna Fabrizio;Колона Фабрицио 意大利统帅人物。为法国国王查理八世、那不勒斯国王费杰里格,以及斐迪南·卡托利克效过劳;斐迪南·卡托利克擢升他为元帅。后来又服务于尤利二世教皇。参加过拉文纳战役,在这次战役中被费拉拉公爵阿方索·德·埃斯特俘获;死于1520年。在《兵法》一书中扮演着马基雅维利军事理论诠释者的角色。10、11、12、

57、109、143、199、241

腓力 Philippos Ⅱ;Филипп Ⅱ (约前382—前336)马其顿国王(前359年起),马其顿王亚历山大之父。公元前359年完成马其顿的统一。前359—前336年先后占领色萨利、伊利里亚一部、伊庇鲁斯、色雷斯等地。到前338年(海罗尼亚战役后)建立起对希腊的霸主地位。270、274、275

腓力 Philippos Ⅱ;Филипп Ⅱ 马其顿最后一位国王佩尔修斯之父。163

费边·马克西穆斯 Fabius Maximus;Фабий Максим (前275—前203)古罗马统帅。五次当选为执政官,两次当选为独裁官。在与汉尼拔的争战中曾获得独断全权;第二次布匿战争中反对西庇阿的进攻战略,采取谨慎的伫候战术,逐步消耗汉尼拔的实力,发挥了重大作用。120、163、164、225、226、227

费拉拉 Ferrara;Феррара 今意大利北部艾米利亚-罗马涅大区一城市。1471—1598年为费拉拉公国都城。有12—18世纪大教堂,哥特式宫殿(13世纪、14世纪各一座)。文艺复兴时期的建筑有14—16世纪的城堡,14—15世纪的宫殿(内有科萨、图拉所作的彩色壁画)。241、274

费朗切斯科·斯福尔扎 Francesco Sforza;Франческо Сфорца (1401—1466)穆乔·阿滕多格·斯福尔扎的非婚生子。父亲死后,掌控了他的军队。1434年任教会派驻安科纳的全权代表,同年转到佛罗伦萨任职,与米兰公爵菲利波·马利安·维斯孔蒂的女儿比安卡·维斯孔蒂结婚。1442年参与一场和教皇欧金尼六世的战争,这场战争使他夺得了安科纳边防区的大片土地。自1450年起为米兰公爵。18、19、26、36

弗利 Forli;Форли 今意大利北部一城市。历史上也是一座城堡。244

佛罗伦萨 Florence;Флоренция 意大利中部城市,佛罗伦萨省和托斯卡纳大区行政中心。意大利主要经济中心之一。公元前一世纪由罗马人在埃特鲁里亚人居住区兴建。中世纪为重要手工业和商业中心;14世纪该地出现世界上最早的工场手工业,1378年曾爆发梳毛工人起义。有举世无双的中世纪和文艺复兴时期的许多艺术建筑:圣玛丽亚·德·费奥尔大教堂(13世纪始建,圆顶建于1420—1436年)和浸礼堂(11—13世纪),市政大厅(13—15世纪)等。10、119、273

福尔米翁 Formion;Формион (?—约前428)雅典海军将领。公元前432年,蹂躏了哈尔基季基人的土地。当哈尔基季基人的使者指控这一暴行时,他宽厚和蔼地做了答复。就在他准备打发使者离开的那天夜里,假装说接到了市民们的来信,要他回去。于是他后撤了一段距离,还把那几个使者放了回去。使者们回去之后说一切都平静无事了,说福尔米翁已经撤离了。哈尔基季基人以为既然已得到许诺说要赔偿他们的损失,而且队伍也已撤走了;于是,便放松了对城镇的警戒。不料,福尔米翁突然又折返回来,这时,哈尔基季基人已完全无力抵挡这突如其来的攻击了。257

福尔维乌斯,昆图斯·弗拉库斯 Quintus Fulvius Flaccus;Квинкций Фулвий Флакий 本书中有关这位罗马大将的这次作战,弗龙蒂努斯和李维的说法不同。马基雅维利从弗氏说法,认为是在一次与辛布里人的战争中使用过这样的战术;李维则认为,福尔维乌斯·弗

拉库斯是在公元前181年同克尔特伊比利亚人作战时使用过这一谋略，而与福尔维乌斯同辛布里人的战争无关。227、230

G

高卢（高卢人） Gaullia（Gauls）；Галлия（Галлы）古罗马对高卢人居住地区的称谓，指波河和阿尔卑斯山之间（山南高卢）和阿尔卑斯山、地中海、比利牛斯山脉和大西洋之间（山北高卢）的那片土地。高卢人即今法国、比利时、德意志西部和意大利北部的凯尔特人。公元前1500年开始，他们从莱茵河流域南下并向西移动，前五世纪到达地中海沿岸，前四世纪进入波河流域，并南下到达亚得里亚海意大利沿岸。前350年占有罗马人所谓的山南高卢全境。到前220年山南高卢又被罗马人征服，成为罗马一个行省。前58—前51年山北高卢被凯撒征服（史称高卢战争）。前27年，奥古斯都在平定阿尔卑斯山和比利牛斯山更远的地区之后，把山北高卢分为四个行省：纳尔博南西斯、阿基塔尼亚、鲁格杜南西斯和比尔吉卡。五世纪初，高卢被日耳曼部族征服，五世纪末并入法兰克王国。80、101、102、125、144、164、192、224、227、258、262

格拉古兄弟 Gracchus；Гракхи

1）提比略·格拉古 Tiberius Gracchus；Тибелий Гракх（前162—前133）公元前133年古罗马保民官。

2）盖犹斯·格拉古 Gaius Gracchus；Гай Гракх（前153—前121）公元前123、前122年古罗马保民官。兄弟二人皆平民出身。他们试图通过土地民主改革，防止农民破产。盖犹斯还提出给意大利同盟者以罗马公民权利的法案。二人为改革事业在同元老院贵族的斗争中献出了生命。22

贡扎洛，费尔南德斯·德·科尔多巴 Gonzalo Fernandes de Cordoba；Гонсальво Фернандес де Кордоба（1443—1515）斐迪南·卡托利克麾下的一员名将，号称西班牙在那不勒斯实行统治的“伟大的船长”。1507年，斐迪南·卡托利克解除了他的军权，实际上对其实施了放逐。有的资料认为，贡扎洛的出生年份是1453年（英译本第51页的当页脚注）。236

贡扎加·詹费朗切斯科 Gonzaga Gianfrancesco；Гонзага Джанфранцеско（1466—1519）曼图亚侯爵。公元1495年3月31日，在维罗纳签约的反法同盟军队的司令长官。37

古罗马 the Ancients；Античные 据考古证实，原是建立在意大利半岛台伯河沿岸几座山丘上的一些村落的联体。早在公元前2000—前1500年间已有人居住，前一千纪，原属印欧语系的几个部落开始在这里定居下来；迄前8—前6世纪，形成了政治上统一的王权城市。尔后数百年，罗马人逐渐征服半岛，势力遍及整个地中海地区，其版图向大西洋方向拓展，及至不列颠群岛，并延伸到欧洲大陆内部。就这一层意义上说，所谓古罗马是一个地域性概念；但它同时又被认为是一段绵延达千年之久的史期。这漫漫的千年史按学界传统可划分为王政、共和、帝国三个时代，具体说来便是指从前753年王政时代第一王罗穆卢斯建城立国起，到476年日耳曼军首领奥多亚克废黜末代皇帝，自许为王，西罗马帝国遂亡为止的一段历史时期。22、67、147、212

古希腊 the Ancients; Античные 巴尔干半岛南部、爱琴海各岛屿、小亚细亚西海岸许多希腊奴隶制国家的总称。这些国家的影响波及意大利南部、西西里岛东部、非洲北海岸、黑海和亚速海的海峡和沿岸地区。古希腊从有人居住时算起已有数万年的历史。公元前八至前六世纪古希腊出现了城邦和军队。一些城邦结成同盟，如雅典同盟、伯罗奔尼撒同盟等等。雅典和斯巴达在古希腊的政治生活中起主要作用。大多数城邦是奴隶制共和国。希波战争中雅典民主制获胜，雅典的地位提高，开始了古希腊的全盛时期。雅典最强盛、政治制度最民主化和文化极繁荣的时期要数伯里克利统治的年代。伯罗奔尼撒战争之后，开始了斯巴达的霸权时期。马其顿的崛起和马其顿王亚历山大的远征开创了希腊化时期。马其顿王死后，其统治下的多民族君主国顷刻瓦解。罗马在基诺斯山会战中打败了马其顿，从此一直干预古希腊的内政。公元27年罗马帝国建立，古希腊成为罗马的阿哈伊亚省。自公元四世纪起古希腊成为东罗马帝国——拜占庭的核心。67、111、147、212

H

哈德良 Hadrian; Андриан (76—138)古罗马安东尼王朝皇帝(117—138年在位)。所有的罗马皇帝中最有文化修养的一位。祖籍西班牙南部的城镇伊大利卡，在那里接受军事训练。图拉真的表侄，并受到苏拉的垂青。2世纪头十年内历任会计官、平民保民官、执政官及行省总督等职。公元117年8月，图拉真在西巡返回途中死去后，被拥立为皇帝。118年夏，抵达罗马时地位已相当稳固；驻跸罗马三年。从121—134年曾三次巡幸帝国各地，视察军队，检查边防，调解纠纷，平息叛乱。如同当时的许多学者一样，哈德良精通星象学。他的艺术家气质表现在他的诗篇、建筑设计以及生活方式中。138年在巴亚的海滨疗养胜地去世。51

哈尔基季基 Chalcidice; Халкидики 希腊北部一半岛。尾端有卡桑德拉岬、锡索尼亚岬和圣山岬。原是三个岛屿；由于泥沙不断沉积，使它们通过地峡与大陆连成一片，形成海岬。早在公元前483—前481年，波斯王薛西斯一世就曾命人经圣山岬开凿过一条古运河。前432年，奥林索斯创立哈尔基季基同盟。最初是针对雅典的；当雅典在伯罗奔尼撒战争中失败以后，转而反对马其顿。到前382年，同盟几乎包括马其顿沿海的所有城邦。前379年，同盟在斯巴达逼迫下曾一度解散，后又重新缔结。前349年，同盟各城邦同雅典联合，但在前348年为马其顿的腓力二世所征服。257

哈米尔卡·巴卡 Hamilcar Barca; Гамилька Баркар (？—前229)著名的迦太基政治活动家和统帅。汉尼拔的父亲。其主要的战争生涯在第一次布匿战争和远征西班牙的战争时。公元前247年率领迦太基舰队在西西里岛登陆，并在岛上坚持到前241年。依靠所建造的坚固的营地，大胆袭击罗马守军。前242年在埃加迪群岛附近的海战中遭到失败，前241年奉本国政府之命同罗马签订和约。前237—前229年，率军远征比利牛斯半岛，夺取了西班牙西南沿海地区。在这次远征中赢得了巴卡(闪电)的名号。哈米尔卡·

巴卡拟定了对罗马进行一次新的战争的计划。决定从西班牙越过比利牛斯山和阿尔卑斯山脉入侵意大利。在同西班牙部族作战中阵亡。这一计划后来由他的儿子实现。154

哈米尔卡·罗狄努斯 Hamilcar Rhodinus;Гамилька Рудий 公元前 331 年迦太基人派到亚历山大那边去的间谍。223

哈斯特鲁拔 Hasdrubal;Гасдрубал（前二世纪）好几位迦太基统帅的名字。1)哈米尔卡·巴卡的妹夫。巴卡阵亡后,出任迦太基军队在西班牙的最高司令官。前 221 年战死。2)汉尼拔的兄弟,前 218 年被任命为驻西班牙军队的最高司令官。前 207 年在同罗马人的梅陶罗战役中牺牲。3)第三次布匿战争(前 149—前 146)中迦太基军队的领军人物。前 146 年被俘,向罗马人投降,死于罗马。147、159、161、225

海尔维第人 Helvetii;Гельветы 高卢境内住着三部分人:比尔及人、阿奎丹尼人和克尔特人。海尔维第人是克尔特人中的一族。公元前最后几个世纪至公元初期居住在今瑞士西北部。瑞士的拉丁文名称就叫 Helvidia(海尔维第亚),瑞士的邮票上使用的也是这个名称。就勇武而论,海尔维第人远超过高卢的其他各部族,因为他们几乎天天在和日耳曼人作战,不是抵抗日耳曼人入侵他们的国境,便是他们侵入到对方的领域去作战。任炳湘先生所译凯撒的《高卢战记》一书(商务版)中 Helvetii 的汉译为“厄尔维几人”。72、160

汉尼拔 Hannlbal;Ганнибал（前 247—前 183)迦太基人。一生与罗马共和国为敌。公元前 218 年率军队从西班牙远征意大利,在提契诺河以西平原上重创罗马军队。次年春进军意大利中部,在隘路设伏,于特拉西梅诺湖畔歼灭罗马军队 4 万人。前 216 年 8 月率军进行的坎尼之战中大败罗马军。尽管赢得了三次辉煌的胜利,但并没有能摧毁罗马。从前 212 年起罗马人逐渐夺得主动权,在西西里岛、西班牙和意大利本土连连获胜。前 204 年西庇阿率军在北非登陆,威胁迦太基的安全,汉尼拔遂于前 203 年撤离意大利;翌年指挥迦太基军在扎马展开会战,结果大败。前 195 年离开迦太基,投奔叙利亚国王安条克三世。安条克三世同罗马战争失败后,汉尼拔隐居亚美尼亚;因惧怕被引渡给罗马,于前 183 年服毒自杀。35、146、148、149、150、156、213、220、225、226、227、251、255、257、263

汉诺 Hanno;Ганно(活动时期在公元前三世纪)迦太基将领。190

J

加里利亚诺 Garigliano;Гарильяно 意大利中南部一河流名,著名的坎帕尼亚大区即蜿蜒于第勒尼安海波利卡斯特罗湾和这条河流之间。同时也是濒河一座城市的名称。236

加图(大) Cato, Marcus, the Elder;Катон(cT.)(前 234—前 149)罗马政治家、演说家、第一位重要的拉丁散文作家。出身农家,参加过第二次布匿战争。先后担任过财务官、营造官和撒丁行政长官。公元前 195 年和弗拉库斯同时担任执政官,镇压了西班牙的一次暴动,建立了“近西班牙”行省。前 191 年在抗击塞琉西国王安条克三世的温泉关战役中战功卓著。前 184 年当选为监察官,全力维护罗马“古风”。通过了苦干对奢侈行为征税的法律，坚决制止收税官滥用职权，并大力促进公共建筑物的兴建。为了尽量避免罗马与希腊化的东方接触，赞成让马其顿获得有限的独立，反对向罗得岛宣战。前153年出使迦太基后确信，这个罗马的宿敌日益恢复的繁荣已构成新的威胁。在每次演说结束时，总要提出告诫："迦太基必须消灭！"生前总算看到对迦太基宣战(前149年)。对拉丁文学的影响颇大。至少发表过150篇演说，其中80篇留有片段。流传下来的唯一一部著作是写于前160年前后的《农书》。223

迦太基 Carthage；Карфаген 古代著名城市，相传系推罗的腓尼基人于公元前814年(一说前825年)所建。今为突尼斯市郊区。"迦太基"是腓尼基语词，意为"新城"。建在北非海岸的一个三角形的半岛上，南有狭长地带与大陆相连。罗马人称腓尼基人(迦太基人)为布匿人。布匿人善经商。前三世纪初曾征服北非、西西里、撒丁岛和南西班牙，成为地中海的奴隶制强国，因而导致了与罗马的冲突。在三次布匿战争中败北，为罗马人所灭(前146年)。前29年凯撒定迦太基为罗马阿非利加行省的省会。不久迦太基又繁荣兴盛起来，与亚历山大里亚和安条克并驾齐驱。但在439年遭汪达尔人的蹂躏，705年又被阿拉伯人占领，从此一蹶不振。罗马时代的迦太基虽然已遭毁灭，但仍有很多遗迹可寻，如碉堡、水渠、神庙、音乐厅、剧场、澡堂、竞技场等的残存部分。18、37、100、138、146、147、149、157、163、190、213、255

焦万娜二世 Giovanna Ⅱ；Джванна Ⅱ (1371—1435)那不勒斯女王，在位时间1414—1435年。女王有关王位继承的决定引起法国和西班牙之间为争夺那不勒斯而爆发激烈斗争，因为女王曾先后宣布了两位不同的继承人：阿拉贡王国的阿方索五世和安茹王朝的雷内。最终，女王被迫屈从于阿拉贡的方索。18

居鲁士(二世，大帝) Cyrus Ⅱ，Great；Кир Ⅱ，Великий(？—前530)波斯国王，阿契梅尼德王朝统帅。公元前558年成为波斯部族联盟首领。他建立了以骑兵为主要兵种的强大的军队，同时也十分重视发挥步兵在军队中的重要作用。曾先后征服米太、帕提亚、吕底亚、小亚细亚的希腊城邦和中亚的大部分地区。前539年又征服巴比伦和美索不达米亚。前530年率大军去征服咸海一带的游牧部落——马萨格特人，结果战败身亡。居鲁士二世的活动在古代东方和古代希腊的历史学家和作家的著作中多有反映。色诺芬还写有专著《居鲁士传》。100、231、270

K

卡尔马尼奥拉，弗兰切斯科·布索内 Carmagnola，Francesci Bussone；Карманьол，Франческо Буссне (1380—1432)伯爵。著名雇佣军首领。曾在米兰公爵菲利波·马里安·维斯孔蒂手下效力，后来作为一名出色的雇佣军队长也曾效力于威尼斯，成为威尼斯的军事长官。在1427年马克罗迪奥战役中他是胜利者。1432年威尼斯人怀疑他背叛而将其处决。马基雅维利在《君主论》第十二章里称赞过这位伯爵。64、65

卡梅里诺 Camerino；Камерино 意大利北部一城市名，原称卡梅里。254

卡米卢斯，马尔库斯·富留斯 Camillius,Marcus Furius;камий,Марк Фулий(? —前365)罗马将军。曾五次担任执政官,有罗马城“第二个奠基人”之称。252

卡帕多基亚 Cappadocia;Каппадочия 安纳托利亚中东部的古代行政区,在托罗斯山以北的高原上。公元前六世纪初见记载,当时由波斯管辖,人民信奉琐罗亚斯德教,有完全伊朗化的封建贵族。前190年以后与罗马结盟,成为罗马的仆从国。17年被罗马占领,迄11世纪为止,一直是东罗马帝国的屏藩。225、255

卡皮托利尼 Capitoline;Капитолий 罗马古城是建筑在七座著名的山丘上的,卡皮托利尼即这七座山丘之一。其他六座山丘是:阿文蒂尼、卡埃利尼、埃斯奎利亚、帕拉蒂尼、奎里纳尔和维米纳尔。卡皮托利尼山上有米开朗琪罗设计的市政厅广场以及本城大部分著名的艺术陈列馆。韦格蒂乌斯在他的《兵法简述》里告诉人们:“在塔楼里喂养几条嗅觉灵敏的狗,它们能凭嗅觉觉察到敌人已经临近,而且用吠声告知你这个消息。鹅同样是一种十分灵敏的禽类,它们也会以叫声告诉你有人在夜间突然来袭的消息。要不是一大群马利鹅洪亮的叫声把已经登上卡皮托利尼城堡的高卢人吓退下去的话,也许他们会把罗马人的姓字永远地磨灭掉了。”258

卡普阿 Capua;Капуя 古代意大利城市,在那不勒斯以北26公里处。古卡普阿是在公元前600年建立的,原由伊特鲁里亚人统治,前340年归罗马管辖。第二次布匿战争中,卡普阿联合迦太基反对罗马。前211年被罗马占领。前73年奴隶领袖斯巴达克思在这里举行起义。公元456年城市遭到汪达尔人洗劫,约840年被穆斯林抢劫一空。古迹有斗技场、浴场、剧场和神庙等。104、251、263

卡泰丽娜·斯福尔扎 Caterina Sforza;Катерина Сфорца(1463—1509)加莱亚佐·马里奥·斯福尔扎的非婚生女。弗利城堡的女主人、1488年被谋杀的杰罗拉莫·里亚里奥的遗孀。因两度捍卫弗利城堡而名声大振:第一次是1488年丈夫遭谋杀身亡之际;第二次是1499年抵御切萨雷·博尔贾来犯之时。后来嫁给了美第奇家族的一名成员。244

卡西利尼 Casilini;Касилини 意大利南部坎帕尼亚区一城镇。251

凯撒,盖犹斯 Julius Caesar;Юрий Цезарь(前102—前44)罗马政治家、统帅。祖上是罗马贵族。16岁丧父,受母亲奥莱莉娅影响颇深。从政初期支持民主派,担任过军事保民官、会计官、市政官、大法官、外西班牙行省总督等职。公元前60年回到罗马,参加次年执政官的竞选。与庞培、克拉苏结成联盟,形成所谓的“前三头政治”。前59年出任执政官。任期届满后设法争得了出任高卢总督的委任,掌握了募集军队和进行战争的权力。虽身在行省,但仍巧妙地干预罗马的政治斗争。前58年—前51年远征高卢,征服了山南高卢全境,威望大增。前53年克拉苏战死,三头政治解体。他和庞培都竭力谋求个人独裁政权,两人关系日渐恶化。庞培充当了元老院共和国拥护者的首领;凯撒则成为共和国反对派的领袖,拒绝执行元老院要他遣散军队的要求,于49年1月进兵罗马,内战随之掀起。经过伊莱尔塔、法萨罗斯、塔普苏斯和蒙达等地的交战战胜了庞培,终于成为罗马国家元首,成为独裁者。尽管形式上还保留着共和政体，实际上已集全权于一身，这就激起了共和国贵族的强烈反对。前44年3月15日被布鲁图和卡西乌斯二人主谋刺杀身亡。19、20、42、72、125、144、156、157、162、164、192、229、230、232、262、273

坎尼之战 Canne, Battle of; Сражение при Каннах 第二次布匿战争中，公元前216年8月3日，罗马军队在意大利东南部奥菲德河注入亚得里亚海入海口附近的坎尼村进行的一次会战。罗马人将6000名骑兵布于两翼，大批步兵部署在中央，成纵深队形，企图以巨大冲力突破敌阵。汉尼拔严阵以待，将高卢和西班牙的步兵部署在中路，阿非利加军团放在两侧；重骑兵在左翼，轻骑兵在右翼。当罗马军团向汉尼拔中路推进时，他的队伍后退成新月形。接战后，汉尼拔两翼的骑兵首先获胜，一部分迂回敌后。罗马步兵在中央直逼，遂落入陷阱。迦太基骑兵及其精锐步兵重重包围了罗马军。由瓦罗指挥的罗马大军挤作一团，溃不成军。经过12小时的激战，罗马军队死4.8万人，其中包括一名执政官，25名高级官员和80名元老院议员，被俘约1万人。迦太基军队死6千人。坎尼之战被认为是古代以劣势兵力包围并全歼敌人的一个范例。146、156、262

坎帕尼亚 Campania; Кампания 意大利中南部一大区，濒第勒尼安海，蜿蜒于加里利亚诺河和波里卡斯特罗湾之间。公元前六世纪建区，首府在卡普阿。四世纪末全区罗马化，后成为罗马的一个区。罗马衰落后，先后属于哥特人、拜占庭人和伦巴第人。11世纪被诺曼人征服。12世纪并入西西里王国。后成为那不勒斯王国的领土。1860年归属意大利。252

科西莫·鲁切拉伊 Cosimo Rucellai; Косимо Ручеллаи(1495—1520)英年早逝的佛罗伦萨文艺、学术的资助人，本人也是文学爱好者。马基雅维利的朋友。佛罗伦萨青年人哲学和文学恳谈中心("Orti Oricellarii")(亦称"鲁切拉伊家的花园")的主人。实际上"鲁切拉伊家的花园"不仅起着文学和哲学沙龙的作用，而且还是一个政治组织。1512年这里曾是密谋反对索代里尼共和政府的处所；1522年，当时科西莫已经故世，这里又成了密谋反对美第奇的联络站。9、11、12、62、109、199、268

克尔特伊比利亚(人) Celtiberian; Кельтиберы 克尔特伊比利亚位于西班牙东北部。自公元三世纪起，由伊比里亚人和克尔特人混血的部落所占据。这些克尔特伊比利亚人居住在塔格斯河和埃布罗河两河源之间的山地里。在有史时期，它们是由阿雷瓦西人、贝利人、蒂蒂人和卢松人组成。克尔特伊比利亚的物质文化受到埃布罗河流域伊比利亚人的强烈影响。前195年，克尔特伊比利亚人开始归顺罗马人，但直至前133年小西庇阿摧毁努曼底亚之前，罗马尚未完全控制他们。230

克拉苏，马尔库斯·李锡尼 Marcus Licinius Crassus; Марк Лициний Красс(约前115—前53)罗马政治家和军事家。公元前88年马略与苏拉斗争时，支持后者。前82年11月1日，在苏拉夺取意大利首府的会战中，立下战功；靠没收和劫掠别人的财产成为最富有的公民之一，有大财主的诨名。前71年曾镇压斯巴达克起义。前70年为执政官(与庞培一起)；前60年与凯撒、庞培一起结成同盟，即所谓"前三头政治"；前

55 年再度出任执政官。前 54 年作为罗马的总督去东部治理叙利亚行省,在那里发动对帕提亚人(安息人)的战争。前 53 年率军再度跨越幼发拉底河,因轻敌而将军队带进了沙漠,在卡雷附近被苏雷纳指挥的游击骑兵打败。罗马军团损失达三万人之众。前 53 年 6 月 8 日,在与帕提亚人谈判时,遵照苏雷纳的命令,克拉苏被砍死。70、223

克劳狄乌斯·尼禄 Claudius Nero;Клавдий Нерон 罗马统帅,公元前 207 年执政官。本书卷六曾三次提及他,主要是在第二次布匿战争中因巧用战术而成功,并在同一次战役中同时打败迦太基最著名的两员大将的实例;也有因疏忽大意而失利的例子。可参阅本书卷六第 213、222、225 页之当页注。

克里特岛 Crete;Крит 希腊最大岛屿,地中海第五大岛。位于欧洲南端,在希腊本土与小亚细亚半岛之间的中点;距离非洲埃及和利比亚也仅为距希腊本土的两倍;是爱琴海的外围屏障。地理位置的特点给该岛的历史和文化带来深刻影响。公元前 2600—前 125 年岛上涌现了著名的米诺斯文化,曾建立米诺斯王国。此后频遭异族侵入。1669 年成为土耳其领地。19 世纪末希土战争后,获自治地位;1913 年正式划归希腊。138

克利俄雷努斯 Coriolanus;Кориолан(活动时间前 6 世纪末—前 5 世纪初)傲慢而顽固的罗马首领。226

克罗埃苏斯 Croesus;Крез(前 595—前 546)吕底亚王国最后一代国王。与波斯人交恶而引发战争,结果败在居鲁士手下,王国被并入波斯。以富有和慷慨而闻名,曾给古希腊名城德尔斐捐赠大量钱财。153

克桑提普斯 Xantippus;Ксантипп 美国人杜普伊写过一本书:《汉尼拔》(张孝林译,解放军出版社,1988 年)。书中提到过这位斯巴达的将军。这段文字是这样的:“公元前 260 年,……新建的罗马舰队与迦太基人在米雷附近的海面上遭遇,结果迦太基人遭到灾难性的失败。四年之后,罗马人在西西里岛南部埃克达诺姆斯角附近的海战中以 330 艘战船打败了拥有 350 艘战船的迦太基人……罗马利用这个机会在此建立起坚固筑垒的兵营,军队也依仗着这块基地屡屡击败迦太基军。迦太基人于是主动求和,可是罗马将军阿蒂柳斯·雷古卢斯提出的条件太苛刻,终于遭到迦太基人的拒绝。次年,一个名叫桑提普斯(即克桑提普斯)的斯巴达人接任迦太基军统帅,并大败雷古卢斯的罗马军。罗马慌忙派遣一支舰队将为数不多的幸存者撤走了。”146

昆图斯·卢塔提乌斯·卡图卢斯 Quintus Lutatius Catulus;Квинт Лутаций Каттул 公元前二世纪罗马将军。191

L

拉文纳 Ravenna;Равенна 意大利北部城市。历史上作为西罗马帝国、东哥特王国、拜占庭、意大利的都城达 350 年。临波河,距亚得里亚海五英里。当地最早的居民可能是公元前 1400 年从阿奎利亚迁来的意大利人。前 89 年成为罗马盟邦。前 49 年凯撒从这里进军去征服罗马。奥古斯都统治时期,附近建立了港口,遂成为古代的水师基地之一。五世纪随着罗马帝国的衰落,拉文纳进入重要的历史发展时期。六七世纪为意大利行政和海上贸易中心。公元 751—

754 年被伦巴第人占领。754 年后，由大主教控制达数百年。神圣罗马帝国奥托尼王朝其间改拉文纳主教区为完全独立于教皇的帝国封邑。1278—1859 年由教皇控制。1859 年之后并入意大利，两年后成为意大利的萨蒂尼亚王国。66、104

拉栖第梦 Lacedemon；Лакедемон 古希腊伯罗奔尼撒半岛东南部拉科尼亚的别称，斯巴达国家的发源地。据传说，拉科尼斯宙斯大神的儿子，娶国王欧洛塔斯之女斯巴达为妻；因国王无嗣，得继王位。拉科尼亚便得别名拉栖第梦，其居民亦称拉栖第梦人。拉科尼亚的首府即以其妻之名“斯巴达”名之。拉栖第梦人崇尚简朴，城邦建于前九世纪。拉栖第梦人自七岁起，几乎直到老年都从事军事活动。他们的生活充满严肃的军事气氛。前五世纪，统治者热衷于战争与外交，伯罗奔尼撒战争（公元前 104 年）之后，成为希腊最强大的城邦，确立了霸主地位。138、230

莱普廷斯 Leptines；Лептен（活动时期前四世纪初）锡拉库萨将军。在与迦太基人作战时曾下令毁坏他自己的田地，放火焚烧了一些房屋，乃至城堡。迦太基人以为，这么干的必定是他们的自己人，都跑过来帮忙。如是，他们也就进入了埋伏在那里的锡拉库萨人的包围圈而被击溃。231

老法布里乔，科洛纳 Colonna Fabricius of old；Старший Фабрицио 公元前 282 年和前 278 年两度执政官，前 275 年的监察官（古罗马负责登记全体市民并监督公众道德行为的官员）。14

老斯福尔扎，穆奇奥·阿滕多洛 Muzio Attendolo Sforza of old；Старший Сфорца（1369—1424）米兰公爵弗朗切斯科·斯福尔扎之父，也是一名雇佣军队长。原本在焦万娜女王手下供职，后来居然离她而去，致那不勒斯的军队解体而国家沦亡。18

雷吉翁 Rhegium；Реджо 今意大利南部港口城市，濒墨西拿海峡。约建于公元前 720 年，前 387 年被锡拉库萨人占领，前 270 年被罗马人占据。后来曾先后属哥特人、拜占庭、萨拉森人、诺曼人、西西里王国和那不勒斯王国。有罗马—拜占庭式大教堂和古希腊、古罗马遗迹。现名雷吉翁卡拉布里亚。252

利奥十世 Leo Ⅹ；Лио Ⅹ（1475—1521）1513 年起为罗马教皇。在位期间，任人唯亲，滥售赎罪券。1520 年将马丁·路德革除教籍。10

利古里亚 Liguria；Лигурия 意大利西北部帕杜斯河（波河）上游以南临海的地区。境内多山，居民长期从事畜牧业，沿海的热那亚自古以来即良港。早期利古里亚人常渡海为迦太基充当雇佣兵，后为反对罗马征服而战。约公元前 238 年罗马军队开始侵入，迄第二次布匿战争结束后终为其征服；利古里亚人被迫迁徙到内地萨谟奈区，罗马殖民者随之大批涌入。利古里亚地方被分属山南高卢和纳尔博南西斯治下。今利古里亚区下辖热那亚、因佩里亚、拉斯佩齐亚、萨沃纳拉四个省；热那亚湾至科西嘉岛之间的水域，仍名为利古里亚海。193

李维，提图斯 Titus Livius；Тит Ливий（前 59—公元 17）古罗马历史学家。生于意大利的巴达维姆（今巴杜亚），长期居留罗马。著《罗马史》（*Ab urbe condita libri*，意为：“建城以来史记”）。计 142 卷，记述自罗马建城至前九世纪的历史，大多已散佚，仅存 35 卷（1—10

卷,21—45卷)及其他各卷的纲要和断片。作者称颂奥古斯都的帝政时代,但对旧日的共和政体深怀眷念。该书是罗马古史的重要文献,也是著名的文学作品。58、60、227

李维乌斯,马尔库斯·萨利纳托 Livius, Marcus Salinator; Ливий, Марк Салинат (活动时期前三世纪)与克劳狄乌斯·尼禄一起同是公元207年的罗马执政官。第二次布匿战争中,二人携手击败了哈斯特鲁拔和汉尼拔。213、222

卢埃利亚 Luelia; ЛуЭлия 意大利西北部利古里亚区一城镇。255

卢卡尼亚 Lucania; Лукания 古代意大利南部,萨谟奈人的一个部落卢卡尼人的领地,相当于巴西利卡塔地区的大部,加上萨雷诺省的大部和科森扎省的一部。这一地区早在公元前四世纪便有优异的文化。卢卡尼人虽然在前298年已与罗马结盟,但是后来反抗罗马,在皮洛士战争(前280—前275)、第二次布匿战争和同盟者战争(前90—前88)中屡遭失败和洗劫,终于衰落。213

卢库卢斯·卢奇乌斯·李锡尼 Lucius Licinius Luculus; Луций Лициний Лукулл (约前117—约前56)罗马将军。公元前87年任苏拉的度支官(古罗马负责行政、财务的官员,类似于某些西欧国家的总务、司库);前79年任市政官;前78年任大法官;前74—前70年任奇里乞亚和亚细亚的总督。在与本都国王米特拉达悌六世的战争中获胜。前69年歼灭了亚美尼亚国王提格兰二世的军队。被认为是当时罗马最富有的人之一。退役后在罗马居住,经常大摆宴席,俄语中甚至有一成语就叫"卢库卢斯摆筵席",表示讲排场、摆阔气的意思。68、233

卢奇乌斯·班蒂乌斯 Lucius Bancius; Луций Банций 公元前87年,正值第二次布匿战争之时,这位诺拉人是罗马大将马尔切卢斯手下的一名军官。在坎尼之战中负伤被俘,曾受到汉尼拔厚待。班蒂乌斯回营之后很想报答汉尼拔的恩德,谋划着鼓动他的亲朋好友一起去投奔迦太基人。马尔切卢斯获悉他的这一意向后并未惩处他们,而是将班蒂乌斯召到身边,跟他谈心,夸奖他是一位既英勇又十分讲义气的男子汉,力劝他留下来。除去这些赞美之外,将军还送给他一匹坐骑。通过这一番好意相待,马尔切卢斯不仅赢得了班蒂乌斯的心,而且也赢得了他的乡亲们的好感。257

卢奇乌斯·米努奇乌斯 Lucius Minucius; Луций Минуций 公元前193年罗马执政官。193、194

鲁福斯·米努奇乌斯 Rurfus Minucius; Руфф Минуций 公元前191年罗马执政官。152

路易吉·阿拉曼尼·德·皮耶罗 Alammani, Luigi de Piero; Аламанни Луиджи ди ПЬэро (1495—1566)佛罗伦萨抒情和叙事诗人,喜剧作家。科西莫·鲁切拉伊和马基亚维利的朋友。还有另一个同姓的路易吉·阿拉曼尼,名叫德·托马佐,是皮耶罗的堂兄弟,也是1522年反对美第奇密谋的参加者,败露后被处死。11、109、143

路易十二 Louis Ⅻ; Людовик Ⅻ (1462—1515)1498年起为法国国王。1499年远征意大利,重开意大利战争(1494—1559)。在位期间曾改组军队,整顿司法、税收和铸币制度。66、236、244

吕底亚 Lydia; Лидия 古安纳托利亚西

部的一个地区，西滨爱琴海，占有赫尔姆斯河和凯斯特河两河的河谷。公元前七至前六世纪为独立国家，一度还曾称霸过小亚细亚，对爱奥尼亚人发生过很大影响。前六世纪至前四世纪受波斯人统治，后来又受马其顿王亚历山大、塞琉古王国、帕伽玛王国和罗马所控制。据说，吕底亚人是金银币的创始者，一个经商的民族，以出产金银和拥有财富著称。138

伦巴第 Lombardia; Ломбардия 伦巴第人原是日耳曼人的一个部落。公元568年入侵意大利，并建立了早期封建王朝。其位置在意大利北部，波河流经其区内帕坦平原的一部分。773—774年，伦巴第王国为查理大帝所灭。12—13世纪，为对抗神圣罗马帝国企图在伦巴第各城市建立霸权统治而成立了伦巴第联盟。现今，伦巴第是意大利北部的一个大区，面积2.38万平方公里。行政中心设在米兰。区内包括：贝加摩、布里西亚、瓦雷泽、科莫、克雷莫纳、曼图亚、米兰、帕维亚、桑德里奥等省。10、224

罗得岛 Rhodes; Родос 希腊南斯波拉泽斯群岛最大的岛屿，位于爱琴海最东端。古时岛上多蛇，腓尼基语称蛇为"艾罗得"，罗得岛岛名盖出自此。遗迹表明，当地早期受克里特人的影响。随米诺斯文化的解体，成为具有青铜器时代晚期文化的独立王国。多利亚人统治时期，岛人在地中海各地进行贸易，向意大利、西西里、西班牙和小亚细亚殖民，并控制了爱琴海的几个岛屿。希波战争期间隶属波斯；波斯失败，获独立，与雅典结盟。公元前408年建海港新城，亦名罗得，远近闻名；到希腊化时代(前四—前一世纪)发展成地中海东部的经济和文化中心之一。前二世纪罗马势力东达小亚细亚。帝国初期失其独立，成为罗马帝国亚细亚行省的一部分，中世纪长期依附于拜占庭。迄16世纪为土耳其人占领。1947年归属希腊。232

M

马尔库斯·斯考鲁斯 Marcus Scarus; Марк Скарий (活动时期公元前二世纪)罗马将军。公元前115年任执政官。271

马尔切卢斯 Marcellus; Марцелла (约前268—前208)第二次布匿战争中的罗马名将。他与对手汉尼拔在一系列交战中互有胜负。19、148、157、257、262

马可·奥勒留 Marcus Aurelius; Марк Аврелий (121—180)第十七位罗马皇帝，在位时间公元161—180年。斯多噶派哲学家，著有《沉思录》。出生于西班牙籍的元老家庭。当政时适逢同帕提亚人之间的战争，多瑙河沿岸地区发生激烈的边境保卫战，帝国内部起义频频，乃至瘟疫流行。受过良好的雄辩术和哲学教育，是那个时代最有教养的人物之一。他执政时期被认为是恪守古罗马历史传统的黄金时段，而他本人也被认为是这一传统理想的当家人。死后被正式奉若神明。51

马略 Marius Gaius; Марий Гай (约前157—前86)罗马共和国后期进入贵族统治阶层的人物。生于拉丁姆南部的阿比诺城附近。既是勇猛顽强的战士，又是用兵如神的将军。早年在西班牙作战，后担任过平民保民官、外西班牙行省总督、执政官参佐等职。曾先后七次当选执政官。他打破只有有财者才能服兵役的陈规,用广泛征募志愿兵的方法解决兵员不足的问题。公元前105年在非洲使朱古达疲于奔命,并最终将其生俘;前102年在阿奎塞克斯蒂埃打败条顿人;前101年又在韦尔切利击溃辛布里人,从而解除了亡国的危险。前88年罗马发生反对苏拉的骚乱,苏拉遂率兵进攻罗马,放逐马略。马略奔非洲。次年,趁苏拉出征希腊,罗马再次骚动之机,马略下令处死一些著名人士,接着进行残酷屠杀。这时他的神志已经不清醒。死时无论敌友尽皆欢庆。144、153、233

马其顿(王国) Macedonia, Kingdom of; Македония 巴尔干半岛上的古代国家,在希腊以北。公元前四世纪成为希腊世界的霸主。约前七世纪马其顿人始为人知,当时他们居住在哈利亚克河畔;后在国王佩尔犹卡斯一世的领导下向东推进,直到阿敏塔斯三世(约前393—前369年在位)才完成了统一马其顿的高原和平地的宏愿。(一说是腓力二世在公元前四世纪中叶完成了马其顿本土的统一;腓力二世是阿敏塔斯三世的第三个儿子,是他使马其顿处于支配整个希腊的地位。)腓力之子亚历山大三世(前336—前323年在位)推翻了波斯帝国,使马其顿的军队一直到达尼罗河和印度河畔。亚历山大在巴比伦病死之后,帝国分裂。各部将争权的结果在马其顿本土建立了安提柯王朝。在腓力五世(前221—前179年在位)及其子佩尔修斯(前179—前168年在位)统治时期,马其顿和罗马发生冲突,史称马其顿战争:自公元前215年至前168年,前后共计三次,结果失败。在罗马控制下,马其顿最初(前168—前146)形成四个独立的共和国,后来成为罗马的一个行省,包括四个行政单元。后世称为马其顿的地区大致相当于古代王国的疆域范围。59、156、163、233、270、275

马通 Matho; Матон 公元前241—前237年迦太基雇佣兵(约二万人)和北非当地居民(利比亚人、努米底亚人等共约七万人)举行反对迦太基的起义。第一次布匿战争后,从西西里返回的雇佣兵要求支付薪饷;苦于重税的当地居民支持起义。起义者取得了一些胜利,攻占了若干座城市。斯彭蒂和马通原本都是迦太基军队的军官,被指派担任雇佣军的头头。据马基雅维利在《君主论》一书中说,这些迦太基人头头在和罗马人进行第一次交战后就被从北非招募来的雇佣兵压倒了,他们甚至被北非的雇佣兵推举为领导起义的人物。迦太基军队的统帅哈米尔卡依靠全民总动员加强军队后,把起义者逼到难以通行的地方,进行了严厉的镇压,共歼灭近四万人。18

马西米诺 Maximinus; Максимин (约172—238)自公元235年起的罗马皇帝。出身于色雷斯的农民家庭;经历过从普通士兵到高官的漫漫道路。在处死了亚历山大·塞韦罗之后,军队宣布他为皇帝。但他所推行的政策不能满足元老院的意愿,于是掀起了反对"士兵皇帝"的动乱,这位仅仅当了三年的皇帝和已被宣布为皇储的儿子都死于这次动乱之中。44

马西尼萨 Masinissa; Масинисса (约前240—前149)公元前201年起北非努米底亚国王,统一了努米底亚东部和西部。100、256

曼柳斯·卡庇托利尼努斯 Manlius Capitolinus; Манлий Капитолийский 公元

前 392 年罗马执政官。卡庇托利尼努斯是他的诨名，人们按传统这么称呼他是因为前 390 年，当时是高卢人占领时期，他曾拯救过高卢的元老院，而卡庇托利尼(罗马城发源地的七个山丘之一)上有卡庇托神殿，是元老院和民众聚会的场所。后来，前 385 年他挺身保护罗马自由民中的下层庶民，使他们免受长期的奴役，还支持大众反对债主，因而开罪于特权阶层人物。前 384 年被判有罪而被抛下塔尔佩悬崖(塔尔佩悬崖是在卡庇托利尼山西面的陡峭的悬崖)；从这里抛下被判处死刑的国事犯是古罗马时期的一种刑罚。215

曼图亚 Mantua；Мантуя 意大利北部城市，伦巴第大区曼图亚省省会。原为伊特鲁里亚人的居住点。公元前 200 年开始有罗马人拓居。11 世纪属于托斯卡的侯爵。后加入伦巴第同盟。1328—1707 年在贡扎加家族统治下，政治经济地位重要。后来曾先后属奥地利和法国。1866 年加入意大利王国。现为大主教区。37、241

梅陶罗之战 Metaurus Battle of；Метаврское сраженме 梅陶罗是河名，全长 109 公里。公元前 207 年，罗马人在这里大胜迦太基人。罗马执政官萨利内托和尼禄截获了哈斯特鲁拔前来驰援他哥哥的信件，击溃了从伊比利亚赶来的援军，哈斯特鲁拔本人也在这次战役中被杀。梅陶罗之战被认为是第二次布匿战争中的转折点。213

梅特卢斯，昆图斯·庇护 Quintus Pius Mettelus；Квинкций Пий Меттел (？—约前 63)罗马将军。公元前 80 年，与苏拉同任执政官；自前 81 年起，任最高祭司。前 79 年去西班牙担任外省总督，在那里从前 79—前 72 年进行反对塞多留的战争。161、222

梅特卢斯，昆图斯·凯奇柳思(努米底亚的)； Quintus Caecilius Mettlus (Numidicus)；Меттел，Квинкций (Нумидский)(？—约前 91)罗马将军。公元前 109 年任罗马执政官。次年(前 108 年)即去努米底亚与朱古达国王交战，得胜。前 102 年任监察官。前 100 年因反对元老院的土地法纲领而被逐出罗马。前 99 年返回。此后不再参与政治活动。226、227

美第奇家族 Medici；Медичи 中世纪意大利佛罗伦萨一名门望族。历史上曾起过重要作用。美第奇家族创办了欧洲 15 世纪最大的一家商业银行；1434—1737 年(其中 1494—1512，1527—1530 年间断)是佛罗伦萨的统治者。主要代表人物有：科西莫·老美第奇(1389—1464)，1434 年起执政；洛伦佐·美第奇(1449—1492)，1469 年起执政。法国王后叶卡捷琳娜·美第奇(1519—1589)也属于这个家族。11

美塞尼亚 Messenia；Месения 希腊伯罗奔尼撒半岛西南部古代一地区名。东接塔依耶托斯山，北与奈达河和阿卡迪亚山脉为界，南、西濒爱奥尼亚海。中部平原是历史上希腊最富庶的地区之一。1939 年在爱奥尼亚皮洛斯的北面发现的内斯托尔宫是迈锡尼时期麦西尼亚最著名的新石器和青铜器时代的居民地。公元前 1200 年后多利亚人入侵。约前 735 年，斯巴达人吞并了中部平原。前 146 年成为罗马统治下阿哈伊亚省的一部分。史迹证明，这里曾是拜占庭、法兰克、威尼斯和土耳其人相互争战的战场。230、255

美索不达米亚 Mesopotamia；Месопотамия 原意是“河间地区”，亦称“两河流域”。广义指底格里斯和幼发拉底两河的中下游地区：东抵格罗斯山，西到叙利亚沙漠，南迄波斯湾，北及东托罗斯山。北部为山地，向南经过干草原、平原到南部沼泽性的两河三角洲。美索不达米亚为人类最古老的文化摇篮之一，灌溉农业为其文化发展的主要基础。公元前4000年已有较发达的文化，曾出现巴比伦和亚述帝国。此后又经过波斯、马其顿、罗马和奥斯曼等帝国的统治。第一次世界大战后，其主要部分成立独立的伊拉克。狭义的仅指两河之间的地区。70

门农 Memnon；Мемнон 罗得岛将军。223

米兰 Milan；Милан 意大利北部一城市，位于帕丹低地，伦巴第大区境内。米兰省省会，也是伦巴第大区的行政中心。意大利最大的经济和文化中心。历史上还曾经是半岛上几个城邦的小公国之一。公元前五世纪末或前四世纪初由因苏布尔人建立。1395—1535年（有间断）为公国首府。1815—1859年是伦巴第—威尼斯王国的首府。境内有9—15世纪的教堂，14—19世纪哥特式大教堂，1450年的城堡（现为博物馆），圣玛丽亚修道院（15世纪，斋堂内有达·芬奇的原作《最后的晚餐》）。18、64、104、245、273

米特拉达悌（六世） Mithridates Ⅵ；Митрадат Ⅵ（？—前63）本都王国国王。公元前120年继承父位，最初由母后摄政；约五年后将母后废黜，开始独掌大权。本都王国原是一个新兴的希腊化小国，在他的强有力领导下吞并了若干个相邻的小邦，一度在小亚细亚地区与罗马的霸权抗衡。前115年派兵攻打克里米亚和科尔基斯，将这两个地区并入本都王国。然后又前往安纳托利亚，与比蒂尼亚国王尼科梅德斯三世一起瓜分帕夫拉戈尼亚和加拉蒂亚。他下决心要把罗马人赶出亚洲。前88年打败在罗马人怂恿下率兵进攻本都王国的尼科梅德斯三世，长驱直入占领罗马的亚细亚行省，并对居住在亚洲的罗马人和意大利人实施屠杀，据说足有八万人丧生。以后，在前85—前66年的20年间，他与罗马之间的争端有增无减，战事连绵不断。前66年庞培彻底打败了他。两年后他又在潘蒂卡皮翁取得立足之地；正当准备取道多瑙河地区入侵意大利之时，部队发生哗变。曾企图服毒自杀，未遂。于是，命令一名高卢雇佣兵将其杀死。遗体葬于本都王国首都锡诺普的王陵中。68、100、225

摩纳哥 Monaco；Монако 欧洲南部国家，全称摩纳哥公国（Principaute de Monaco）。濒地中海。实行君主立宪制，信奉天主教。15世纪建立公国，1524—1641年受西班牙统治，此后基本上是法国的保护国（1793—1814年并入法国），1911年宣布为独立的君主立宪国。首都摩纳哥，与国名相同，建于滨海阿尔卑斯山脉伸入海中的悬崖顶上，城建于中世纪。241

N

纳比斯 Nabis；Навис（？—前192）斯巴达僭主（前207—前192）。为缓和社会矛盾和恢复斯巴达的势力，曾依靠部分平民和奴隶（希洛人）继续推行由斯巴达先国王亚基斯四世和克里昂米尼三世开创的社会政治改革。在反对亚该亚联盟的斗争中败北，遭埃托利亚人杀害。随着他的被害，斯巴达最终失去了独立自主的地位。191

那波利 Napoli；Неополи 那不勒斯的另一称谓。12、66、245

那不勒斯 Naples；Неополи 意大利南部港市，在维苏威火山山麓。濒第勒尼安海那不勒斯湾。那不勒斯省和坎帕尼亚大区行政中心。古代是希腊移民区。13世纪后半期是西西里王国的首都。1282—1442年、1501—1504年、1806—1815年是那不勒斯王国的首都；1815—1860年又成为西西里王国的首都。建筑古迹有基督教早期的地下经堂、浸礼堂（五世纪）、卡斯泰尔奥沃城堡（12世纪始建）和卡斯泰尔努奥沃城堡（13—15世纪），还有许多哥特式的教堂和宫殿，以及文艺复兴时期和巴罗克式风格的教堂。那不勒斯城东南有古城庞培的废墟。104

那不勒斯王国 Kingdom of Naples；Неополитанское Королевство 1282—1504年（1442—1458年有间断）意大利亚平宁半岛南部的城邦国家，西西里王国解体后成立。1504年被西班牙人占领，并加入两西西里王国。12、19、146

尼努斯 Ninusi；Нин 一位传奇人物。这个名字在尼内瓦几乎是家喻户晓，远扬遍地的。100

努米底亚 Numidia；Нумидия 罗马时代非洲撒哈拉沙漠以北部分地区的名称，其疆界大致相当于今阿尔及利亚的范围。直到马里部落的酋长马西尼萨执政为止，当地居民一直过着游牧生活。马西尼萨起初同迦太基结盟；公元前206年归顺罗马而获得许多土地。前148年马西尼萨死后，罗马人将他的王国分封给几位酋长。前118年朱古达夺取王位，重新统一努米底亚。前105年努米底亚重新归罗马人统治。凯撒在努米底亚建新的行省，称新阿非利加；后来奥古斯都将新阿非利加同旧阿非利加合并。193—211年在位的罗马皇帝塞普蒂米乌斯·塞维鲁正式建立努米底亚省。公元初期，努米底亚人口大增。429年被汪达尔人征服之后，罗马文明迅速衰落。194

诺拉 Nola；Нола 意大利坎帕尼亚大区一城镇。位于那不勒斯东北偏东。公元前313年并入罗马。奥古斯都皇帝死于此。现保存有圆形剧场和墓地，以及四至五世纪的王宫和其他建筑物遗迹。257、262

诺切拉 Nocera；Ноцерия 意大利坎帕尼亚大区一城市，历史上的名称叫努切里亚。254

P

帕提亚 Parthia；Парфия 安息的另一称谓，见本栏目“安息”条。70、124

庞培 Pompeius；Помпей（前106—前48）罗马共和国后期的政治家、将军。出生于罗马元老院贵族家庭。仕途之初支持苏拉。参加收复罗马和意大利的战役；后又以两次闪电式的进攻从马略派的余党手中收复西西里和非洲，并参与镇压斯巴达克起义。公元前66年起指挥罗马军队攻讨米特拉达悌六世，取得胜利。此后十余年在意大利权势显赫，如日中天。元老院拒绝批准其在东方采取的措施和给老兵发放土地的要求之后，于前61年首次与克拉苏、凯撒组成非正式的秘密同盟（前三头政治）。前53年三头政治分裂，对凯撒的疑心日增。元老院及贵族中两人所得支持各半，内战遂于前49年1月7日元老院宣布战争状态，四天后凯撒渡过鲁比孔河而爆发。起初，凯撒在迪希拉失利，后法萨卢斯一战（前 48 年）庞培大败，南逃西利西里和塞浦路斯，并决定到埃及避难，向托勒密求援。凯撒对其穷追不舍。埃及国王和朝臣们不敢触怒凯撒。当踏上埃及领土时，庞培突遭袭击，遇害身亡。19、20、233、263

佩尔修斯 Perseus；Персей（约前 212—约前 165）马其顿最后一位国王。公元前 179—前 168 年在位。有关马其顿王国被灭亡之情，可参阅本栏目埃米利·保卢斯和彼得那之战两个条目。59、163

佩洛皮德 Pelopidas；Пелопид（约前 410—前 364）底比斯名将。埃帕米侬达的挚友。前 379 年底比斯反抗斯巴达统治的民主派政变的组织者之一。自公元前 378 年为维奥蒂亚联盟的统帅之一。在塔纳格拉（前 377 年）和莱夫克拉特（前 371 年）等地曾打败过斯巴达人。269

佩鲁贾 Perugia；Перуджи 意大利中部城市，佩鲁贾省省会所在地。有伊特鲁里亚人建造的城墙遗迹（前 4 世纪—前 2 世纪）、圣埃尔科拉诺哥特式教堂（13—14 世纪初），以及宫殿（13—15 世纪）。26

皮洛士 Pyrrhus；Пирр（前 319—前 272）伊庇鲁斯国王。12 岁接王位。曾与马其顿的德米特里结成联盟，在亚洲并肩作战。公元前 294 年，利用马其顿王室纷争，取得了帕拉乌厄亚和廷发亚的边界地区，以及阿卡纳尼亚、安菲洛奇亚。后来与德米特里反目，占领了色萨利和马其顿的西半部。前 281 年，率 2.5 万人渡海到意大利；次年在赫拉克莱亚付出重大代价取得胜利。前 279 年，再度忍受惨重伤亡在阿普利亚的奥斯库罗姆打败罗马军队。此后跨海到西西里，征服了那里的大部分地区。前 275 年，在贝内文托与罗马军队对阵，受到重大损失。次年，打败马其顿的安提柯二世，马其顿军队拥立他为国王。但他突然离开马其顿大举进犯斯巴达，企图收复克里奥尼姆斯，未能如愿。夜间，在阿戈斯的巷战中被杀。由于他曾不惜惨重牺牲取得对罗马和马其顿的胜利，“皮洛士胜利”一语遂成为代价惨重的代名词。他的回忆录和兵法曾受到许多古代作家（包括西塞罗）的引用和赞赏。42

普布柳斯·瓦莱留斯 Publius Valerius；Публий Валерий 公元前 260 年任罗马执政官。233

普卢塔克 Ploutarchos；Плутарх（约46—约 119）古希腊作家、历史学家。主要著作是《希腊罗马名人比较列传》（共 50 篇）；其他流传至今的大量作品汇集在一起，起名《道德论》。68

Q

乔万尼·达卡萨尔 Giovanni da Casale；Джовани да Казал 教皇亚历山大六世之子切萨雷·博尔贾围攻卡泰丽娜伯爵夫人的弗利城堡，当时城堡的要塞司令。245

切里尼奥拉 Cerignola；Чериньола 意大利南部那不勒斯王国福贾省一城市。1503 年 4 月 28 日，在这里发生了一场西班牙军队和法国军队之间的交战。西班牙军队由贡扎洛·德·科尔多巴率领；法军则由涅姆尔斯基公爵指挥。这场交战以法军大败溃输而告终。146

R

热那亚 Genova；Генуя 意大利城市。地

中海沿岸除马赛之外的第二大港，位于利古里亚海热那亚湾北岸。热那亚省和利古里亚大区的行政中心。古代为利古里亚人的居住地。中世纪成为强盛的商业共和国。14世纪由总督管辖，在黑海沿岸拥有许多殖民地（包括克里木）。市内有罗马式的建筑卡斯特洛圣玛莉亚教堂（11世纪）、16—17世纪的宫殿和带阶梯式园林的别墅。243、244、267

日耳曼 German；Германия 印欧语族的古代部族。公元前一世纪居住在北海与波罗的海之间、莱茵河地区、多瑙河地区、维斯瓦河地区及斯堪的纳维亚南部。主要从事农牧业，过着氏族生活。前58年凯撒远征高卢时，已经有几支日耳曼人渡过莱茵河下游侵入高卢人的区域。高卢人既被罗马人征服，莱茵河西岸的日耳曼人也就臣服于罗马；其所占之狭长地带被划分成"上日耳曼"和"下日耳曼"两郡，都隶属于高卢省。至于莱茵河东岸未归属罗马的日耳曼则称"大日耳曼"。公元初期几个世纪，氏族制处于解体阶段，这一部族在四至六世纪的大迁徙中起了重要作用，它们侵占西罗马帝国的大部分地区，建立了许多早期的封建王国：西哥特、汪达尔、东哥特、勃艮第、法兰克、伦巴第，等等。223

S

萨谟奈人 Samnites；Самниты 古代居住在意大利南部山区诸好战部落的名称，可能属萨宾人的旁系。这些部落操奥斯卡语；赫彼奈、考迪尼、卡拉切尼和彭特里等四个城镇联合组成联盟。公元前354年，与罗马人结盟，共同抵御高卢人。不久，一连三次卷入反抗罗马人的战争，被击败。前90年参加同盟者战争，后又参加内战反对苏拉，在前82年的科林门战役中败北。101、102、227

塞多留，昆图斯 Sertorius，Quinctus；Серторий，Квинкций（约前123—前72）罗马政治家和军事将领。公元前105年和前102年两度在高卢作战，抗击入侵的辛布里人和条顿人。前90年出任山南高卢财务官，后为军队指挥官。前83年任行政长官，管辖西班牙各行省。治军极严，但对当地居民很是宽厚。前77年在西班牙举旗反对苏拉强加给罗马的制度，同年庞培率军抵达西班牙。在两年的作战中塞多留显示出战略战术方面的高度才能。直到前74年，由于罗马军队的大力增援，才连连败北。前72年被谋杀。155、161、167

塞普提米乌斯·塞维鲁 Septimius Severus；Септимий，Север（146—211）罗马皇帝，在位时间公元193—211年。是第一位所谓的"士兵皇帝"，企望通过建立公开的军事王朝的途径实施统治，克服罗马帝国内政危机的皇帝。51

色诺芬 Xenophon；Ксенофонт（约前430—前355/前354）古希腊作家、历史学家，苏格拉底的弟子。雅典民主制的劲敌，斯巴达贵族制的拥护者。约公元前403年，三十暴君寡头政权崩溃后，离开雅典，参加了小居鲁士对兄长——波斯国王阿尔塔薛西斯二世的远征。库那克萨战役（前401）中居鲁士阵亡和诸首领被俘后，被拥立为首领，同其他人共率希腊雇佣兵一万人，由巴比伦向特拉布宗撤退，显示了将才。返回希腊后，先投效色雷斯国王，后亲斯巴达，与其国王阿格西劳斯过从甚密，并站在斯巴达一边，参加了科林斯战争（前395—

前387)。因之,被雅典国民会议缺席判处死刑。莱夫克拉特会战(前371)中斯巴达失败后,迁居科林斯。约前369年,受雅典特赦,但未曾返回雅典。色诺芬属颇负盛名的多产古典著作家之一。写了许多关于历史、经济、哲学和军事问题的著作。《远征记》一书记述了希腊人途径整个小亚细亚向黑海沿岸撤退的历程,被认为是希腊第一部军事理论专著。《居鲁士传》广泛阐述了军事学,包括军队的补充、编制、装备、教育和训练,以及战术等基本理论。《希腊史》一书确定了埃帕米侬达的新战斗队形的定义。在《回忆苏格拉底》中曾尝试划分战术和战略的区别。203

色雷斯 Thrace;Фракия 巴尔干半岛东南部一地区名。其疆域古今不同。古希腊时指多瑙河、爱琴海、黑海、马尔马拉海、瓦尔达尔河东部山脉之间的巴尔干半岛地区。罗马帝国时期划为两个行省:巴尔干山以南称色雷斯省(今保加利亚南部称上色雷斯省),以北称莫埃西亚省。今色雷斯包括保加利亚南部、希腊色雷斯省、土耳其欧洲部分和加波利半岛。希腊和罗马史学家认为,色雷斯人属于印欧种族和语系的骁勇善战的原始民族。实际上色雷斯人具有相当发达的文化,其诗歌和音乐尤为著称。希腊人在沿岸建立了数处殖民地,以拜占庭最为著名。公元一至七世纪,西哥特人和斯拉夫人不断移入。七世纪建立保加利亚国。1453年完全落入奥斯曼土耳其人之手,受其统治达400年之久。由于战争和殖民,色雷斯民族更趋同一。233、252

森蒂努姆 Sentinum;Сентинум 古时,意大利北部一城市。今名萨索菲拉托。227

圣-列奥 Santo Leo;Сан—Лео 指乌尔比诺公爵领地内的圣-列奥要塞。241

斯巴达 Sparta;Спарта 伯罗奔尼撒半岛拉科尼亚平原上的古希腊城邦,建于公元前九世纪,实行寡头统治。前八至前六世纪在征服南部地区之后,成为希腊最强大的城邦。斯巴达人占有均分的一块份地以及附属在这块土地上的希洛人,主要从事军事。同雅典的竞争导致了前431—前404年的伯罗奔尼撒战争,在击败了雅典之后确立了对希腊的霸权。前146年被罗马人征服,前27年并入罗马的亚该亚省。396年为西哥特人毁坏,继而拜占庭居民移入,以荷马史诗中的拉栖第梦称谓。1204年法兰克人在城址西南修建新城堡密斯特拉,1259年起成为伯罗奔尼撒的都城,繁荣近200年。14、36、168、258

斯考迪斯奇人 Scodisci 克尔特部落。公元前三世纪上半叶曾入侵希腊,之后定居于萨乌斯河与多瑙河汇合处西尔密乌之东。前二世纪末至前一世纪初,经常对马其顿进行劫掠。约前12年归顺罗马人,在帝国统治下获得某种程度的地方自治。152

斯拉沃泥亚 Slavonia;Славония 南斯拉夫历史上的一个地区。13世纪之前,指克罗地人所居住的全部领土;13世纪之后,指萨瓦河和德拉瓦河之间的地方。17—18世纪指德拉瓦河、多瑙河和萨瓦河之间的东部地区。256

斯特罗茨,洛伦佐 Lorenzo Strozzi;Лоренцо Строции 佛罗伦萨政治活动家和作家,斯特罗茨家族许多杰出人物的传记作者。马基雅维利的亲密朋友,他曾向美第奇当局推荐过《李维史论》的作者马基雅维利:马氏在1512年美第奇家庭复辟后被解除了所有职务。1

斯特罗茨，菲利波 Filippo Strozzi; Филиппо Строций (1426—1491)洛伦佐之父。佛罗伦萨的贵族，也是佛罗伦萨最富有的工商业主之一。1

斯彭蒂 Spendius; Спендий 见本栏目"M"字头"马通"条。18

苏恩达 Suenda; Суенда 古代卡帕多基亚的一座要塞城镇。255

苏拉，科尔内柳斯·卢奇乌斯 Sulla, Cornelius Luciu; Сулла Корнелий Луций (前138—前78)古罗马统帅，独裁者。贵族出身，权贵派的代表。早年为马略部将，参加过对努米底亚国王朱古达和日耳曼人的战争。后与马略激烈争权。公元前88年，当选为执政官，率军去东方与本都国王米特拉达悌六世作战。马略为首的平民派乘机得势，大杀苏拉党人。前83年苏拉返回意大利，打败并虐杀马略追随者，任终生独裁官；公民大会和保民官形同虚设，元老院议员多为苏拉派分子。前79年放弃独裁官之职"隐退"乡间，实际上对罗马政事仍施影响。次年，染痼疾身亡。151、154、155、167、224、225

T

他林敦 Tarentum; Таренто 今名塔兰托，意大利东南部城市。公元前八世纪希腊人征服了当地的梅萨皮亚人，成为希腊殖民地。前四世纪其军事和经济实力达到顶峰，后臣服于罗马。四至十世纪在哥特人、拜占庭、伦巴第人和阿拉伯人之间反复易手。16—17世纪频遭土耳其人侵犯。1860年并入意大利。257

泰米丽丝 Tamyris; Тамирида 西徐亚女王。公元前529年，在一次与波斯国王居鲁士的交战中，双方互有胜负。女王假装畏怯，把居鲁士诱骗到隘路处。她的军队对这一带的地形非常熟悉；就在这里女王突然掉过头来，利用有利地形战而胜之。一说，居鲁士即死于此战。231

提比略 Tiberius; Тибелий (前42—37)罗马帝国的第二任皇帝，公元14—37年在位。奥古斯都·屋大维前妻的儿子。依靠禁卫军推行专制政策，通常被描述为一个能干的统治者，但同时又是一个暴君、伪君子；在罗马不得人心。他的苛政和残暴并没有妨碍帝国的普遍繁荣。在他当政时期，帝国的财政状况有所改善。24

提比略·森普罗尼乌斯·格拉古 Tiberius Sempronius Gracchus; Тибелий Семпроний Гракх 西班牙大法官。公元前179年继弗拉库斯执掌西班牙兵权。227

提图斯·狄第乌斯 Titusi Didius; Тит Дидий 罗马派驻西班牙的将军。

悌格兰二世 Tigranes Ⅱ; Тигран Ⅱ (前95—前56)亚美尼亚国王。曾占领过美索不达米亚、叙利亚、奇里乞亚、喀里多尼亚等国和地区的领土。公元前77年在凡湖西南部(现土耳其境内)建立了新的首都悌格兰诺切尔塔(亦称悌格纳)。长期进行反罗马的战争，以失败告终，并于前66年臣服于罗马。67、68

悌格兰诺塞尔塔 Tigranocerta; Тиграносерта 古代亚美尼亚城市，位于凡湖西南部(现土耳其境内)。公元前77年，悌格兰二世创建。前69年为罗马人所毁。六世纪，希腊名称叫马里特罗波尔；七至八世纪阿拉伯人称其为玛雅法里金；今土耳其锡尔特省省会锡尔特。68

条顿人 Teutones;Тевтоны 日耳曼部族。公元前二世纪与辛布里人联合入侵罗马领地,公元前102年被罗马大将马略击败。后来有时也把日耳曼人统称为条顿人。146

图卢斯·霍斯蒂柳斯 Tullus Hostilius;Тулл Гостилий 据历代传说,系古代罗马王政时代第三王,努玛·蓬皮利的继承人。曾进行领土扩张,摧毁了位于罗马城东南部的阿尔巴隆加(Alba Longa),将其居民迁移到古罗马发祥地七个山丘之一的卡埃利安(Caelius);发动与萨宾人的战争,并击败了他们。传说,他不敬诸神,于是诸神大怒,以闪雷将其击毙。154、269

图利乌斯,塞尔维乌斯 Tullius,Servius;Туллий,Сервий 传说为古罗马王政时代第六王(前578—前533)。据说是伊特鲁里亚人在罗马的统治者。在位时曾致力于改革:将罗马人按所拥有的财产的多寡分成五个等级,并以此规定不同等级的权利和义务;在军队的改革方面实行了建立百人队等新的组织编制。一般认为,这次改革是罗马从氏族社会向奴隶社会过渡的标志。可参阅卷一之卷末注第17条。39、40

托斯卡纳 Toscana;Тоскана 意大利中部一大区。行政中心在佛罗伦萨。下辖阿雷佐、格罗塞托、里窝那、卢卡、马萨—卡拉拉、比萨、皮斯托亚、锡耶纳、佛罗伦萨等省。46

W

瓦伦蒂诺 Valentino;Валентино 教皇亚历山大六世之子,切萨雷·博尔贾的封号便是瓦伦蒂诺公爵。245

韦斯巴芗 Vespasianus,Titus Flavius;Веспасиан,Тит Флавий(9—79)罗马皇帝(69—79年在位)。弗拉维王朝的奠基人。生于萨宾地区的利亚特。父亲弗拉维乌斯·萨宾努斯为收税人。早年在色雷斯任军职。公元43年参加进攻不列颠的战役,曾率兵占领怀特岛,继而挥师西进,迭克20余城。51年成为执政官。67年尼禄任命他平定犹太地区犹太人起义的指挥官,连连取胜。尼禄死后,立即停止战斗。69年新皇帝加尔巴被杀;同年7月有两个埃及军团拥他为帝;后叙利亚、犹太的军团,多瑙河地区的部队也都表示支持。他的皇位得到元老院的批准。在埃及时横征暴敛,一心聚财;70年10月,从亚历山大城返回罗马后,宣布把岁入增加二倍,提高各行省的税收,取消各地的免税收,增加新的税种。他以同样强硬的政策对待军事问题:在东部建立了3个军区,配置6个军团;在南日耳曼吞并阿格里·德库马德地区;在不列颠将英格兰北部的布利甘特王国并入行省,平定了整个威尔士,将罗马军队开进了苏格兰高地。162

威尼斯 Venezia;Венеция 意大利东北部城市,主要坐落在亚得里亚海威尼斯湾众岛屿上。威尼斯省和威尼斯大区的行政中心。公元前五世纪形成村落,前九世纪初建为城市。从9—10世纪到16世纪,是西欧和东方的巨大的中介贸易中心。中世纪时为共和国(13世纪末实行以督治为首的寡头独裁制度),下辖大片领土。1797—1805年和1815—1866年受奥地利统治。建筑古迹有:圣马可大教堂(9—15世纪)、督治府(9—16世纪,现为博物馆)、古老的圣马可图书馆(16世纪)、宫殿(黄金宫,建于15世纪;温德拉明-卡勒吉宫,建于15世纪末)。宗教古迹有:圣马可大广场(15世纪)、圣玛丽亚圣迹(15世纪)、圣乔治教堂和修道院(16世纪),等等。26、37、38、104、164、267、273

维钦格托列克斯 Vercingtorix; Верцинторик 一个势力极大的阿尔韦尔(克尔特部族的一支)青年,他的父亲曾经掌握过全高卢的领导权,因为图谋王位,被他国内的人处死。维钦格托列克斯这个名字不知道是不是这位高卢英雄的真名,他在高卢语中的意思是"大首领"。他本来跟凯撒相识,凯撒还曾考虑过用他担任阿尔韦尔的国王。公元前52年,他在高卢掀起大规模的反对凯撒的起义。前46年被俘,并被押至罗马。在那里被处死。164、192

维琴察 Vicenza;Виченца 意大利北部城市,属威尼斯大区,该区维琴察省的行政中心。市内有许多建筑古迹。37

维斯孔蒂,菲利波·马里安 Visconti, Filippo Maria; Висконти, Филиппо Мариа (1412—1447)米兰公爵。维斯孔蒂王朝的最后一位代表人物,其后,米兰的统治权便转入斯福尔扎的手中了。64

文迪狄乌斯 Ventidius;Вентидий (前90—前38)罗马将军、政治家。70、124

沃尔图诺河 Volturno River;Река Вольтурно 意大利中南部一河流。源出阿布鲁奇出,向东南与卡洛雷河汇合,转西南,在那不勒斯西北注入第勒尼安海。全长175公里。意大利统一战争期间,民族领袖加里波第于1860年再次打败了那不勒斯军队。146

屋大维 Octavius;Октавиан (前63—14)罗马帝国第一位皇帝(前27—14),元首政治的创立者。出身骑士阶层,系盖约·凯撒的甥孙。原名盖约·屋大维。公元前44年被凯撒收为养子。不久利用凯撒威望和遗产登上罗马政坛。前43年任执政官,与安东尼、李必达公开结成"后三头同盟"。前36年剥夺李必达军权;前31年在亚克兴海战中击败安东尼,成为罗马的唯一主宰。前28年改组元老院,自任元首。次年年初在元老院宣布交卸权力,还政于民;元老院授予他"奥古斯都"(意为"神圣"、"伟大")的尊号。史称他所创立的政制为"元首制",实是以共和为名的君主制。他根据罗马从城邦发展到庞大的帝国这一基本变化,对原有不适应新形势要求的政治体制作了改革,并采取一系列顺乎时势的内外政策,从而开创了相对安定的局面,为发展经济、繁荣文化创造了一定的条件,使罗马奴隶占有制社会臻于鼎盛。公元14年8月19日死于南意大利的诺拉。24

翁布利亚 Umbria;Умбрия 意大利中部大区,范围包括佩鲁贾和特尔尼两省。原为古罗马一地区,后大部并入斯波莱托公国,一部分属于拜占庭。在教廷和皇权之争后,大部分城镇并入教皇辖地。1808年曾并入法兰西帝国;1861年归属意大利王国。有一些古罗马和中世纪的建筑名胜,如壮观的阿西西大教堂和奥尔维耶托大教堂,中世纪哥特时期的托迪宫、佩鲁贾宫等。222、227

X

西庇阿家族 Scipiones;Сципионы 古罗马名门望族。公元前三至前二世纪科尔内柳斯家族的一支,人才济济,名将迭出。其中最著名者要数:

西庇阿(大),普布柳斯·科尔内柳斯·阿非利加努斯 Publius Cornelius Scipio

Africanus Major; ПублийКорнелий-Сципион Африканский(Старший)(约前236—前183)公元前218年，第二次布匿战争爆发时，随父转战意大利，败于迦太基军。前216年，坎尼之战中幸存。前210—前206年，出征西班牙，攻占新迦太基城，破坏汉尼拔的后援，基本上清除了迦太基在西班牙的势力。凯旋回国后于前205年被破例推举为执政官。次年，奉命远征迦太基本土。前202年，击败汉尼拔及其军队，结束第二次布匿战争，获“阿非利加努斯”称号。后又任监察官、执政官。前190年，参加马格尼西亚会战，塞琉西国王战败求和。后卷入政争，离开罗马城。前183年死于坎帕尼亚庄园。19、147、149、150、159、161、223、256

西庇阿(小)，普布柳斯·科尔内柳斯·埃米利阿努斯·阿非利加努斯·努曼蒂努斯 Publius Cornelius Scipio Aemilianus Africanus Minor Numantinus; Публий Корнелий Сципион Эмилиан Африканский (Младший)(约前185—前129)大西庇阿长子的养子。从军转战于巴尔干和西班牙，有战功。公元前147年任执政官，率军进攻迦太基本土，围困迦太基城并迫其投降(前146年)，从而结束了第三次布匿战争；因而获“阿非利加努斯”称号。他是这次战争的胜利者，但又是那座城市的摧毁者。前134年再次出任执政官，率军入侵西班牙；次年，攻占努曼蒂亚，大体完成了罗马对西班牙东半部的征服，他本人又获“努曼蒂努斯”称号。据传，他热烈崇拜希腊文化，推崇古罗马风尚；西塞罗对小西庇阿的人格和生平给予高度评价。小西庇阿之后，西庇阿家族在古罗马的军事和政治方面的影响随之消失。

西门 Cimon;Кимон(约前504—前449)雅典统帅。在希波战争中屡战皆捷：公元前469年在塞浦路斯岛附近击溃波斯舰队，在埃夫里梅东特河上取得胜利，把波斯人赶出色雷斯赫尔松涅斯半岛等。寡头执政集团(反对雅典国家制度民主化集团)的领袖，泰米斯托克利和伯里克利的政敌。前461年，由于政治倾轧被驱逐出雅典；约前456年回国，又参与对波斯的军事行动。前449年，率领海上远征队进攻占据塞浦路斯岛的波斯人。在围攻基西翁城时战死。255

西西里 Sicily;Сицилия 地中海中最大的岛屿。属意大利。在亚平宁半岛和北非之间。公元前八至前六世纪希腊人在岛屿东岸建立殖民地。前241年成为罗马帝国一个省。以后历经汪达尔人、拜占庭人、诺曼人等的统治。1442年并入西西里王国，不久又分裂，改受西班牙统治。1861年再度并入意大利王国。66

西徐亚人 Scythians;Скифы(一译斯基泰人。)公元前七世纪至三世纪黑海北岸的古老部族。分成“皇族”、“牧民”、“农民”等阶层，从事农业、畜牧业、金属加工，并与黑海北岸的古代城市国家进行贸易。前四世纪建立了西徐亚国家。西徐亚国家被哥特人灭亡后，西徐亚人和古代其他部族同化。遗留下许多古迹，如古墓、古城遗址等。102、156

希罗多德 Herodotus;Геродот(约前484—约前425)古希腊历史学家。在西方史学界有“历史之父”之称。生于小亚细亚哈利卡纳苏城。因反对该城僭主，被放逐于萨摩斯岛。曾游历埃及、巴比伦、黑海北岸等地，并长期寄居雅典和条利城(在南意大利)。所著《历史》即《希腊波斯战争史》，共九卷，以记载希波战争为主，止于公元前 479 年；也叙述了希腊、波斯、埃及与西亚各国的历史、地理和风俗习惯，内容丰富，描写生动，为研究古时的重要材料；但杂有许多神话故事，不尽可信。231

锡拉库萨 Siracusa；Сиракуз 今意大利港市，西西里岛上第一大城；锡拉库萨省行政中心。历史上曾是古希腊重要城邦（一译叙拉古），约建于公元前 734 年，当时科林斯人来此定居。在革隆（前 485—前 478 年在位）统治期间，其势力和文化成就达到高峰。伯罗奔尼撒战争中击败雅典人。前 405—前 367 年与迦太基进行了三次战争，势力扩张到意大利南部。前 317 年再次建立叙拉古帝国，前 289 年解体。前 211 年被罗马人攻占，成为行省省会。19、231

辛布里人 Cimbri；Кимбры 日耳曼部落。由于人口过多，加之海水对陆地的侵蚀，被迫从如今的丹麦一带向南迁徙，最终因条顿人等部落的加盟而使人数剧增。公元前 113、前 109 和前 107 年连续战胜罗马人。前 102 年，马略消灭了条顿人部落，后又联合卡图卢斯在韦尔切利附近全歼辛布里人的军队。146、191、223、230、253

新迦太基 New Carthage；Новый Карфаген 即今之卡塔赫纳。历史上是公元前 226（一说前 228）年哈斯特鲁拔在西班牙南部沿海所兴建的一个迦太基人的军事基地。前 209 年，为大西庇阿·阿非利加努斯所占领。253

修昔底德 Thucydides；Фукидид（前 460—前 396）古希腊历史学家。作为战略家，积极参与了伯罗奔尼撒战争（前 431—前 404）。著有《伯罗奔尼撒战争史》（八卷本）一书，论述这场战争直至公元前 411 年，之后部分由色诺芬续写。他的著作结构紧凑、语言生动，是马基雅维利认真研读的诸多古代史学家的名著之一。138

叙利亚 Syria；Сирия 位于西亚西部，濒地中海。从公元前二千纪初直至公元七世纪三十年代，相继从属于近东诸大国，包括古埃及、赫梯王国、米太、亚述、新巴比伦王国、阿契美尼德王朝；也曾是亚历山大马其顿王国的一部分；之后又隶属于塞琉古王国、罗马帝国和拜占庭帝国。七世纪起并入阿拉伯哈里发国；661—750 年是哈里发国倭马亚王朝的政治和文化中心。10 世纪初受阿拉伯、埃及、突厥王朝以及十字军骑士的统治。1516—1918 年属奥斯曼帝国。1920 年为法国的委任统治地。上个世纪二十年代初期，人民不断的解放斗争发展成 1925—1927 年的民族起义。1943 年 12 月叙利亚宣布独立。153

Y

亚历山大大帝 Alexander the Great；Александр（Великий）（前 356—前 323）在一些史籍中也有称其为马其顿王亚历山大的。古代世界杰出的统帅和国务活动家，马其顿国王腓力二世之子。公元前 336 年登上马其顿国王王位。受教于亚里士多德。海罗尼亚会战中他的统帅才能初露锋芒。大帝的军事学术吸取了古希腊和世界各国军事学术的成就，广泛地应用于他的多次征战中。大帝的远征（前 334—前 324）是希马联盟（古希腊各国和马其顿的联盟）对经受社会政治危机的波斯阿契美尼德王朝进行战争的基本内容。马其顿王对远征准备周密、实施有方。在多次远征和交战(如:格拉尼库斯河之战、伊苏斯战役、推罗之战、高加米拉战役)中希马联军都击溃了波斯国王大流士三世的军队。从此,波斯王国不复存在。前 327 年,亚历山大征服了印度西部。这时,他想继续进攻印度的企图遭到军队的反对,作战部队要求返回巴比伦。前 323 年,马其顿王亚历山大去世。之后,他建立起来的庞大帝国(包括马其顿、小亚细亚、中亚细亚和政治中心巴比伦)便分裂成一些各自独立的国家。远征是古希腊军事学术发展的最高阶段。亚历山大是一位杰出的军事革新家、战略家和战术家。他加大了方阵的密度,提高了方阵的突击力,发展了沿正面不平分兵力的原则,变骑兵为军队的决定性突击力量和机动力量,制定了骑兵战术原则、与战斗队形各组成部分间实施协同的原理,所有这些便构成了他远征得以制胜的重要因素。138、166、233、268、270、273、275

亚历山大二世 AlexanderⅡ; АлександрⅡ(活动时期前三世纪)伊庇鲁斯国王,皮洛士之子。他在与伊利里亚人作战时,先埋伏下一支部队,然后让他的一部分士兵穿上伊利里亚人的服装,命令他们去毁坏他自己的,也就是伊庇鲁斯的田地。当伊利里亚人目睹这番情景后便到处去抢劫。他们还以为前面带路的那些人是侦察兵呢;于是也就更加有恃无恐了。可是,当他们被这些所谓的侦察兵牵着鼻子带到这块无路可走的去处时,也就如数被消灭殆尽了。231、252

亚历山大六世 Alexander Ⅵ; Александр Ⅵ(1431—1503)1492 年起为罗马教皇。支持其子切萨雷·博尔贾的征服计划;使用毒药和匕首除掉政敌。1497 年把萨伏那洛拉开除教籍,并促成对他的处决。244

亚美尼亚 Armenia; Армения 黑海以东,横跨土耳其、俄罗斯和伊朗的一个地区,先后曾为亚历山大帝国、贵霜帝国和罗马帝国的一部分。后又被穆斯林、奥斯曼帝国征服。第一次世界大战后独立。亚美尼亚人是文化悠久的民族,尤以建筑、绘画、雕刻闻名。现今的亚美尼亚是古时亚美尼亚的一部分。67、68

亚述 Assyria; Ассирия 古代东方的奴隶制国家。公元前三千年代末,塞姆人的一支在底格里斯河中游建立亚述尔城,是为亚述之起源。前二千年代初,随着对小亚细亚的殖民,形成了奴隶制社会和国家。前 16—前 15 世纪处于米太国统治之下;后恢复独立,并成为两河流域北部的强国。前 10 世纪末逐渐向南扩张。前八世纪后半叶,在提格拉·帕拉萨三世和萨尔贡二世统治时期,帝国疆域东起伊朗高原,西临地中海沿岸,建成了庞大的军事帝国,定都尼尼微。前七世纪一度还占领过埃及。亚述人的穷兵黩武和高压统治加剧了国内矛盾,并激起被征服者的不断反抗;国势渐显衰微。前 612 年,米底亚和迦勒底联军攻陷了亚述帝国首都尼尼微。前 605 年卡赫美士战役之后灭亡。亚述文化深受苏美尔、巴比伦文化的影响,在改革军事技术方面卓有成效。51

亚西比德 Alcibiades; Алкивиад (约前 450—前 404)自公元前 421 年起,在伯罗奔尼撒战争时期,多次任雅典统帅。前 415 年组织了对锡拉库萨的征讨,后投向斯巴达,提出了攻打雅典的作战计划,后又逃入波斯。前 411 年支持雅典的寡头政权,后又支持民主派政府。前

411—前 408 年，赢得阿比多斯、库赤科斯等地的海战胜利。258

亚细亚 Asia；Азия 亚洲的全称，世界最大的一个洲。这个名称很古老，对它的由源说法颇多。希腊人称呼在他们国家以东的地方为“亚细亚”；也有人认为“亚细亚”一名来自亚述人的“亚述”一词，意为“东方”；另外一个解释说“亚细亚”原先专指以弗所平原地区，后来范围逐渐扩大，包括安纳托利亚（今小亚细亚）和亚洲的其他部分。233

雅典 Athenae；Афин 古希腊爱奥尼亚人建立的奴隶制城邦，即今希腊首都雅典。位于巴尔干半岛的西侧。公元前六世纪后逐渐繁荣，建立奴隶主的民主政治。曾以盟主地位联合希腊各城邦组成提洛同盟，与波斯争夺爱琴海霸权，爆发希波战争。前五世纪 60 年代成为雅典帝国，势力扩展至意大利南部、黑海沿岸、东地中海，以至埃及。雅典的扩张引起与其他希腊城邦，特别是与斯巴达的冲突，遂爆发了伯罗奔尼撒战争。战争使雅典衰落。前四世纪被马其顿征服。前二世纪中叶并入罗马版图。雅典人民创造的古典文化，在文学、艺术、哲学、史学、科学等方面都取得卓越成就，为欧洲文明发源地之一。257、258

伊庇鲁斯 Epirus；Эпирский 古希腊地区名，在今希腊西北部阿尔巴尼亚南部的沿海地区。位于阿尔塔湾和发罗拉湾之间，腹地向东延伸至品都斯山分水岭。旧石器时代的人在这里留下许多痕迹。新石器时代晚期的航海者曾在阿尔巴尼亚南岸、靠近希马勒一带建立停泊点。迈锡尼文明很可能以伊庇罗斯和阿尔巴尼亚中部为发祥地。自迈锡尼文明衰亡之后，受到多利安人入侵。公元前四世纪曾与雅典人结盟，前四、前三世纪之交，国王皮洛士一度向外扩张。约在前 200 年为一共和国。前 198 年附属于马其顿。翌年，罗马战胜马其顿后保持中立，前 146 年并入罗马版图。直到五世纪仍是古希腊落后的边远地区。公元 330 年当地几个部族组成同盟，后来发展成联邦国家。1204 年那里出现了一个独立的小王国；1430 年奥斯曼帝国将其吞并。希腊独立战争后，大部分北方地区并入希腊。231

伊菲克拉特斯 Iphicrates；Ификрат（前五世纪末至前四世纪前半期）古希腊军事长官（雅典人）。科林斯战争（前 395—前 387）时，曾指挥过雅典和色雷斯的军队作战。前 374—前 373 年参加了波斯对埃及的远征。前 357—前 355 年，作为雅典的战略家参加了希腊同盟战争。他在雅典军队中建立了一种新型的步兵，这种步兵的装备有轻便的盾牌、长矛和剑；能够进行长距离转移，无论采取密集队形还是散开队形都能实施有效行动。258、259

伊利里亚 Illyria；Иллирия 位于巴尔干半岛的西北部。约从公元前十世纪起，古代印欧部落集团中的一支伊利里亚人就居住在这里。在其鼎盛时期，疆界北起多瑙河流域，南到安布拉基亚河，西自亚得里亚海，东达现在南斯拉夫的沙尔山。伊利里亚人，除去居住在巴尔干半岛西北部的达尔马特人、阿尔迪亚人、潘诺尼亚人等之外，还包括居住在亚平宁半岛东南部的雅皮吉人、梅萨普人等。前三世纪末至前一世纪末被罗马人征服而逐渐罗马化。231、256

伊特鲁里亚 Etrulia；Этрурия 意大利西北部一地区，即今托斯卡纳一带。早在公元前八世纪，伊特鲁里亚人即在此居住。前七世纪组成约有 12 个城市参加的同盟，从事海上贸易。前六世纪达于极盛，控制范围北达阿尔卑斯山，南迄拉丁姆。早在罗马文明之前，伊特鲁里亚人便创造了发达的古代文明，并对罗马文明产生巨大影响。伊特鲁里亚人的民族来源不详；前六世纪曾占领过坎帕尼亚；前五至前三世纪被罗马征服。101、102、227

优素福・弗拉维 Jousephus Flavius; Иосиф Флавий（37—100）古代犹太历史学家，出生于神职人员家庭。曾以将领身份参加犹太战争（66—70 年）。后被俘，获韦斯巴芗释放。由此把自己的名字改作了弗拉维。著有《犹太战争》、《犹太古代史》、《毕生经历》（自传）等。文中所引他的话即出自其《犹太战争》卷三之第四章。83

尤利二世 Pope Julius Ⅱ；Юлий Ⅱ（即朱利亚诺・德拉・罗韦雷 Juliano della Rovere）教皇。1503 年 10 月 23 日至 12 月 18 日，马基雅维利出席了枢机主教团选举教皇的会议。就在这次会上，朱利亚诺当选为教皇，直至 1513 年。25、243

Z

扎诺比・布翁德尔蒙蒂 Zanobi Buondelmonti; Заноби Бондель-монти 佛罗伦萨政治家，马基雅维利的朋友。如果说马氏的《兵法》一书是献给洛伦佐・斯特罗茨的话，那么他的另一部名著《论提图斯・李维〈罗马史〉的前十卷》（简称《李维史论》）便是赠予扎诺比・布翁德尔蒙蒂和科西莫・鲁切拉伊的。著名的“鲁切拉伊家花园”里的谈话自始至终的参与者。曾参与 1522 年反美第奇的密谋。1527 年又是再次将美第奇家族撵出佛罗伦萨的活动分子之一。11、109、143、199

朱古达 Jugurtha; Югурт（约前 160—前 104）努米底亚国王，公元前 118—前 105 年在位。马西尼萨非婚生孙。前 120 年被米西普萨（马西尼萨的继承人）收为养子。前 118 年米西普萨去世，朱古达与先王的两个儿子亨普萨尔和阿宰尔巴勒共掌朝政。亨普萨尔为朱古达所杀；阿宰尔巴勒遭袭击，逃往罗马寻求援助。后罗马元老院批准将努米底亚一分为二：西半部归朱古达；东半部归阿宰尔巴勒。前 112 年朱古达再度进攻阿宰尔巴勒，占领其首府瑟塔。由于朱古达杀了一批经商的意大利人和罗马人，在罗马引起公愤，元老院对其宣战。罗马派往非洲作战的将领，一再为朱古达收买，作战不力，屡打败仗。前 107 年马略当选执政官，次年偕部将苏拉进军非洲。前 105 年罗马人终于赢得战争。朱古达被俘，死于罗马。努米底亚被分割，从此更加依附罗马。100

图书在版编目(CIP)数据

兵法/(意)马基雅维利著;袁坚译.—北京:商务印书馆,2017
(汉译世界学术名著丛书:120年纪念版:珍藏本)
ISBN 978-7-100-14581-7

Ⅰ.①兵… Ⅱ.①马… ②袁… Ⅲ.①兵法—研究—意大利—中世纪 Ⅳ.①E895.46

中国版本图书馆CIP数据核字(2017)第152391号

汉译世界学术名著丛书
(120年纪念版·珍藏本)
兵 法
〔意〕尼科洛·马基雅维利 著
袁 坚 译

商 务 印 书 馆 出 版
(北京王府井大街36号 邮政编码100710)
商 务 印 书 馆 发 行
北京新华印刷有限公司印刷
ISBN 978-7-100-14581-7

2017年12月第1版 开本710×1000 1/16
2017年12月北京第1次印刷 印张22½ 插页2
定价:115.00元